MW00387731

ALINE

La Gloria por el Infierno

Descubre la historia de Aline y cómo refleja
el infierno que sufre Gloria Trevi

Rubén Aviña

ALINE
La Gloria por el Infierno

Descubre la historia de Aline y cómo refleja
el infierno que sufre Gloria Trevi

grijalbo

ALINE, LA GLORIA POR EL INFIERNO

Calz. San Bartolo Naucalpan núm. 282
Argentina Poniente 11230
Miguel Hidalgo, México, D.F.

Fotografía de Aline en la portada: Blanca Charolet

ISBN 970-05-0935-4

IMPRESO EN MÉXICO

Para ti...
Yo sólo tenía un gran sueño en la vida:
triunfar, ser famosa y hacer lo que más me gusta: cantar.
Yo sólo quería la gloria, pero caí en el infierno.
Así como hay gente buena,
también hay gente mala, enferma, sin alma.
Ahora, lo único que deseo es que tú no caigas
en manos de personas así.
Cuídate, asesórate y déjate aconsejar siempre
por alguien que tenga más experiencia que tú.
Mírate en mi espejo, porque lo que a mí
me sucedió por querer ser
alguien en la vida, a nadie se lo deseo.
Espero que este libro que tienes en tus manos,
te abra el panorama de un mundo muy diferente
y que, de ahora en adelante, puedas ver
las cosas con más inteligencia e intuición.
Los ángeles de la guarda sí existen
y siempre están contigo.
Agradezco a mis ángeles: Heri mi papá,
mi familia (mamá Jossie), Rubén Aviña, Paty Chapoy,
Enrique Maccise, el Bufete Fuentes León (en especial al
Príncipe), mis editores (Gian Carlo Corte y Ariel Rosales), mis
amigas y amigos, la familia Carrillo, mis maestros y
compañeros del CEFAC, *a todos ellos*
por alegrar mi vida y sobre todo a ti,
por creer en mí y convertirte
en mi mejor amigo.

ALINE

Gracias, primero a Dios,
por hacerme sentir una vez más, y como nunca,
su presencia en los momentos de duda,
miedo y angustia.
Por no dejarme desistir.
A Aline, por confiar en mí, por abrirme su corazón,
por permitirme ser su cómplice,
por transmitirme sus temores, sus recuerdos, sus lágrimas.
A Jossie, por su intervención fundamental en la historia.
A Lorena, Jorge, Óscar, Blanca, Tere y Claudia,
por acompañarme una vez más en este trayecto,
para continuar en el mismo camino.
A Lidia, por su ayuda y comprensión.
A Tirso, por su protección y consejos.
Y para variar y no perder la costumbre,
a mis padres y hermanos, por la luz, el apoyo
y, sobre todo, por el amor incondicional.

R. A.

Índice

El destino

Era una calurosa tarde del verano de 1991, cuando llegué puntual a la cita: las cinco de la tarde, si mal no recuerdo. Sergio Andrade, el conocido representante de la cantante de moda, Gloria Trevi, me había llamado por la mañana para decirme que le urgía hablar conmigo, porque quería proponerme "algo".

Me pidió que lo viera en su oficina: una casa de dos pisos, en la calle de José María Iglesias, número 19, cerquita del Monumento a la Revolución.

Empujé la puerta y lo primero que vi fue un patio lleno de cajas, bocinas, aparatos e instrumentos musicales, los del grupo de la Trevi, supuse. Entré a la casa, una casa un tanto lúgubre, oscura, con muy poca luz. Y me recibió una adolescente morenita, de aspecto un tanto humilde, sentada detrás de un escritorio viejo y pequeño, colocado junto a una escalera: "Pase", me dijo fríamente, al mismo tiempo que se levantaba para llevarme después por una escalera, hasta una oficina, donde se encontraban otras dos chamaquitas, una de ellas más bonita que la otra, cada una en su escritorio, trabajando quién sabe en qué. Dos chamaquitas raras y mal educadas, porque no respondieron a mi saludo cuando les dije "buenas tardes". Ni siquiera voltearon a mirarme. Siguieron en lo suyo, ignorándome por completo, como si yo no existiera.

Sentado en un sillón, mientras esperaba a Sergio, me puse a observar la oficina. Era lo único que podía hacer en esos momentos. En las paredes medio sucias y descarapeladas, había dibujos, garabatos, como los que pintan en las celdas de la cárcel o en las puertas de los baños públicos: monos, monas, letreros... Luego me enteré que esas "obras de arte" eran de la autoría de Gloria Trevi, cuando vi su firma por ahí. Posters de ella misma, dibujos de sus fans, también pegados en la pared...

Las chavitas que estaban ahí seguían ignorándome. Ni siquiera me ofrecieron un café o un vaso de agua. Estaban muy concentradas en lo suyo. De repente, entraba otra y otra, pero ninguna saludaba. Todas parecidas, tanto en su aspecto como en su manera de vestir, como si las hubieran hecho con el mismo molde: delgadas, de buen cuerpo, bonitas, cinturita, melena abundante y desgreñada, muy onda Trevi... Y hablaban en voz baja entre ellas, en secreto. Salían, regresaban, como robots... Pasaban los minutos y yo, presenciando aquel desfile que, de pronto, comenzó a aburrirme. "¿Para qué me querrá Sergio?, me pregunté. "Qué irá a proponerme?"

Los minutos seguían transcurriendo: quince, treinta... Hasta empezó a darme sueño, mientras que, como no tenía nada mejor qué hacer, vino a mi mente el momento en que conocí a Sergio Andrade...

Fue en 1984, en un asilo para niños huérfanos, del que Sergio era algo así como benefactor. Citó a varios periodistas (yo entre ellos) para que fuéramos testigos de una considerable donación que hacía para esos huerfanitos que lo rodeaban en esa ocasión, esos huerfanitos de caritas tristes a los que, si mal no recuerdo, hasta les llevó regalos... Y jugaba con ellos en un enorme patio, ante el beneplácito de unas agradecidas y sonrientes monjitas, mientras que los fotógrafos captaban aquella imagen por demás paternal, altruista y humana del señor que ya en aquel entonces figuraba en el medio discográfico como todo un genio, hacedor de estrellas, productor de grupos musicales como Ciclón y Oki Doki; baladistas como Lucerito, en sus inicios, todavía niña, casi adolescente, cuando cantaba aquello que decía: "Pero con tan pocos años, qué podría suceder..." Y en especial Crystal, la cantante invidente que apenas unos dos años atrás había surgido con mucha fuerza en el Festival OTI con la canción "Suavemente", de la que Sergio era el autor, igual que de otro tema con el que la misma Crystal acababa de obtener un segundo lugar en el Festival Yamaha, en Japón.

Meses más tarde, después de haberlo conocido en aquel orfanatorio —aunque de lejos, sin haber cruzado palabra con él— lo entrevisté por primera y única vez. Me encontré con el genio de moda en la industria del disco, un tipo joven, de unos 30 años, un tanto solemne, brillante, evidentemente inteligente, hablando con toda propiedad de sus éxitos, de sus logros, de sus proyectos. Hablaba y hablaba, pero nunca sonreía, y tampoco me miraba a los ojos. Desde ese preciso momento, percibí una especie de barrera invisible e infranqueable que él mismo imponía, como queriendo resguardarse. ¿De qué? No lo supe entonces. Pero a pesar de todo, me causó la mejor de las impresiones. Aparte de admirarlo, también comencé a respetarlo. Más aún cuando, por azares del destino, unos meses después, tuve oportunidad de conocerlo más de cerca, cuando me llamó para trabajar con él en Verarte Publicidad, una agencia que acababa de montar, para manejar a artistas como Crystal y él mismo, porque en ese entonces planeaba lanzarse también como cantante e intérprete de sus propios temas.

Me atraía muchísimo la idea de estar al lado de un genio tan creativo, el "maestro Andrade" como muchos le decían, alguien a quien se le podían aprender tantas cosas. Ese genio que estaba tan de moda, ese genio tan respetado, al que se le adjudicaba el éxito de varios cantantes y grupos. Ese genio al que, sin embargo, desde el principio y durante los meses que trabajé a su lado, no logré descifrar del todo, ni ubicar como persona, como ser humano. Era un simple genio, pero un genio frío, distante, un genio de gran talento y creatividad, hábil de mente, dominante, a veces neurótico y hasta temido por casi toda la gente que trabajaba ahí, incluyendo las cinco adolescentes que estaba preparando para formar el grupo Boquitas Pintadas: cinco chavitas entre las que se encontraban Gloria Treviño (años más tarde Gloria Trevi) y Raquenel (luego Mary Boquitas).

Pero yo no le tenía miedo. Nunca se lo tuve. A mí nunca me gritó como les gritaba a los demás. Siempre me trató con amabilidad. Como ya lo dije, fue más bien respeto y admiración lo que me inspiró. No sólo mientras trabajé con él, sino también después.

Se decían cosas de él. Cosas que a veces me creía, pero luego no. Chismes, rumores... Cosas que cuentan por ahí, cosas de las que uno se entera. Cosas a veces tan inverosímiles y descabelladas... El pan nuestro de cada día en este medio de la farándula.

Y mientras seguía en aquella oficina de paredes pintarrajeadas, sumido en mis pensamientos, en mis recuerdos, al lado de las dos silenciosas e impersonales adolescentes que ni siquiera me miraban, igual que las otras que andaban por ahí, el fastidio y la desesperación iban en aumento. Ya había transcurrido más de una hora, cuando, en eso, por ahí apareció Raquenel, una de las ex integrantes de Boquitas Pintadas, a la que, junto con la Trevi, había conocido años atrás. Pero ya no se llamaba Raquenel, sino Mary, simplemente Mary. ¡Bendita Mary! Fue la primera que me regaló una sonrisa y hasta un beso en la mejilla. Me saludó y me dijo que Sergio me recibiría "ya casi..."

Una hora y cuarto. Una hora y media. Y yo ahí, ya de malas, incómodo, acalorado, en espera de la "audiencia" con el maestro Andrade. "¿No que le urgía verme? Entonces, ¿para qué me cita a las cinco y me hace esperar una hora y media?"

Mi desesperación llegó al grado máximo. Tomé mi portafolios, me puse de pie y muy decidido, y hasta un poco molesto, me acerqué a una de las muchachitas y le pedí que le dijera a Sergio que me disculpara, pero que tenía que irme. La mujer puso cara de susto. "¡No! ¡No se vaya!... Ahorita le digo al señor Andrade. Espéreme." Salió de la oficina y, luego de unos dos minutos, regresó: "Que ya puede pasar". ¡Por fin!

Me condujo por un pasillo oscuro, hasta la oficina de Sergio. Una oficina también sombría, llena de papeles, cassettes, videos, hasta en el suelo, sobre el escritorio, detrás del cual, Sergio estaba sentado, con varios kilos de más, desaliñado, sin rasurarse, pero tan amable como de costumbre, igual que cuando lo conocí en el asilo aquel, rodeado de huerfanitos y monjitas.

Un apretón de manos, un abrazo y, luego, me senté en una silla de esas metálicas (como las de cerveza Corona), colocada a unos cuatro o cinco metros del escritorio de él. Tanta distancia entre su escritorio y mi silla, me desconcertó. Era como una barrera un tanto incómoda, extraña.

Después del clásico "¿cómo has estado?, ¿qué has hecho?", entró en materia y me propuso un deslumbrante y apantallador negocio: una agencia tipo "neoyorkina", a todo lujo y de lo más completa, para manejar artistas y darles todos los servicios, "como nunca se ha hecho en México". Él como representante y yo a cargo de la imagen de esos artistas. La idea me interesó, pero, la verdad, no presté mucha atención a lo que él me proponía con tanto entusiasmo, porque de pronto, me percaté de algo que me sacó de onda y me distrajo: debajo del escritorio de Sergio había alguien... Alguien sin identidad, sin voz, sin presencia... Pero alguien. ¿Quién sería y qué hacía ahí? Pensé que, a lo mejor, se trataba de un perro, un perro quietecito y silencioso. O tal vez un gato.

Luego, supuse que, más bien, eran simples alucinaciones mías, mientras que Sergio seguía hable y hable de la agencia "neoyorkina". Al poco rato, llamó a una de las muchachitas de su oficina y le ordenó que le comprara dos vasos de agua de limón, en la tienda de enfrente. "Qué padre —pensé—. Me va a invitar un agua de limón."

Sí, porque hacía mucho calor y, aparte de que tenía la boca seca, me moría de la sed. Sin embargo, para sorpresa mía, cuando le llevaron los dos vasos de agua de limón, él empezó a tomarse uno y el otro lo dejó sobre su escritorio... No me convidó nada. Se terminó el primer vaso y siguió con el segundo, mientras proseguía con sus planes, diciéndome que seríamos socios, que nos iría de maravilla, que había pensando en mí para ese negocio, porque sabía que yo siempre había querido hacer algo así. "Podemos empezar esa agencia manejando a Gloria. Ya la tenemos... Y también están seguras las gemelas Ivonne e Ivette. Ya hablé con la mamá... ¿Tú como ves la posibilidad de traernos a otras cantantes fuertes como Thalía o Alejandra Guzmán?"

Y mientras Sergio hablaba y hablaba de su proyecto, yo seguía preguntándome quién estaba debajo de su escritorio. Comprobé, que, en efecto, alguien se encontraba ahí y que no se trataba precisamente de un perro o un gato, cuando Sergio, a punto de terminarse su segundo vaso de agua de limón, cuando le quedaba ya nada más un chorrito, le paso a ese alguien el vaso con el chorrito. Entonces, escuché una vocecita débil, como de niña: "Gracias".

* * *

La mentada agencia "neoyorkina" nunca se hizo. Sergio y yo perdimos contacto. Pasaron los años y, en 1995, por azares del destino, un día, en la oficina de unos amigos, me encontré a Aline. Sí, Aline... ¿Cómo que quién es Aline? Nada más y nada menos que la protagonista de esta historia. La misma a la que Sergio había lanzado años atrás como cantante con un disco que se llamó *Chicas Feas*, sin que sucediera gran cosa. Luego, la tuvo como corista de Gloria Trevi. Esa Aline a la que nunca había conocido en persona, sólo en fotos y en la tele. Esa Aline de la que ya casi ni me acordaba. La imagen que guardaba de ella era la de una niña. Y ahora, nada de niña... Bueno, sí. En sus ojos todavía había algo de inocencia, de ingenuidad. Pero ya no era flacucha, sino bien formadita, espigada... un tanto desconfiada, tímida, a pesar de que me saludó con cierta familiaridad...

*Yo ya te conocía, Rubén** —me dijo—. *Te conocí hace años. Pero no vi tu cara. Nada más escuché tu voz. Bueno, también vi tus zapatos... Fue una vez en que estuviste con Sergio Andrade, en su oficina, cuando hicieron planes para montar una agencia "neoyorkina"... Yo estaba oyendo todo. Yo era ese alguien que estaba debajo del escritorio de Sergio, castigada, escribiendo un millón de veces:* No debo decirle mentiras a Sergio Andrade.

* *N. del E.* Cada vez que el autor transcribe textualmente lo que dice o escribe Aline se utiliza este tipo de letra, lo mismo hace más adelante con los testimonios de Jossie, madre de Aline, y de la psicóloga Verónica Macías.

1. Como Blanca Nieves

Porque entonces, todo era maravilloso,
como un cuento de hadas.
Porque él estaba ahí, siempre conmigo.
El más guapo, el más bueno,
el más inteligente y poderoso.

Ciudad de México, mediados de los 60

Era el mes de noviembre. Josefina Ponce de León (o Jossie, como le decían) lo recuerda muy bien. Nunca se le va a olvidar. Hija de una familia de la clase media, apenas trece años de edad y enamorada del amor. En una fiesta de quince años, conoció al hombre de sus sueños: Heriberto Hernández, un muchacho de 22 años, simpático, platicador y amable, que acababa de concluir la carrera de ingeniería y trabajaba en la Compañía de Luz. El hombre perfecto para una ingenua y cándida jovencita como Jossie. Surgió el flechazo inmediato.

Lo malo es que el papá de Jossie, don Juan, no la dejaba tener novio. Era muy chica todavía. Sin embargo, a ella no le importó cuando Heriberto se le declaró meses más tarde. A partir de entonces, no les quedó más remedio que vivir un romance a escondidas, por ratitos, siempre con el miedo de ser descubiertos. Amor del bueno. Tanto así que el noviazgo duró siete largos años, bajo las mismas circunstancias, aunque en casa de Jossie, su mamá y sus hermanos, como era de esperarse, llegaron a enterarse del idilio clandestino y se convirtieron en sus cómplices, solapándola en cierta forma, a pesar de que don Juan, por supuesto, algo sospechaba.

Mediados de los 70

En varias ocasiones, Jossie intentó hablar con él, sin atreverse finalmente, hasta que, un buen día, le soltó toda la verdad: que tenía un novio secreto con el que llevaba varios años de relación. Don Juan estalló en cólera y le prohibió terminantemente que volviera a ver a Heriberto. Fue entonces cuando los muchachos decidieron casarse a escondidas el 4 de julio de 1974, en un juzgado, llevando como testigos a unos amigos. Y, luego de la boda, cada quien a su casa, como si nada hubiera sucedido. Ahora sí, ya con el acta matrimonial, nada ni nadie podría separarlos, ni siquiera don Juan, quien, más tarde, claro, llegó a enterarse, cuando Jossie y Heriberto, con tal de hacer las cosas "como Dios manda", ya estaban en los preparativos de su boda por la Iglesia que, contra viento y marea, se llevó a cabo el 16 de enero del 75, ante la presencia de amigos y familiares, con excepción de don Juan y su esposa Aurora, los padres de la novia.

La vida siguió su curso, como tenía que ser. Luego de pasar su luna de miel en Acapulco, los recién casados rentaron una modesta casita que ellos mismos arreglaron y pintaron y que, luego, poco a poco fueron amueblando como pudieron, mientras que Heriberto seguía trabajando en la Compañía de Luz y Jossie continuaba con sus estudios, en un colegio donde, un día, en el salón de clases, empezó a sentir un fuerte dolor de cabeza, que siguió repitiéndose días más tarde. Heriberto la llevó con un médico que le diagnosticó anemia.

¡Cuál anemia! Luego de que a Jossie le hicieron unos estudios, se supo que, más bien, estaba embarazada.

Meses más tarde, el 5 de septiembre de 1975, ya muy noche, nació una niña a la que, semanas después, bautizaron con el nombre de Érika Aline.

Finales de los 70

Desde niña, la llamaron simplemente Aline: menudita, de grandes ojos, vivaracha, traviesa y ocurrente, con una personalidad ya bien definida como niña terriblemente encantadora y hábil para seducir a quien se dejara. La consentida, la mimada. El centro de atracción. La que todo lo iluminaba con su simple presencia, con su peculiar manera de ser.

Una de sus primeras pasiones, cuando tenía unos tres años de edad, fue coleccionar insectos vivos que ella misma capturaba: arañas, moscas y cochinillas (a las que les decía "cochinadas") que guardaba en una caja de cartón. Hasta llegó a tener una viborita de mar a la que puso por nombre Chabela y que durante un buen tiempo fue su consentida.

No era como las demás. No era una niña común y corriente, sino más bien una especie de enana que a menudo se comportaba como adulto y sorprendía a todos con sus puntadas y ocurrencias.

Arañas, cochinillas, la viborita Chabela, los partidos de póker y dominó los sábados por la noche, con su papá y los amigos de éste, y los domingos, al Estadio Azteca, también con Heriberto y sus cuates... Hasta que comenzó a asistir a la escuela, a un jardín de niños que la propia Jossie instaló y en el que Aline era la princesa, no sólo porque era la hija de la dueña y directora, sino también porque era buenísima para jugar futbol con los niños, mientras que las niñas la observaban con extrañeza y hasta con un poquito de envidia...

En ese tiempo, un nuevo y maravilloso personaje apareció en su vida: Fanny, una perrita french puddle que se convirtió en su compañera inseparable, en su mejor amiga y, también, en su confidente.

Con la perrita, pasaba largas horas en su recámara, las dos solitas. No sólo jugaba y se divertía con ella, sino que también la convertía en testigo del mundo maravilloso y mágico que, a sus cinco años, Aline empezaba a fabricarse: sus "pininos" en el escenario. Se disfrazaba con ropa de su mamá, se ponía sus zapatos. Hasta se maquillaba y peinaba y, luego, frente a Fanny —echadita en la cama— se ponía a representar alguna escena que acababa de ver en una telenovela. Una niña intensa y dramática a la que, incluso, no le costaba trabajo llorar amargamente cuando tenía que hacerlo, mientras que la desconcertada Fanny la miraba sin entender qué le sucedía. Cuando Aline se desplomaba sobre la alfombra, hecha un mar de llanto, Fanny corría a su alrededor, ladraba como desesperada y luego le lamía la cara. Esa reacción de la perrita, era para la niña como un aplauso de su público imaginario, ese público invisible que, sin embargo, la ovacionaba al final de su magistral escena, mientras que Aline hacía caravanas a manera de agradecimiento y les lanzaba besos al aire a todos los presentes.

Ese mundo secreto e íntimo. El de los escenarios, las cámaras de televisión, los reflectores. Y el glamour. Los esplendorosos atuendos que ella misma se ingeniaba para pararse frente a ese público representado por Fanny y, también, por varias muñecas, sus hijas, sus compañeras, sus amigas e integrantes de su "club de fans". Muñecas que habían llegado poco a poco a su vida y que estaban ahí, en su cuarto, como simple adorno, sin que Aline les prestara mayor atención. Cuando aparecía una nueva, apenas si cargaba con ella uno o dos días, dándole su lugar como novedad, como la favorita, y luego, la dejaba arrumbada por ahí, en algún rincón de la recámara, junto con las demás.

Así, hasta que una mañana, un 6 de enero, el Día de Reyes, al pie del arbolito de Navidad, junto a su zapato, Aline encontró una cajota que, desesperada, abrió como pudo. Dentro de esa caja estaba una muñeca enorme, incluso, más grande que ella. Una muñeca marca Lilí, una muñeca diferente a las demás, porque hablaba y caminaba. La bautizó con el nombre de Rosa Bertha, en honor a una pajarita que salía en la tele en un comercial del banco Serfín. Rosa Bertha desplazó a todas las demás, hasta a la misma Fanny. No pasó de moda. Fue la muñeca que llegó para quedarse. Al menos durante algunos años.

* * *

El tiempo espléndido, cuando el futuro, el mañana, eran lo de menos. Los sueños a la orden del día, junto con los juegos, Fanny, Rosa Bertha, el jardín de niños, los primos, los vecinos. Todo perfecto y sin complicaciones, en un hogar en el que ella era la reina, la máxima soberana, querida por todos, hasta que, cuando contaba ya con seis años de edad, se enteró que pronto tendría un hermanito con el que podría jugar, igual que jugaba con Rosa Bertha y Fanny. No sintió celos ni nada de eso. Al contrario, la idea la entusiasmó desde el principio. "¡Qué padre! ¡Un hermanito!" Meses más tarde, nació Joselyne, su hermana menor, la que vino a completar el cuadro de la familia perfecta, unida y feliz, cuando el sol brillaba esplendorosamente en el horizonte, sin ningún nubarrón que pudiera amenazar el panorama.

El mundo de Aline era precisamente el que Jossie y Heriberto le construyeron, un mundo muy parecido al del enorme poster de Blanca Nieves y los Siete Enanos que tenía en su recámara, un poster en el que también había pajaritos, conejitos, un venadito...

* * *

Fui afortunada. Muy afortunada. Una casa bonita y llena de luz. Las tardes maravillosas en las que jugaba con mis primos y mis vecinos, o cuando le ayudaba a mi mamá a cuidar a mi hermanita Yoyo. Así le decía a Joselyne y así se le quedó... Mis papás, siempre pendientes de nosotras, enamorados, ilusionados. Jamás se borrará de mi mente aquella imagen del amor ideal, del amor perfecto: Mi papá y mi mamá, dándose un beso, abrazados, como cuando me los encontraba bailando en la sala, muy juntitos, muy acaramelados. Y cuando descubrían mi presencia, ni se inmutaban, seguían con su romance o, luego, me cargaban y me invitaban para que bailara con ellos. Ese gran amor del que yo misma fui testigo, como uno de mis primeros recuerdos. Tal vez, el más importante y bonito.

Así comienza Aline con su propia historia, con todo lo que le queda de aquella época feliz. Momentos que regresan a su mente y que se hacen presentes.

Porque entonces, todo era maravilloso, como un cuento de hadas. Y sí, yo era como la Blanca Nieves que estaba en el poster de mi recámara. Una Blanca Nieves que no le tenía miedo a nada, porque ahí estaba siempre conmigo él, mi papá, hasta en las noches, cuando me despertaba llorando, después de haber soñado algo feo. Él corría a mi lado y se quedaba conmigo hasta que me volvía a quedar dormida o hasta que amanecía...

Lo adoraba. Lo quería demasiado. Yo creo que hasta más que a mi mamá. Era todo en mi vida: mi héroe, el hombre más guapo, el más bueno, el más inteligente, el más poderoso, el indestructible, el que todo lo solucionaba, para quien no había imposibles. Sí, un héroe como los de las caricaturas, como esos que todo lo pueden. Me consentía muchísimo, pero también, cuando me portaba mal o hacía alguna travesura, me daba mis nalgadas.

Por ejemplo, una vez, cuando se me ocurrió convertir la sala de la casa en mi jardín, un jardín que tenía que regar para que nacieran flores por todos lados. Llené una cubeta con agua y me puse a regarla por toda la alfombra. Hasta que él apareció y, furioso por lo que había hecho, me dio un par de nalgadas... Más que las nalgadas, lo que me dolía era verlo así, enojado conmigo. Más aún cuando se mostraba seco, indiferente. Me daba miedo que así se quedara para siempre, que jamás volviera a jugar conmigo, que ya nunca fuera cariñoso. Pero, afortunadamente, al poco tiempo se le pasaba el enojo y, eso sí, por muy molesto que estuviera conmigo, todas las noches se acercaba a mi cama, me acariciaba el cabello, me tapaba y me daba un beso.

Para mí, lo máximo era cuando llegaba por la noche. Toda la tarde me la pasaba esperándolo, extrañándolo. Pero no creas que sólo para ver si me había llevado una Nucita o una paleta Mimí, como era su costumbre, sino porque me fascinaba estar con él. Recuerdo que, cuando tenía como tres años, en cuanto escuchaba su coche, corría y me escondía en el bote de la ropa sucia, según yo, para asustarlo cuando llegara.

Era muy guapo, delgado, alto, como de 1.80 metros de estatura, cabello castaño, ojos aceitunados. Con razón mi mamá se enamoró de él. Para mí era y sigue siendo el prototipo del hombre perfecto: buen padre, buen esposo, generoso, tierno... Yo creo que a partir de entonces, desde que era chiquita, mi gran sueño fue encontrarme alguien como él cuando creciera, cuando fuera grande. Y siento que hasta la fecha, lo sigo buscando. No igual, pero sí parecido...

2. Una mariposa negra

De vez en cuando,
aparecen en mis sueños.
Y yo siento que se trata
de un mal presagio,
de un presagio de muerte.

Principios de los 80

Yoyo tenía apenas cuatro meses de edad, cuando, una mañana, Jossie y Aline estaban en el garaje de la casa, despidiendo a Heriberto, a punto de marcharse al trabajo. En eso, cuando él encendió el motor de su coche, por ahí empezó a revolotear una mariposa negra que se dirigió al interior de la casa. Heriberto agarró una escoba y empezó a perseguirla, mientras que Jossie le gritaba: "No, Heri. No la vayas a matar. Sólo asústala para que se salga..."

Aline, aunque hay muchas de su infancia que ha borrado de su mente, recuerda perfectamente aquella escena que la impresionó desde el primer momento:

Es que yo nunca había visto una mariposa negra. Y aquella era tan grandota, tan fea. Lo que más me impactó no fue precisamente la mariposa, sino ver a mi papá correteándola por la sala de la casa, tratando de aplastarla con la escoba, mientras que la mariposa se le escapaba y seguía volando, y mi mamá le gritaba que no la matara, porque eso era de mala suerte.

Jamás se me va a olvidar el momento en el que yo, muy asustada, vi de repente que la mariposa se dirigía hacia mí. Me eché a correr por la sala ¡y la mariposa parecía que me estaba persiguiendo! Comencé a llorar como desesperada, hasta que mi mamá me cargó y nos metimos a la cocina. Luego, al poco rato, entró mi papá ¡con la mariposa muerta en su mano! y la echó al bote de la basura.

Es algo que tengo bien presente. Como si se tratara de un trauma, yo creo. A partir de entonces, no sé por qué, pero a menudo empecé a tener pesadillas en las que, estando yo en cualquier lugar, de repente, veía que salían mariposas negras por todas partes. Y también, estando chiquita, en mi recámara, a oscuras, percibía claramente alguna mariposa negra que, aunque no veía, sí sentía pasar por mi cara. Aterrada, me ponía a gritarle a mi papá, hasta que él llegaba, encendía la luz y revisaba el cuarto, porque yo le aseguraba que una mariposa negra andaba por ahí.

Es una fijación. Lo sé ahora. Sin embargo, no puedo evitar sentir verdadero horror y asco, siempre que veo una mariposa negra, como aquella, como las que, incluso ahora, de vez en cuando, aparecen en mis sueños. Y yo siento que se trata de un mal presagio, de un presagio de muerte, como dice la gente. Y eso me da miedo, mucho miedo.

* * *

Según Jossie, después de aquel incidente de la mariposa negra, Aline cambió. Dejó de ser la niña alegre, traviesa y ocurrente que había sido. Al menos, durante unos días. Tanto Jossie como Heriberto notaron ese cambio tan radical. Pensaron que se le pasaría pronto, pero luego, empezaron a preocuparse, porque cada noche se repetía la misma escena: Aline, ya en su cama, comenzaba a berrear como loca y le gritaba a su papá que la mariposa negra andaba por ahí.

La única solución que encontraron fue que la niña durmiera con ellos en su cama, en medio de los dos y con una lámpara encendida. La que más preocupada estaba era Jossie porque, tal como lo recuerda, a partir de entonces, empezaron a suceder cosas extrañas a las que al principio no quiso darles demasiada importancia, tal como ella misma lo relata:

Unos días después del incidente de la mariposa negra, me encontraba sentada en mi cama, junto a la cunita donde se encontraba dormidita Yoyo, apenas de cinco meses. Estaba tejiéndole una chambrita, cuando, en eso, escuché ruidos en la sala. Era muy temprano como para que Heriberto hubiera llegado del trabajo y Aline estaba en casa de mi hermana. Un poco asustada y nerviosa, me asomé a la sala, al comedor, a la cocina... y no vi a nadie. En eso, cuando iba de nuevo a mi recámara, ¡que se me atraviesa un gato negro que me pegó tremendo susto! Sí, un gato negro que sabrá Dios de dónde salió y que se había metido a la casa.. Abrí la puerta y, a escobazos, como pude, logré sacarlo.

Se me hizo tan extraño... Si las ventanas y la puerta de entrada estaban cerradas. ¿Por dónde se había metido? Nunca lo supe. En ese preciso momento, cuando acababa de sacarlo, escuché que Yoyo estaba llorando. Fui con ella. Ya le tocaba su comida. Y mientras la amamantaba, no pude quitar de mi mente la imagen del gato que relacioné con la mariposa negra que también había aparecido dos días antes. Yo sabía que un gato negro, al igual que una mariposa del mismo color, eran como presagios de muerte, de algo malo. Un escalofrío espantoso me recorrió todo el cuerpo y sentí mucho miedo, un presentimiento horrible que, de inmediato, quise apartar de mi mente.

Hasta me sentí culpable de lo que le estaba sucediendo a la pobrecita de Aline con sus pesadillas y alucinaciones. Yo siempre había sido muy supersticiosa y pensé que, a lo mejor, le estaba contagiando a mi hija esas ideas, esos miedos. Sí, que de alguna manera, se los estaba transmitiendo. Empecé a preocuparme. Algo raro estaba sucediendo, pero no sabía de qué se trataba. Lo que hice, en cuanto terminé de amamantar a Yoyo, fue ponerme a rezar un rosario, pidiéndole a Dios y a la Virgen que nos cuidaran, que nos ayudaran, porque estaban pasando cosas muy extrañas y yo seguía con presentimientos muy raros.

Dios es muy grande. Siempre te escucha. En cuanto terminé mi rosario, me sentí mucho más tranquila, segura de que se trataba de simples ideas absurdas, de coincidencias. Todo estaba bien. Lo de Aline, se le pasaría. Pronto volvería a ser la misma.

Ya nochecito, como a las ocho, llegó Heriberto con Aline y me sentí muy contenta porque la vi igual que antes, contándome que había estado jugando con sus primos, que habían hecho pasteles de lodo y que, luego, ella se había "casado" con Toño, un vecinito que le gustaba mucho, y que los demás niños les habían aventado arroz y toda la cosa... Pensé que Dios había escuchado mis ruegos. Todo estaba bien, como tenía que ser.

Esa noche, aunque Aline volvió a dormir con Heriberto y conmigo, en nuestra cama, al menos ya no tuvo pesadillas ni se despertó llorando, como había sucedido en las noches anteriores, cuando decía que se le aparecían "parimosas" negras, como les decía. Ni a ella ni a Heriberto les comenté el incidente del gato negro. ¿Para qué? Aun- que mi marido no creía en esas cosas, en ese tipo de supers- ticiones, preferí callarme y no darle mayor importancia al asunto.

* * *

Días más tarde, exactamente el 19 de noviembre de 1981, Jossie se levantó muy temprano, como siempre, para arreglar a Aline, darle de desayunar, prepararle su lunch y enviarla a la escuela.

Aquella era una mañana nublada y hacía mucho frío. Jossie le puso a Aline todo lo que encontró: su abriguito, un pasamontañas y una bufanda. En esa época, a esas horas, todavía estaba oscuro, aún no amanecía, y Aline le preguntaba a menudo a su mamá: "¿Por qué tengo que irme de noche a la escuela?"

Esa vez, como siempre, fue a despedirse de su papá, que aún estaba dormido. Apenas iban a dar las siete de la mañana. Sin hacerle ruido, se trepó a la cama, se acercó a él y le dio un beso en la mejilla. Heriberto se despertó, la abrazó, la llenó de besos y, como de costumbre, le dio la bendición: "Que Dios te cuide..."

Cuando Aline se fue, Jossie regresó a su recámara y se le hizo muy extraño encontrar a Heriberto todavía en pijama y metido en la cama, jugando con Yoyo, cuando ya casi era la hora en que él debía marcharse al trabajo.

Regañé a Heri, porque ya era muy tarde —prosigue Jossie—. No iba a estar a tiempo. Tenía que bañarse, rasurarse, desayunar.... Sin embargo, me dijo que no tenía ganas de ir a trabajar, que tenía flojera, que se le antojaba quedarse todo el día en la cama, ahí, con Yoyo. A mí se me hizo raro, porque él siempre había sido muy cumplido y, a menos que estuviera muy enfermo, se quedaba en casa. Pero eso era muy de vez en cuando, casi nunca. Incluso, cada año le daban un premio de puntualidad y asistencia ahí, en la Compañía de Luz, donde seguía trabajando.

Como hacía tanto frío, me metí de nuevo en la cama con él y con Yoyo, los tres juntitos y acurrucados. Le dije que estaba bien, que se quedara, que yo le hablaría a su jefe para decirle que no se iba a presentar a trabajar, inventándole, quizás que tenía calentura o algo por el estilo. Pero no, finalmente, se levantó de la cama, se bañó, se arregló, le serví el desayuno y lo acompañé al garaje. Su Volkswagen no quería arrancar. Estaba bajo de batería. Le pasé corriente de mi coche. El suyo por fin encendió y se fue.

Yo me puse a hacer mis cosas y, unos veinte minutos más tarde, precisamente cuando acababa de bañar a Yoyo y la estaba vistiendo, sonó el timbre. Pensé que a lo mejor era él, que quizás el coche lo había dejado tirado por ahí y que quería llevarse el mío. Pero no, no era Heri, sino don Froilán, el señor del camión de la basura.

—Ay, señito —me dijo con cara de susto y muy nervioso—. ¡Córrale porque el güero acaba de chocar!

—¿Qué? —le pregunté sin entender todavía de qué me estaba hablando.

—¡Sí! ¡Se estrelló contra la lavandería de los chinos! Aquí cerca, como a cuatro cuadras...

—Pero... ¡Cómo! ¡No puede ser! ¿Está seguro, don Froilán?

—Sí, señito. ¡Se lo juro! ¡Apúrese!

Me entró el pánico, más que nada por la cara que tenía don Froilán, por la manera en que me dijo todo. No me pude dominar. Se apoderaron de mí los nervios, la desesperación y me puse a llorar como loca, sin saber qué hacer. Tenía a Yoyo arriba, no podía dejarla sola... Subí a mi recámara, terminé de vestir a la niña, me puse lo primero que encontré y, aún sin parar de llorar, fui a tocarle a una vecina para pedirle ayuda. La vecina se quedó con Yoyo y, luego, me subí a mi coche, rumbo a la calle donde se encontraba la lavandería que me había dicho don Froilán. En el camino, me puse a rezar, pidiéndole a Dios que se tratara de una equivocación o, ya de perdida, que hubiera sido un choque común y corriente, que Heri estuviera bien, que no le hubiera pasado nada...

Cuando por fin llegué al lugar del accidente, casi me muero. Lo primero que vi fue una ambulancia de la Cruz Roja, una patrulla, una bola de gente y... ¡el Volkswagen de Heri, deshecho, como acordeón, estampado en la lavandería! ¡Pero a él no lo veía por ningún lado! Y yo, gritando y llorando como desesperada... Me acerqué a la ambulancia, cuando precisamente lo estaban subiendo en una camilla. Cuando por fin lo vi, ¡no sabes qué impresión! ¡Era una masa de sangre!

Mientras lo subían a la ambulancia, un policía trató de tranquilizarme, mientras que un señor que estaba ahí, me dijo que él había presenciado el choque: que otro coche más grande, según él, de unos judiciales, porque ni siquiera placas traía, que venía con exceso de velocidad, se fue sobre el de mi marido, estampándolo contra la lavandería. Según me contó, el impacto fue tan fuerte que Heriberto se salió de su coche y se golpeó contra un poste y la banqueta. El tipo que manejaba el otro auto, se dio a la fuga.

Ese accidente fue todo un misterio. Se hicieron mil conjeturas, pero jamás se supo a ciencia cierta qué fue lo que pasó, cómo sucedieron las cosas y, menos, dónde estaba el culpable, el que iba conduciendo el otro coche.

Me fui en la ambulancia con Heri y, a pesar de cómo se encontraba, todavía no perdía el sentido. Estaba como en shock. No recordaba lo que había sucedido, nunca lo recordó. Desconcertado, muy asustado, me preguntaba insistentemente qué era lo que había pasado, dónde estaba, a dónde íbamos, mientras que yo veía que le salía sangre por todos lados, hasta de los guantes que usaba para manejar y que traía puestos. Y a mí que se me partía el alma nada más de verlo, haciéndome la fuerte, tratando de calmarlo, mientras que por dentro, me moría del miedo, de la angustia.

El trayecto al Centro Médico, a donde finalmente lo llevaron, se me hizo eterno, horrible. A nadie, ni siquiera a mi peor enemigo, le desearía esa experiencia tan espantosa. Lo que nunca se me va a olvidar ni tampoco voy a perdonarle al chofer que conducía la ambulancia fue que, en vez de irse directo al Centro Médico, detuvo la ambulancia en una calle y, junto con otro de los enfermeros, se bajó para avisarle a alguien, sabrá Dios quién, ¡que esa noche iba a haber un partido de futbol! Y yo, furiosa, desesperada, sin dar crédito de que, en momentos así, con mi marido sangrando por todos lados, nos pudieran hacer eso.

Era como una pesadilla, como una escena de película de terror. Incluso, pensé que estaba soñando, que aquello no podía ser verdad, que todo era una mentira, que no era posible que Dios fuera capaz de hacernos algo así, sobre todo porque en los últimos días, luego de lo de la mariposa negra y el cambio de Aline, le había rezado su rosario todas las noches, pidiéndole a Él y a la Virgen que nos cuidaran. En ese momento, ahí en la ambulancia, ya ni rezar podía. Me estaba volviendo loca del dolor y la desesperación. Sentía que en cualquier momento era yo la que me iba a morir. No podía soportar tener a Heriberto junto a mí, en el estado en el que se encontraba, sin poderlo ayudar, mientras que los minutos seguían transcurriendo y yo sentía que en cualquier momento se me iba a ir, que me iba a dejar sola con mis hijas...

* * *

Jossie no pudo más. Tal como me lo temía, mientras revivía aquella tragedia, se soltó llorando. Y yo no sabía cómo tranquilizarla. No sabía qué decirle. Y mientras ella se secaba las lágrimas con un kleenex y luego se sonaba, yo me preguntaba qué tanto derecho tenía a preguntar y preguntar cosas, a husmear en el pasado, en recuerdos tan dolorosos.

La dulce Jossie, una señora cuarentona, rubia, siempre sonriente y afable. De pronto se desplomaba y a mí se me partía el alma al escucharla, más aún al verla como la vi en ese momento, víctima de esos recuerdos.

Ya en el Centro Médico, yo solita, sin haber tenido tiempo ni siquiera para avisarles a mis papás y a mis hermanos, a la familia de Heriberto... Más bien, como que todo se me borró en esos momentos. Como que me olvidé del mundo, hasta de mis hijas. Lo que más anhelaba era que los médicos salieran y me dijeran que, a pesar de todo, él estaba bien, que se iba a recuperar.

Más que buscar un teléfono para llamarle a alguien, se me ocurrió hablar con Dios, en voz baja, para pedirle de nuevo que no nos desamparara, que nos hiciera un milagro. Muy en el fondo, sentí que así sería, que ese milagro ocurriría. Y eso me hizo sentir mejor, cuando en eso, mientras yo rezaba en voz baja, una señora se me acercó, se sentó a mi lado y me preguntó por qué no iba al baño a lavarme mis manos. Hasta ese momento, me di cuenta que no sólo tenía las manos manchadas de sangre, sino toda mi ropa. Y cuando me dirigía al baño, acompañada de la señora, salieron dos médicos y me preguntaron si yo era la hija de Heriberto. Les respondí que no, que era su esposa.

Luego, me llevaron a una oficina pequeñita y, ahí, uno de ellos me puso al tanto del estado de Heri: desprendimiento del cuero cabelludo, fractura del parietal izquierdo, no recuerdo cuántas costillas rotas, estallamiento de vísceras... Y cuando entré a verlo, después de que lo habían limpiado, su apariencia era todavía más impresionante. ¡Estaba irreconocible!

Durante diez largos días estuvo luchando entre la vida y la muerte, cada vez peor, en un cuarto de terapia intensiva en el que estaba con otros seis pacientes. Y yo me la pasaba ahí todo el tiempo, junto a él, sentada en una silla, en espera del milagro que tanto le había pedido a Dios.

Se le desencadenaron más cosas: según me dijeron los médicos, su cerebro comenzó a inflamarse cada vez más y, cuando lo veía, me moría de la angustia, al ver que le seguía saliendo sangre por los oídos, que tenía derrames en los ojos... A pesar de todo, él permanecía consciente, aunque seguía sin recordar lo que le había sucedido. Eso, creo yo, prefirió borrarlo de su mente. Incluso, los médicos estaban asombrados de su lucidez y hasta de las bromas que les hacía a los amigos que lo visitaban.

Fue horrible. Y, para colmo, como no podía estar con mis hijas y a Yoyo ya no podía amamantarla, le vino una infección terrible por el cambio de leche y tuvieron que hacerle una transfusión. Una de mis hermanas, Aurora, me la cuidó esos días, igual que a Aline, quien volvió a tener pesadillas y se la pasaba todo el día llorando, preguntando por su papá.

No quise decirle lo que sucedía. ¿Cómo se lo iba a decir? Estaba muy chiquita. Menos aún, iba a llevarla a ver a Heriberto, así como estaba. Yo, dentro de todo, no perdía la fe en Dios y seguía en espera del milagro, ese milagro que desafortunadamente no llegó. Pero sé que Dios escuchó mis ruegos, que estuvo conmigo, aunque entonces no lo comprendí así. De otra forma, ¿cómo pude soportar todo aquello? Desde el momento en que don Froilán me dio la noticia, luego, cuando llegué al lugar del accidente, cuando vi a Heriberto bañado en sangre, el trayecto en la ambulancia hacia el Centro Médico, los largos días de espera, de verdadera pesadilla. ¿Cómo pude soportar todo eso?

Una noche, como a las tres de la madrugada, estaba medio dormida en la silla en la que siempre me quedaba, junto a la cama de Heriberto. En eso, no sé por qué, me desperté. El cuarto estaba casi a oscuras, iluminado apenas por una de esas lámparas nocturnas, de luz muy tenue. Había un silencio sepulcral. Sólo se escuchaban el gorgoreo de dos o tres pacientes a los que les habían hecho la traqueotomía, el ruido de los tanques de oxígeno, de los electrocardiógrafos. Y en eso, uno de esos pacientes que estaba en la cama de enfrente, se enderezó, se sentó y se me quedó viendo.

Era como una calaquita, todo chupado y con los ojos saltones, muy demacrado, pálido, prácticamente un vegetal, con una apariencia impresionante. Supuse que se trataría de un anciano de unos setenta años, que seguramente también habría sufrido algún accidente y, por lo mismo, había quedado mal de la cabeza. Ya antes lo había visto ahí, sí, pero siempre estaba acostado y dormido. Ésa fue la primera vez que lo vi despierto. Ese anciano que no me despegaba la vista en ningún momento, pero tampoco me decía nada. Sólo me observaba fijamente. Estaba como ido. Jamás voy a olvidar esa mirada de tristeza, de dolor, con la que, a lo mejor, quería pedirme que lo ayudara. Pero, ¿cómo? ¿Qué podía hacer yo? Curiosamente, ninguna enfermera andaba por ahí y Heriberto seguía bien dormido. Yo traté de hacer lo mismo. Pero no pude. Siempre que lo intenté, sentía la mirada de aquel hombre clavada en mí; abría los ojos y, sí, él me seguía viendo, sin decirme nada.

Mi miedo fue en aumento, hasta que, ya como a las cinco de la mañana, entró al cuarto una muchacha muy bonita, de unos 27 años, a la que ya antes había visto ahí, con ese paciente que tanto me impresionaba. Al advertir mi presencia, me sonrió apenas y, en voz baja, me dijo "buenas noches". Luego, de su bolso, sacó unas toallitas, de esas perfumadas para bebés, y empezó a limpiarle la cara, el cuello y los brazos al señor, con mucho cuidado, hablándole con cariño, sin que él le respondiera nada. Sólo seguía viéndome a mí, sin quitarme la vista de encima. Luego, la muchacha sacó unas fotos, también de su bolso, y una a una se las iba enseñando al anciano: "Mira quién está aquí, es Rodriguito. ¿Lo reconoces? Y mira, ¡Elenita! Sí, Elenita, el día de su cumpleaños..."

Fue hasta ese momento, después de más de dos horas, que él, por fin, dejó de observarme, mientras veía las fotos, sin que su rostro expresara absolutamente nada.

Estaba a punto de amanecer y salí del cuarto, para caminar un poco y tomarme un café. Con mi pena, con todo lo que estaba sucediendo, no podía quitarme de la mente la mirada del anciano, aquella expresión de su rostro, tan distante y, al mismo tiempo, tan llena de dolor. Como que algo quiso decirme... Al rato, la muchacha que estaba con él, salió también y me topé de nuevo con ella. Me sonrió y se quedó junto a mí.

—¿Cómo sigue? —le pregunté.

Ella me sonrió, al mismo tiempo que su mirada se nublaba.

—Mal, muy mal, señora —me respondió—. Lleva ya muchos meses aquí y cada día lo encuentro peor...

En eso, se soltó llorando. Me identifiqué tanto con ella, con ese llanto que me contagió. Y al mismo tiempo pensé: ¿Y si Heriberto también tiene que pasar aquí meses y meses?

—Hay que tener fe en Dios —le aconsejé—. Mi esposo también está mal, pero yo no pierdo las esperanzas... ¿Es tu abuelito ese señor?

La muchacha, después de haberse secado las lágrimas, me miró desconcertada.

—No, no es mi abuelito. Es mi marido. Tiene apenas 33 años...

Me quedé fría ante tal respuesta. No recuerdo qué más le dije para tratar de reconfortarla. Durante todo ese día, no dejé de pensar en ella, en su marido. ¡33 años! Pero, si parecía un anciano.

En una iglesia, cerca del Centro Médico, fui una vez más a hablar con Dios, ya no tanto para recordarle el milagro que le había pedido, sino para decirle que si Heriberto iba a quedar así, como ese señor que había visto, que mejor se lo llevara...

Esa misma tarde, a punto de caer la noche, de nuevo en el cuarto del hospital, de repente, Heri me hizo una seña para que me acercara a él, me tomó la mano, cerró los ojos y, tranquilamente, me pidió que fuera fuerte, que cuidara a Aline y a Yoyo, que nunca las dejara...

Me asusté muchísimo cuando me dijo eso. Presentí que el final estaba cerca, que él se estaba despidiendo. No me soltaba la mano y, luego, como que empezó a jugar con mi argolla de matrimonio, como que me la quería quitar, mientras que, aún con los ojos cerrados, me decía que estaba viendo un jardín muy bonito, lleno de luz, con flores y plantas por todos lados, y que ahí había un señor muy alto, todo vestido de blanco que le abría sus brazos... Luego, respiró hondo y, más tranquilo aún, empezó a repetir varias veces: "Es que ya me voy, es que ya me voy..." Hasta que ya no habló más. Se quedó como dormido, inconsciente.

Muy alarmada, llamé a los médicos. Llegaron, lo revisaron, se lo llevaron a otra sala. Pensé que ya había muerto, pero no. Todavía no. Uno de los médicos me dijo que le había dado un paro cardiaco, pero que ya lo habían revivido. Sin embargo, ya jamás volvió en sí. Quedó en estado de coma y, dos días después, el 29 de noviembre de ese año, finalmente falleció.

Me quise morir yo también cuando me dieron la noticia. Heriberto, el amor de mi vida, con el que había sido tan feliz, ya no iba a estar más conmigo, con nuestras hijas, con Aline y Yoyo. Después de aquellos diez días de angustia y miedo, de tanta pesadilla, no sé de dónde saqué fuerzas cuando fui a mi casa para cambiarme, para ponerme un vestido negro. Ahí estaba Aline, sentadita en la escalera, junto con Rosa Bertha, su muñeca. Aunque no le habíamos dicho la verdad, la gravedad de su papá, los pormenores del accidente ni nada, ella como que lo presintió siempre. Y cuando me vio llegar, con los ojos inflamados de tanto llorar, a pesar de que traía unos lentes oscuros, una vez más me preguntó por su papá:

—¿Cuándo va a venir?

Y a mí, ya no me quedó más remedio que responderle.

—Tu papito siempre va a estar con nosotras, Aline. Siempre. Aunque ya no lo veamos, aunque ya no esté aquí. Ahora es un angelito y está en el cielo. Desde ahí nos va a cuidar...

Su reacción me desconcertó. Al principio, como que se lo tomó con calma y se quedó pensativa, como tratando de asimilar lo que le acababa de decir, mientras yo trataba de hacerme la fuerte para no llorar, para no alarmarla.

—Entonces, ¿ya no me va a traer chocolates, ni Nucitas, ni paletas Mimí? ¿Y ya tampoco me va a llevar al futbol ni a su trabajo?

—No, hija, ya no...

Entonces sí, ya no pude controlar el llanto. Abracé a Aline y ella también se soltó llorando. Tenerla así, entre mis brazos, tan chiquita, llore y llore... Eso fue lo que me dio fuerzas para soportar lo que estaba padeciendo. El dolor, la impotencia y, sobre todo, darme cuenta que esas hijas eran lo mejor que Heri me había dejado. Esas niñas tan chiquitas que ahora sólo me tenían a mí. Y no podía fallarles, no en esos momentos en que más me necesitaban.

Y, luego, el sepelio, la funeraria llena de gente. No sé de dónde salió tanta. Amigos, familiares de Heri que yo ni conocía. Jamás he visto a tantos hombres llorando al mismo tiempo. Eso no se me va a olvidar, como tampoco el momento en que mi papá se acercó a mí, me abrazó muy fuerte y, en voz baja, me pidió perdón.

3. Luego de la tragedia

Entonces, como por arte de magia,
mi papá se me aparece.
Cierro los ojos y lo veo, lo siento cerca.
Sé que él está aquí, conmigo,
en este mismo instante...
en las páginas de este libro.

Ahí, en la sala de su casa, Aline escuchó el relato de Jossie, para enterarse de muchas cosas que ignoraba sobre el accidente y la muerte de su papá. Cosas que ni siquiera sabía, que su mamá nunca le contó para no hacerla sufrir. Como yo estaba tomando notas y ella permanecía en silencio, no me di cuenta en qué momento empezaron a brotarle las lágrimas. Cuando la descubrí con los ojos ya rojos, como que le dio pena y se secó el llanto con su mano. Aunque tiene bien presente la imagen de su papá y muchos momentos que vivió a su lado, no recuerda aquellos días trágicos, como tampoco cuando su mamá le dio la fatal noticia.

No sé, a lo mejor, en algún momento de mi infancia o adolescencia, como todo aquello me lastimaba demasiado, inconscientemente lo borré de mi mente. No recuerdo ni aquellos días en que mi papá estuvo en el hospital, tampoco cuando mi mamá me dijo que se había muerto. Ni las semanas o los meses que vinieron después. Yo creo que fue como un mecanismo de autodefensa para no sufrir o, quizás, para recordar únicamente lo bonito, lo que me conviene, lo que no me duele, lo que me alimenta siempre que me siento triste o sola, siempre que paso por algún mal momento. Entonces, como por arte de magia, mi papá se me aparece, su imagen viene a mí. Cierro los ojos y lo veo, lo siento cerca. Y en verdad sé que él está aquí, conmigo, aunque algunos piensen que estoy loca, que son alucinaciones mías. Él se hace presente, me cuida, me consiente. Por eso, sé que él no se fue, que nunca se ha ido, que nunca me va a abandonar. En este mismo instante, está aquí... en las páginas de este libro.

Y precisamente, cuando Aline acababa de decirme que para ella su papá no se ha ido y que "en este mismo instante, está aquí... en las páginas de este libro", estábamos los dos solos, como a las diez de la noche, en el comedor de su casa, con la grabadora prendida y, de pronto... la luz empezó a parpadear, a subir y bajar de intensidad. "¡Qué onda, Rubén! ¿Ves? ¡Aquí está él!"

Yo me quedé callado, fingiendo no darle importancia a lo que acababa de suceder, aunque sí sentí un poco de miedo y, en efecto, percibí la presencia de alguien ahí. En toda la casa, la luz seguía parpadeando. Y así estuvo cerca de una hora, mientras que Aline prosiguió con sus recuerdos de la infancia. En todo ese tiempo, tanto ella como yo, seguimos sintiendo que alguien estaba con nosotros, ahí, sentado entre los dos. Lo curioso es que, unos minutos más tarde, como que nos acostumbramos, lo tomamos como algo natural, aunque a cada rato nos mirábamos, siempre que la luz volvía a subir y bajar de intensidad.

Lo que sucedía conmigo en ese entonces, de lo que recuerdo, es algo que nunca comenté con nadie, sino hasta hace unos años con Verónica, la psicóloga con la que estoy en terapia desde hace algún tiempo. Yo sí tenía miedo, mucho miedo. Aparte de que extrañaba demasiado a mi papá y a cada rato le lloraba, seguí con eso de las mariposas negras que, según yo, se me aparecían por las noches y me revoloteaban por la cara. Pero entonces, como ya no estaba mi papá, no tenía a quién gritarle para que me salvara de esas mariposas. Bueno, a mi mamá, pero la pobrecita, como la veía tan triste, con sus cosas, no quería preocuparla más. Así que no me quedó otra más que aguantarme y padecer yo solita todo aquello que me aterraba. Además, me daba pena que los demás se enteraran que era una miedosa. Supongo que poco a poco fui dominando ese temor, ese trauma. Esa espantosa mariposa negra que siempre relacioné con la muerte de mi papá, con ese cruel presagio de muerte, de tragedia...

Cambié mucho. Dejé de ser tan traviesa, tan terrible. En ese tiempo, muy pocas cosas me llamaban la atención, incluso, eso de ser artista. Cuando me quedaba sola en mi recámara, con Rosa Bertha, en vez de ponerme a representar escenas frente a mis muñecas, me la pasaba llorando o rezándole a mi papá. Ya tampoco me entusiasmaba ir a la escuela, ni salir a jugar con los vecinos o con mis primos.

Sé que mi mamá estaba preocupada por mí, pero supongo que ella pensaba que con el tiempo se me pasaría. Y de hecho, así fue, aunque no del todo. Tú sabes que la ausencia de un padre, nunca se supera completamente y menos en esa etapa de la infancia.

En aquel entonces, ya no soñaba con nada, ni siquiera con ser artista. Lo más que ambicionaba en la vida era ser mamá cuando estuviera grande, casarme y tener hijos. Eso sí me ilusionaba, sobre todo, que mi marido pudiera ser como mi papá. Quería crecer lo más rápido posible para encontrarme un novio que fuera como él, lo más parecido. A lo mejor, ese sería un medio para recuperarlo... Bueno, eso es lo que pensaba en aquel entonces.

* * *

Luego de la muerte de Heriberto, Jossie decidió traspasar el jardín de niños que tenía. Además de que necesitaba dinero, el hecho de ir todo los días a ese lugar le resultaba muy doloroso ya que, forzosamente, tenía que pasar por el lugar donde había ocurrido el accidente de su marido. Y luego, la casa en la que habían vivido, estaba llena de recuerdos que la seguían torturando, recuerdos que no la dejaban en paz. Su vida y la de sus hijas había dado un giro de ciento ochenta grados en apenas un par de semanas. De pronto, le costaba demasiado entender que estaba sola y, más aún, aceptarlo. Se sentía confundida, abatida, desvalida, sin saber qué rumbo tomar, qué hacer con su vida y la de las niñas. Todo se le había derrumbado. Estaba tan acostumbrada a depender de Heriberto, como el hombre de la casa, el que todo lo solucionaba...

Lo bueno es que tenía a su familia, a la bendita familia que en todo momento estuvo con ella. Don Juan, desde el principio le propuso hacerse cargo de ella y de las niñas, también le ofreció uno de los departamentos de un edificio del que era dueño y en el que vivía con doña Aurora: "Ahí estarás segura y nos tendrás cerca. Nada te va a faltar. Hazme caso..."

Y aunque Jossie se negó al principio, porque no quería ser una carga para nadie, finalmente accedió. Era la solución ideal, al menos por el momento. Ella y las niñas no estarían solas y, además, como tenía que ponerse a buscar un trabajo para salir adelante, su mamá podría ayudarle a cuidar a Yoyo y Aline. Al poco tiempo, empezó a ganarse la vida como locutora de una estación de radio, la XEW.

Para Yoyo y Aline, llegar a ese nuevo departamento fue como empezar una nueva vida, una vida distinta a la que habían llevado, rompiendo con un pasado feliz, una vida que ya no volvería a ser la misma.

Fue triste al principio, desconcertante. La ausencia de mi papá se sentía más que nunca, aunque estuviéramos en otro lado. Pero, bueno, nos fuimos acostumbrando, al menos yo, inventándome sueños que me sirvieran de refugio para escapar de aquella realidad que no me parecía, que tanto miedo me daba, aunque no se lo dijera a nadie, ni a mi mamá.

Regresé a la escuela; empecé a distraerme, aunque me costó trabajo convivir de nuevo con mis compañeras, con mis amigas. Sentía que me veían con lástima, como objeto raro, como la pobre huerfanita. Y eso no me gustaba. Como tampoco seguir en esa escuela. Por eso, por las tardes, era feliz cuando, por ejemplo, me sentaba en las piernas de mi abuelito y él me enseñaba la letra de una canción que se llamaba 'Chiquitita', la del grupo Abba. O cuando me ponía a ayudarle a mi abuelita a preparar la cena. Entonces, me dio por la cocina. Me encantaba preparar hot cakes, puré de papa, rajas con queso... Y también, en ese entonces, como a los siete, me enamoré por primera vez...

No, él no se parecía a mi papá en nada. Absolutamente en nada, pero para mí tenía una magia muy especial, sobre todo cuando lo veía en la televisión, bailando y cantando, en su video de *Thriller*. La que me lo presentó fue Verónica, mi vecina, una niña unos años mayor que yo que, también, a partir de ese entonces, por 1983, empezó a formar parte importante de mi vida, precisamente a raíz de la adoración que las dos sentíamos por Michael Jackson, que para mí era como un sueño, como un ser de otro mundo, tan especial, tan diferente. Mi mamá me compró su disco y, también, un poster enorme en el que aparecía él de tamaño natural. Gracias a ese poster, era como tenerlo para mí sola, en mi recámara. Hasta soñaba que me casaba con él, claro, sin que Verónica lo supiera, para que no le dieran celos, porque las dos nos lo disputábamos y, en ocasiones, hasta teníamos pleitos por su culpa.

Y no sólo era el poster de tamaño natural, sino varios más que estaban en las paredes, hasta en el techo, para que, a la hora de acostarme en mi cama, antes de dormirme, pudiera verlo y sentir que no estaba sola, que alguien me acompañaba. Porque entonces, como se me seguían apareciendo las mariposas negras que tanto miedo me daban y mi papá ya no estaba conmigo, me dormía con la luz encendida y sentía que Michael era el que me cuidaba mientras dormía, como mi ángel de la guarda.

Michael y Verónica... Él desapareció después, se esfumó, junto con los posters que fueron a dar quién sabe dónde, quizás al bote de la basura, como algo que pasó por mi vida y ya. Pero ella, Verónica, se quedó conmigo. Crecimos juntas y, por cuestiones de la vida, como ella estudió más tarde la carrera de psicología, muchos años después, se convirtió en mi psicóloga, la psicóloga de la que antes te hablé, la primera a la que le confié mucho de lo que te estoy contando ahora; la psicóloga, amiga y confidente que sigue a mi lado.

Y creo que fue precisamente en ese tiempo cuando, a lo mejor en forma inconsciente, borré de mi mente los recuerdos que me lastimaban, refugiándome en mi adoración por Michael Jackson, como mi tabla de salvación. No me olvidé de mi papá. Eso nunca. Pero sí de todo lo que tuvo qué ver con su accidente, con su muerte, con todo lo que sabía, con lo poco que mi mamá me había contado.

Yo estaba creciendo, quizás de una manera más rápida que las demás niñas de mi edad, que mis amigas, con preocupaciones y miedos que ellas ni se imaginaban, preocupaciones y miedos que, como te dije, no comentaba con nadie.

Una vez, en el jardín de mi casa, jugando a la comidita con mi prima consentida, Silvia, y otras amigas, recuerdo que, de repente, como que me dieron ganas de aislarme. Me hice a un lado y me puse a pensar. Las observaba a ellas preparando pasteles de lodo y me parecían tontas. ¡Qué onda! ¡Qué chiste eso de preparar pasteles de lodo, como si fueran pasteles de chocolate! Me parecía absurdo y hasta cursi eso de tomar la tacita de plástico del juego de té y hacer como que dentro tenía café. Y ahí estaban ellas, actuando como señoras grandes... Me fastidié y hasta me pareció bobo y ridículo eso de jugar a la comidita.

Sin que ellas se dieran cuenta, las dejé ahí, en el jardín, y yo me subí a mi recámara para estar sola, como que me hacía falta. Puse mi disco de Michael Jackson y, luego, frente al espejo me puse a bailar como él. Al rato, de repente, se me ocurrió ponerme a escribir una canción. Y lo hice. Más bien era un poema, un pensamiento, porque no tenía música. No recuerdo bien qué fue lo que escribí, sólo que era algo dedicado a mi papá.

Y creo que a partir de ese momento, empezaron a manifestarse nuevamente mis inquietudes artísticas. Me dio por escribir más y más, siempre que podía, siempre que estaba sola. Y, luego, en las reuniones familiares, me encantaba poner a bailar a mis primos, organizarles concursos de baile y, luego, montábamos obras de teatro en la que, siempre, yo era la autora, la directora, la productora y, claro, la protagonista.

Luego, también en esa época, cuando en el programa de Raúl Velasco empezaron a anunciar la convocatoria para el concurso *Juguemos a Cantar*, mi mamá y mi madrina Aurora inventaron que mi prima Silvia y yo hiciéramos un dueto para que pudiéramos concursar. Un compositor que se llama Alejandro Fidel, nos hizo una canción; luego, nos confeccionaron nuestros vestidos, nos tomaron fotos, llenamos la solicitud, la entregamos y... ¡Jamás nos llamaron! Aunque al principio todo fue simple ocurrencia de mi mamá y de mi madrina, después me entusiasmé muchísimo. Ya me imaginaba saliendo en la tele con mi prima, tal como lo había soñado siempre. Y, luego de que no sucedió nada y de que ni siquiera nos tomaron en cuenta, la verdad sentí muy feo. Pensé que eso de ser artista era algo imposible, algo muy lejano que jamás sucedería.

* * *

Mediados de los 80

El 19 de septiembre de 1985, en la ciudad de México tuvo lugar el terrible terremoto que arrasó con varias construcciones en diferentes puntos de la ciudad, dejando afectados y a punto de derrumbarse otros edificios. En uno de esos edificios afectados estaba el departamento en el que Jossie y sus hijas vivían. Prácticamente en plan de damnificadas, tuvieron que salir de ahí, para irse a vivir a casa de la madrina Aurora —la hermana de Jossie—, junto con su esposo Jorge y sus hijos Nancy, Jorge y Silvia, la prima favorita, la que en ese entonces, se convirtió en la gran amiga y compañera de Aline.

Luego del susto del temblor y de que, nuevamente, tuvimos que agarrar todas nuestras chivas para mudarnos a otro lado, llegar a casa de mi madrina Aurora fue como entrar al paraíso. Primero, porque mi tío Jorge, en cierta forma, era como mi segundo padre y para mí era bonito estar de nuevo en un hogar en el que existiera la figura paterna, el jefe de la familia, el hombre fuerte y poderoso. Además, ahí estaban también mis primas Nancy y Silvia. Con ella, con Silvia, la que siempre me había llevado de maravilla, especialmente en ese entonces, cuando empecé a sentirla más bien como mi hermana, como mi gran compañera de la infancia. Yoyo estaba todavía muy chiquita y, bueno, yo necesitaba no sólo alguien con quien jugar y divertirme, sino también alguien con quien pelearme y agarrarme del chongo.

Fue la época de las Barbies, la época en que, de nuevo, las ganas de ser artista y de salir en la tele, se fueron haciendo más grandes, en complicidad con Silvia. Una época bonita que no duró mucho, porque luego, como mi mamá y mi tía Aurora empezaron a tener problemas, nos regresamos de nuevo con mis abuelitos a otra casa.

Yo tenía ya diez años cuando Rosa Bertha, mi muñeca, ocupó de nuevo el lugar que le había quitado mi prima Silvia. Se convirtió otra vez en mi cómplice, sobre todo en esta etapa en la que me volví un poco maldosa y me dio por hacerle travesuras a Anita, una sirvienta que teníamos y que, no sé por qué, pero me caía bien gorda. Un día, se me ocurrió espantarla, y Rosa Bertha me ayudó...

Fui al cuarto de Anita y, ahí, metí en su cama a Rosa Bertha que, como estaba grandota, parecía como si fuera "alguien" que se hubiera escondido en la cama, tapada con la colcha y las cobijas. Sólo se le asomaban los pelos de su rubia cabellera. Y como ya era noche, que voy con Anita y, fingiendo estar muy asustada, le digo que en la cama de su cuarto había alguien, un ladrón de seguro. La mensa de Anita, muy asustada, ahí va a su cuarto, abre la puerta y pega tremendo grito. ¡Se lo creyó todo! Hasta fue con mi abuela, llorando del miedo, y le contó que ¡un ratero estaba escondido en su cama! La pobre de mi abuela, aterrada, fue por un cuchillo a la cocina y ahí van las dos al cuarto de Anita. Y yo detrás de ellas, ya entonces muy asustada, no porque me fueran a descubrir, sino porque, como mi abuelita llevaba el cuchillo en la mano, ya me la imaginaba, destazando a la pobre de Rosa Bertha, con la cabeza por un lado, los brazos y piernas por otro...

Anita temblaba y lloraba, mientras que mi abuela, parada en la puerta del cuarto, gritaba: "¿Quién eres? ¡Levántate y sal de ahí o te mato!" Y como ese alguien que estaba en la cama ni se inmutaba, ¡mi abuela pensó que a lo mejor era un muerto! Entonces, le pidió a Anita que llamara a la policía. En ese momento, ya no me quedó más remedio que contarles la verdad, que se había tratado de una simple broma y que era Rosa Bertha la que estaba metida en la cama.

¡Para qué te cuento! Mi abuela me puso como lazo de cochino... "¡Chamaca pendeja! ¡Casi nos matas del susto! Ahorita vas a ver..." Pero yo, muy lista, agarré a Rosa Bertha, me eché a correr y me encerré en mi cuarto, en mi refugio, como siempre, hasta que llegó mi mamá del trabajo, ya noche. Desde mi recámara, escuché que mi abuelita se quejaba de mí, contándole lo que había hecho. Recuerdo que mi mamá fue a buscarme y me regañó, pero sólo un poquito. Luego, me dijo que quería que fuera a la sala porque quería presentarme a alguien, a un amigo.

¿Un amigo? Yo luego luego me las olí y después, confirmé mis sospechas. Aquel amigo era más bien su novio, llevaba ya dos años con él y se llamaba Benito.

Al principio, como era de esperarse, me cayó mal. Lo vi como un intruso, como el hombre que pretendía usurpar el lugar de mi papá. Y hasta fui grosera con él. Pero como era muy bueno con Yoyo y conmigo y siempre nos llevaba regalos, poco a poco me fue ganando, al grado de que llegué a adorarlo, aunque durante los seis años en que fue novio de mi mamá, a los dos les hice verdaderos dramas, con llanto y toda la cosa, porque no quería que se casaran.

Benito, como te digo, era muy buena persona, tranquilo, paciente, detallista, simpático y también guapo. Aparte, estaba muy chavo. Era más joven que mi mamá. Y además, eso de aceptar cargar con dos escuinclas que no eran sus hijas, como que ya eran atributos suficientes para ganarse a cualquiera. Yo lo quería, sí, lo quería mucho, pero no para que se casara con mi mamá. Pensaba que, en cierta forma, eso significaría manchar la memoria de mi papá, hacer como si él nunca hubiera existido.

Total que, finalmente, mi mamá logró convencerme y me cayó el veinte. Ella tenía derecho a rehacer su vida, porque todavía estaba muy joven, andaba apenas por los 30. Se casaron cuando yo tenía ya doce años. Mi abuelito acababa de comprar una casa preciosa que ya no pudimos disfrutar porque nos fuimos a vivir a un nuevo departamento donde, para variar, comenzamos una nueva vida. Una etapa más, cuando yo ya estaba a punto de entrar a la adolescencia y, más que nunca, soñaba con ser cantante. No precisamente para ser famosa y ganar dinero, sino porque estaba enamorada de un artista que me encantaba y me moría por conocerlo en persona.

4. La chica joven de Menudo

Me dijo que andaba buscando niñas
para lanzarlas como cantantes o actrices.
Y me dio en mi mero mole,
porque yo siempre soñé con eso.

Un nuevo hogar. Un nuevo departamento pequeño, pero bonito y lleno de luz que Jossie y Benito fueron arreglando poco a poco para, luego de la boda, irse a vivir ahí con las dos niñas. El entorno ideal para la nueva familia en la que había una nueva figura masculina, que simbolizaba el presagio de tiempos mejores o, al menos, de que las cosas bien podrían volver a ser como antes.

Benito fue algo así como una bendición para la madre y sus hijas. Sin embargo, Aline, aunque empezó a llamarlo "papá", no lo veía como un segundo padre y menos como un sustituto. Lo quería, sí, le caía bien, pero para ella era más bien un amigo, el esposo de su mamá. Nadie, ni siquiera él, podría ocupar el lugar de su padre. Ese lugar permanecía vacío.

Sin embargo, a pesar de que no lo veía como un papá, ya podía dormir en paz. En caso de que las mariposas negras revolotearan por su cara, bastaba con gritarle a Benito para que él acudiera a su lado. Pero ya no fue necesario. Las imaginarias mariposas negras no volvieron a martirizarla. Aquel trauma parecía haber quedado atrás, bien enterrado en el pasado, ante la perspectiva de una nueva vida, de una nueva etapa, marcada por un nuevo amor, también platónico —como el que había sentido por Michael Jackson— y secreto —como el que sus papás habían vivido años atrás—. Un amor que se guardó para ella solita, pero sólo durante unas cuantas semanas.

Cuando era una mocosa y jugaba con sus primos y vecinos, se derretía por Toño, un niño que vivía cerca de su casa. Luego, ya más grandecita, se inventó otros novios como Michael Jackson, como si eso de enamorarse fuera un simple juego que no llegaba a más. Juegos y más juegos que, de repente, sin que ella se lo esperara, una mañana la llevaron a algo mucho más serio y profundo, cuando un sábado, al no tener nada mejor qué hacer, encendió el televisor y, en un programa, apareció un muchachito de cabello largo, integrante del entonces muy famoso grupo puertorriqueño Menudo: Sergio Blass, ni más ni menos. El mismo que al poco tiempo, se vería involucrado en un problema de drogas. Todo un escándalo del que Aline, por cierto, ni se enteró o, si lo hizo, no le dio demasiada importancia.

Sergio la conquistó en cuestión de segundos con su manera de bailar, de moverse frente a las cámaras. No lo conocía, nunca antes lo había visto. Ése fue el primer encuentro, de lejos, separados por una pantalla, a quién sabe cuántos kilómetros de distancia. Sergio la sedujo en cuestión de segundos, a pesar de que para nada se parecía a la imagen del hombre ideal que ella se había fabricado, ese hombre ideal que tendría que parecerse lo más posible a Heriberto, su papá.

Sin comentarlo con nadie, empezó a soñar con Sergio, buscándolo afanosamente en las páginas de las revistas faranduleras de moda, en las portadas de los discos, en las estaciones de radio a las que llamaba para que le tocaran "Mi sombra en la pared", el más reciente éxito de Menudo.

Su primer y gran amor, platónico a final de cuentas, pero amor. Porque desde ese día no dejó de pensar en él y su gran aspiración fue entonces llegar a conocerlo en persona y, ¿por qué no?, hacerse su novia, conquistarlo, atraparlo para ella solita, tenerlo en sus brazos y darle de besos, tal como lo hacía nuevamente encerrada en su recámara, hasta que un día su mamá la sorprendió besando un poster de Sergio que tenía pegado junto a la cabecera de su cama. Entonces, ya no pudo mantener en secreto su idilio. Le confesó a Jossie que estaba enamorada por primera vez en su vida.

Jossie no se sorprendió. La entendió perfectamente. Tampoco se burló de ella ni se atrevió a desilusionarla. Ella misma empezó a llevarle todas las revistas que encontraba en las que aparecía Menudo y, como aún trabajaba como locutora en la XEW, una vez, hasta le consiguió una ¡foto autografiada por el propio Sergio!

¡Lloré de la emoción! ¡Te lo juro! Esa foto se convirtió en mi gran tesoro. La llevaba conmigo a todos lados y se la enseñaba a mis amigas de la escuela. Muchas me dijeron que era una naca, pero a mí no me importaba. Sergio era todo para mí: cabello largo, boca cien por ciento besable, ojos marrón, cejas pobladas, nariz perfecta, buen cuerpo y realmente sexy. El único defecto que le veía es que era medio chaparro y como yo ya era alta para mi edad...

Así, poco a poco empecé a meterme en el rollo de Menudo, poniéndome en contacto con fanáticas del grupo, fanáticas de hueso colorado, de esas chavitas que perseguían por todos lados a Menudo, cuando venía a México: los recibían en el aeropuerto, armaban verdaderos alborotos en los hoteles donde se hospedaban, alquilaban taxis para seguirlos a todos lados, para esperarlos afuera de Televisa, de las estaciones de radio, a donde fueran. Y se conformaban sólo con verlos de lejos. Se morían cuando uno de ellos les decía adiós con la mano o les aventaba un beso. Y ahí empecé a andar yo, en ese tipo de relajitos, con tal de estar más cerca de Sergio.

Los demás del grupo me valían. Yo sólo quería a Sergio. Aunque a nadie se lo decía, mi aspiración era no nada más andar ahí como las demás o conformarme con una foto autografiada. No, yo quería conocerlo en persona para conquistarlo, para enamorarlo, para que me llevara con él a Puerto Rico. Y sabía que así nada más, siendo una fanática más, una muchacha común y corriente, jamás lo iba a conseguir. El primer paso sería convertirme yo en cantante y llegar a ser tan famosa como Tatiana o Lucerito, salir en la tele, en *Siempre en Domingo*. Y entonces, ya famosa, me sería más fácil conocerlo y enamorarlo. Además, eso de ser cantante era otro de mis sueños, desde niña. Incluso, en ese tiempo, junto con unas amigas, queríamos formar un grupo musical y a mí me había dado por componer canciones.

En ese entonces, cuando estaba a punto de cumplir los trece años, un día, en una revista de las que compraba, descubrí una convocatoria para un concurso: *La chica joven de Menudo*. Un certamen de tipo internacional con muchos premios para la ganadora que, por ejemplo, viajaría a Puerto Rico para estar presente en un concierto masivo del grupo y, lo más importante, conocería en persona a sus integrantes.

Luego luego me hice ilusiones. Ya me imaginaba yo, en Puerto Rico, con los chavos de Menudo, especialmente con Sergio. Tenerlo frente a mí y poderle decir que lo quería con toda mi alma, que lo adoraba, que era lo más importante en mi vida. Era mi gran oportunidad. Yo tenía qué ganar ese concurso, aunque ni siquiera sabía de qué se trataba, cuáles eran las reglas.

Total, que junto con otras amigas fanáticas, fui a la dirección que venía en la convocatoria y llené mi ficha de inscripción. Pero después, oh decepción, cuando la entregué, una muchacha que era de las organizadoras, una tal Frida Reymers, medio llenita y con cara de buena gente, me dijo que yo no podía concursar porque la edad mínima para las participantes era de trece años.

—No seas mala onda —le dije a Frida—. Dame chance.

—Lo siento, pero las reglas son las reglas —me respondió muy seria.

—¡Ándale! Ya nada más me falta un mes para cumplir los trece.

—Ya te dije que no se puede.

—Es que tú no sabes... Yo sé que voy a ganar este concurso. Sergio es mi adoración, me muero por él. Y si no me aceptas, luego te vas a arrepentir, cuando te enteres que me morí...

Frida se me quedó viendo con extrañeza, como conteniendo la risa.

—¿Y por qué te vas a morir? —me preguntó.

—Pues de la pena, de la decepción... No seas mala. Total, nadie se va a enterar. Ayúdame por lo que más quieras, te lo suplico. Si quieres me pongo de rodillas...

Y lo hice, me le puse de rodillas a Frida, quien en ese momento como que se sacó de onda, sobre todo cuando junté mis manos y casi me le puse a llorar.

—Está bien. Pero que nadie se entere que todavía tienes doce años.

—Sí, sí. Te lo juro.

Frida se portó buenísima onda. Yo creo que le caí bien porque, además de aceptarme la ficha de inscripción, luego me ayudó cuando me pasaron unas hojas que tenía que responder. Eran puras preguntas sobre Menudo, datos personales de ellos, de su trayectoria, de su vida, de sus discos. ¡Qué onda! Yo nada más quería conocer a Sergio Blass, para nada me sabía todo lo que estaban preguntando en ese examen. Sí, un examen, más difícil que los de la escuela.

Y yo ahí, con mis hojas, eran como cinco... Y no me sabía casi ninguna de las respuestas: que en qué año comenzó la carrera de Menudo, que dónde y cuándo fue su primera presentación, que si la fecha de nacimiento de René y de Xavier... ¿Y quién demonios eran René y Xavier? Yo ni los conocía. Casi me muero, sobre todo cuando veía que las demás fans, incluyendo las amigas con las que fui, estaban entradazas responde y responde las preguntas, como si las estuvieran correteando.. Me sentí burra, una verdadera burra. Pero es que, yo en realidad no era una fanática de Menudo, yo nada más estaba enamorada de Sergio, aunque no supiera gran cosa de él y menos de los otros.

Ahí estuve más de una hora, haciéndome mensa, mientras que las demás entregaban sus exámenes, muy contentas. Ya casi de noche, todas se fueron y me quedé solita con las organizadoras del concurso que, luego también se fueron. Para mi suerte, la única que permaneció ahí fue Frida, quien me pidió que me apurara porque ya tenía que irse también. No sé si porque me vio muy angustiada o porque ya le andaba por irse, pero, ya al final, se me acercó y como vio que tenía el examen en blanco, me sopló casi todas las respuestas y, por si fuera poco, puso en la solicitud de inscripción que tenía los trece años cumplidos.

Salí de ahí feliz de la vida. Lo único que faltaba era llevar al día siguiente mi foto y una carta de mis papás, autorizándome para concursar. No me costó trabajo conseguir esa carta. Aunque Benito, ya en su papel de papá, al principio me negó el permiso, mi mamá lo convenció.

* * *

Gracias a Dios y a Frida, quien a partir de entonces se convirtió en su hada madrina, Aline pasó el mentado examen. Pero la cosa no paró ahí. De entre miles de admiradoras de Menudo, ella quedó entre las cien seleccionadas que, a su vez, tendrían que presentar otro examen más complejo, para seleccionar a las cincuenta que tomarían parte en el certamen, en la gran final.

Lo bueno es que Jossie, con tal de echarle la mano y ayudarla a realizar su gran sueño, se hizo amiga de las organizadoras del concurso, en especial de Frida, a quien le ofreció sus servicios como locutora: "Si quieren, para el evento de la gran final, yo puedo ser la maestra de ceremonias y no les cobro ni un quinto".

Frida aceptó encantada la propuesta y, a cambio, se encargó de preparar a Aline para el difícil examen, pasándole todo tipo de datos e información sobre Menudo, para que estudiara y llegara al examen bien preparada.

Finalmente, Aline pasó la última prueba y ya como una de las cincuenta participantes, todas las tardes asistía a los ensayos en el jardín del edificio donde estaba la oficina de los organizadores... El gran evento sería en una semana más.

Sí, un evento como Miss Universo. ¡No manches! Ahora que me acuerdo, no sé cómo anduve metida en esas cosas. Ni siquiera para mis exámenes de la escuela estudié tanto como para ese concurso. Todas las tardes iba a un departamento en el que ensayábamos las coreografías que nos montaron, la manera en que teníamos que caminar, presentarnos y todo lo demás, como en cualquier concurso de belleza. Ah, pero no creas que teníamos que desfilar en traje de baño, ¿eh? No, eso no. Nada más en traje de noche. Sí, la bola de mocosas, con vestidos largos, algunas hasta con zapatos de tacón alto.

Todas se lo tomaban muy en serio, como si en verdad fueran a competir en Señorita México para luego irse a Miss Universo. Sí, porque la que ganara aquí, el título de La Chica Joven de Menudo, iría a otro concurso internacional en Puerto Rico, con chavas de otros países. Si no te creas que era cualquier cosa.

Así, llegó el día de la gran final y se armó tremendo escándalo cuando las demás concursantes y sus familiares se enteraron que mi mamá sería la conductora del evento. Empezaron las envidias y los chismes, porque pensaron que nada más por eso, era yo la que iba a ganar, según ellas que porque mi mamá tenía palancas con los organizadores y, también, porque trabajaba en la XEW.

Aquí entre nos, la mera verdad, yo también pensé que iba a ser la triunfadora. Estaba segura. No precisamente por mi mamá o porque Frida y ella se hubieran hecho amigas, sino porque estaba bien preparada; ya me sabía toda la historia de Menudo y de sus integrantes al derecho y al revés, hasta dormida. Y, aparte, mi vestido era el más bonito y, a la hora de los bailables, yo era la que más ganas le echaba.

Durante el concurso estuve muy nerviosa. Pasé a la semifinal y luego quedé como una de las cinco finalistas. Y cuando creí que el triunfo sería mío, que muy pronto realizaría mi gran sueño y ya casi casi me veía en un gran escenario de Puerto Rico, con Sergio de la mano, resulta que quedé en tercer lugar, pero eso sí, como una de las grandes favoritas. Y cuando me entregaron un mugroso ramo de flores, como premio de consolación, yo sentí que el mundo se me venía encima y que todos mis sueños se hacían pedazos. No pude ocultar mi decepción y se me salieron las lágrimas, mientras que otra de las chavas concursantes era coronada como La Chica Joven de Menudo en México.

Total que, de ese concurso, lo único que me quedó fue la experiencia, eso de aprender a luchar por un sueño, aunque a final de cuentas no se haya realizado. También me quedaron dos buenas amigas, unas hermanas, Claudia y Alicia, con las que me seguí viendo. Dos chavitas a las que, tal como después descubrí, les daba igual Menudo que otro artista. Cambiaban de ídolos como cambiarse de calzones. De repente les gustaba Luis Miguel y luego Pablito Ruiz, que a mí, por cierto, me caía gordo. El chiste, según ellas, era andar detrás de los artistas, el que fuera.

Un día Claudia me llamó a mi casa para invitarme a una estación de radio donde iba a estar precisamente Pablito Ruiz. La idea no me entusiasmó en lo más mínimo, así que me hice mensa y le inventé a Claudia que estaba enferma y me sentía mal. Pero como ella insistió y me rogó, además de que me prometió que si la acompañaba a ella y a Alicia me iba a regalar una foto de Sergio que le habían mandado de Puerto Rico, finalmente acepté.

No recuerdo por qué razón, pero mi mamá no quería darme permiso. Finalmente, me salí con la mía y llegué a la mentada estación de radio. En la calle, había muchas chavitas, todas admiradoras de Pablito Ruiz. Ahí, entre la bola, por fin pude dar con Claudia y Alicia. Y mientras esperábamos que Pablito apareciera por ahí, en eso, vi que un coche blanco, marca Shadow, se estacionó a unos metros de nosotras y se quedó ahí por varios minutos. Luego, de él bajó una muchacha, de unos veinte años, blanca, de cabello largo y oscuro, vestida con unos pants negros. Se nos acercó y, muy amable, se dirigió a mí.

—Hola —fue lo primero que me dijo, muy sonriente—. ¿Sabes qué? Te estuve observando desde mi choche y... Bueno, lo que pasa es que tengo una escuela y ando buscando niñas para lanzarlas como modelos... Modelos juveniles.

Mis amigas y yo nos quedamos viendo. La muchacha advirtió nuestro desconcierto y prosiguió.

—¿No te gustaría ser modelo? O actriz... o cantante...

La verdad, me dio en mi mero mole. ¿Yo? ¿Modelo, actriz, cantante? Quedé maravillada, aunque como que no me creí lo que acababa de escuchar. Pensaba que eso de que alguien te descubra en la calle y ofrezca lanzarte a la fama, sucedía sólo en las películas.

—Bueno, sí... —le respondí un poco dudosa, muy sacada de onda—. Sí me gustaría. No me lo vas a creer, pero... Yo siempre he querido ser artista. De hecho, compongo desde chiquita y me gusta cantar, bailar...

—Ah, pues qué bueno... ¿Cómo te llamas?

—Aline.

—¿Y cuántos años tienes?

—Trece.

—¡Perfecto!

—¿Por qué?

—Porque te ves más grande, pero los trece es una edad ideal para empezar en esto... ¿Por qué no me das tu teléfono para que te llame después y nos podamos ver para hablar más de todo esto?

—Es que... Tengo que pedirle permiso a mi mamá.

—¡Claro! Si quieres, yo puedo ir a hablar con ella.

Fue a su coche por un papel y una pluma, anotó mi número telefónico y me dijo que pronto me llamaría.

—Yo me comunico contigo, Aline —me dijo finalmente, mientras me daba la mano.

—Oye, pero ¿y tú cómo te llamas?

—Gloria, Gloria Treviño...

5. Un secreto

Me sentí humillada,
con un pánico horrible que no lograba dominar.
Eso era algo que no me esperaba,
que jamás me hubiera imaginado.

Finales de los 80

Gloria Treviño, la misma que tiempo después surgiría a la fama y llegaría a la cima en forma estrepitosa como Gloria Trevi. Pero en ese entonces, en 1989, era simplemente Gloria, Gloria Treviño, la que años atrás, cuando tenía dieciséis, había sido lanzada por Sergio Andrade como integrante del grupo Boquitas Pintadas con el que no sucedió gran cosa y que en su breve trayectoria de unos cuantos meses grabó sólo un disco que pasó prácticamente desapercibido.

La misma Gloria que en algún momento contó que, luego de la desaparición de Boquitas Pintadas, se las vio negras con tal de sobrevivir. Fue la época en la que, según ella misma confesó, tuvo que pedir limosna en las calles y enfrentar todo tipo de calamidades, hasta que consiguió trabajo como instructora de aerobics en un gimnasio, donde conoció a un tal Alejandro, un médico del que se enamoró y con el que vivió una tormentosa relación, porque el tipo la celaba demasiado y, en ocasiones, hasta la encerraba en un baño en el que, según Gloria, la dejaba días enteros.

Una historia truculenta que la propia Gloria se encargó de propagar en diferentes ocasiones, como parte de su pasado, de todo lo que, luego de haber sido una Boquita Pintada, tuvo que padecer, empeñada en seguir adelante como cantante, hasta que volvió a encontrarse con Sergio Andrade, su descubridor, para formar una nueva mancuerna.

En aquella época, 1989, Gloria tenía ya 19 años y estaba de nuevo al lado de Sergio, junto con Raquenel, otra ex integrante de Boquitas Pintadas, quien para ese entonces, cuando tenía ya unos dieciocho años, adoptó el nombre de Mary. Y al parecer, mientras se preparaba el disco con el que Gloria regresaría en plan de solista, se dio el encuentro entre ella y Aline, quien, a sus trece años, no ubicaba a Gloria como una de las Boquitas Pintadas. Es más, ni siquiera se acordaba del grupo y menos aún de sus integrantes.

Esa misma noche, ya en su casa, Aline no pudo dormir de la emoción. Sentía que aquel encuentro con Gloria Treviño, en efecto, era como la escena de alguna película, una película que ella misma comenzaría a protagonizar. Tanto era su entusiasmo que hasta le pidió a Dios que hiciera algo para que Gloria la llamara, tal como se lo había prometido y que su ofrecimiento no hubiera sido una simple broma.

Y como de costumbre, empezó a soñar despierta, ahí, solita en su cuarto, parada frente al espejo. Ya no le ilusionaba tanto la idea de ser cantante sólo para conocer en persona a Sergio Blass, el de Menudo, sino más bien para llevar a la realidad todo aquello que empezó a soñar desde niña: salir en la tele, cantar en algún escenario, frente a un numeroso público, la fama, los autógrafos, los admiradores, grabar discos, salir en las revistas, en los periódicos. Y pensar que bien podría estar a unos cuantos pasos de conseguirlo, claro, siempre y cuando Gloria no le hubiera mentido y se comunicara con ella lo más pronto posible.

Esa noche casi no pudo dormir. A cada rato se despertaba y daba vueltas en la cama, sin poder apartar de su mente el mágico momento en que Gloria se le había aparecido como si fuera el hada de un cuento, para concederle su gran deseo: la gloria. Sí, porque para Aline, llegar a triunfar como cantante significaba eso precisamente: la gloria.

Esas ilusiones que empezaban a desbordarse minuto tras minuto, hora tras hora, tenía que compartirlas con alguien. ¿Quién mejor que su madre?

Jossie tiene bien presente el momento en el que, luego del desayuno, cuando Benito ya se había ido a trabajar y el camión de la escuela acababa de pasar por Yoyo, Aline le contó lo que le había sucedido el día anterior...

Desde la noche anterior, a la hora de la cena, noté un poco extraña a Aline... Andaba muy sonriente. Supuse que era porque había ido a ver a Pablito Ruiz. La verdad, ni le pregunté a qué se debía que estuviera tan contenta. Más bien, platicamos de otras cosas. Y al día siguiente, me contó la verdad, muy entusiasmada.

—Mamá —me dijo—, ni te imaginas lo que me pasó ayer.

—¿Qué te pasó? A ver, cuéntame.

—Afuera de la estación de radio, mientras mis amigas y yo estábamos esperando a que saliera Pablito Ruiz, conocí a una señorita muy bonita que me preguntó si me gustaría ser modelo juvenil.

—¿Qué? —le pregunté desconcertada.

—Sí, modelo juvenil, o actriz, o cantante...

—¿Y quién es esa señorita?

—Se llama Gloria Treviño.

—¿Y qué le dijiste tú?

—Pues que... primero tenía que pedirte permiso. Y ella me dijo que me iba a llamar para venir a hablar contigo...

—Ay, Aline ¿y le diste el teléfono? —le reproché un poco enojada.

—¿Y qué tiene de malo?

—¿Cómo que qué tiene de malo? ¡Ni la conoces y ya le diste el teléfono!

—Pues es que ella dijo que iba a venir a hablar contigo.

—Por favor, por lo que más quieras, ¡no vuelvas a hablar con personas que no conoces! ¡Y mucho menos les des el teléfono!

—Pero, ¿por qué?

—Porque ese tipo de gente, solamente engaña a las muchachitas como tú con puras promesas, con puras mentiras. ¿Qué tal si te raptan o te hacen algo?

—¡Cómo crees, mamá! Esa muchacha se veía buena gente. Ya verás cuando la conozcas.

—Sí, ya veremos —le dije, mientras empecé a recoger los platos de la mesa—. Vas a ver que ni se va a aparecer por aquí, y menos para hablar conmigo. Yo conozco a ese tipo de gente. Estoy segura de que sólo te quiso tomar el pelo.

Total, que pasaron ocho días y, cuando yo ya ni me acordaba de la tal Gloria Treviño, una noche, como a las ocho, cuando acababa de llegar del trabajo, sonó el timbre. Abrí la puerta y me topé con una muchacha bonita, un tanto tímida, medio fachosa y de aspecto raro que me preguntó por Aline.

—¿Quién la busca? —le pregunté un tanto extrañada.

—Gloria, Gloria Treviño, señora.

Muy molesta, fui a la recámara de Aline, le dije que ahí estaba Gloria Treviño y que preguntaba por ella.

—Tú no entiendes, ¿verdad? Hace una semana te regañé por andarle dando el teléfono a gente desconocida, y ahora, ¡esa muchacha ya también sabe dónde vivimos! ¿Para qué le diste la dirección? ¿Por qué no me dijiste que iba a venir? ¿Qué tal si llega cuando ni tu papá ni yo estamos aquí?

—Ay, bueno. Es la señorita que te conté, la que me dijo lo del modelaje. Yo pensé que...

—Pues no andes pensando... Ándale, vamos. Ahí está en la sala.

Gloria, muy amable y sonriente, me contó que trabajaba con un tal Sergio Andrade, un señor que yo ni conocía. Me hubiera dado lo mismo que me dijera Perico de los Palotes. Me contó también que andaban en busca de muchachas con talento para ofrecerles una beca.

—¿Una beca? ¿Qué tipo de beca? ¿De qué se trata? —le pregunté, sin poder disimular mi desconfianza.

—Una beca para tomar clases de canto, de actuación y de modelaje en la escuela del señor Sergio Andrade.

—¿Y quién es ese Sergio Andrade? ¿Qué hace? ¿A qué se dedica?

—Es un productor discográfico muy importante que ha lanzado varios artistas como Crystal, Lorenzo Antonio, Lucerito... Y, también, ha trabajado con otros cantantes famosos. Ahora, andamos buscando gente nueva y por eso quise venir a hablar con usted, para que le dé permiso a Aline de ir a hacer una prueba, para ver si tiene aptitudes.

—¿Y yo puedo acompañarla a esa prueba? —le pregunté.

—¡Sí, señora! ¡Claro! Para que vea que no hay nada de malo.

A partir de ese momento, como que me empecé a sentir mal por haber sido un poco cortante y hasta grosera con Gloria, quien en todo momento se mostró de lo más cordial. Entonces, cambié el tono de mi voz, sobre todo por Aline, quien permanecía calladita, con cara de preocupación, temiendo que le fuera a negar el permiso. Yo sabía que se estaba muriendo de la emoción. La expresión de su carita me enterneció y, bueno, pensé que, si Gloria estaba de acuerdo en que yo la acompañara a esa cita, no podía haber nada de malo.

—Si usted le da permiso a Aline —prosiguió Gloria—, la esperamos mañana, a las once del día en la oficina del señor Andrade. ¿Quiere que le anote la dirección?

En un papel me la anotó: Adolfo Prieto número 108, Colonia del Valle.

—Bueno —le dije por último—, tengo que hablar con mi esposo. Si él está de acuerdo, ahí estaremos. Pero no te prometo nada. Tenemos que hablar los dos con Aline porque, si quiere dedicarse a eso de ser cantante, es muy importante que nos prometa que no va a descuidar sus estudios.

En eso, miré a mi hija. Jamás olvidaré la cara de felicidad que puso. Me sentí incapaz de romper con sus ilusiones.

—Por eso no se preocupe, señora. Uno de los requisitos que les pedimos a las muchachas para darles la beca es que vayan bien en la escuela.

Gloria se despidió de las dos y se fue. Cuando cerré la puerta, Aline se puso a brincar de la felicidad y me agarró a besos, suplicándome que convenciera a Benito para que la dejara ir a la prueba.

Cuando él llegó, ya más noche, aproveché que Aline ya estaba dormida, para plantearle el asunto. De entrada, me dijo que no, que no lo permitiera, que Aline era todavía muy niña para meterse en ese tipo de cosas. Pero yo, después de pensarlo bien, le dije que, a lo mejor, se trataba de una gran oportunidad para ella, una oportunidad que no debería desaprovechar. Hablamos durante un largo rato, analizando los pros y los contras. Yo había llegado a la conclusión de que nada se perdía con probar, aunque Benito se mostraba renuente y tan desconfiado como yo al principio.

—Si esa muchacha, Gloria, tuviera malas intenciones o estuviera mintiendo, no hubiera aceptado que yo acompañara a Aline a esa prueba —le comenté a mi marido—. A lo mejor, la estamos juzgando mal. Tú sabes que Aline tiene mucho talento y que desde chiquita ha querido ser artista. Estoy segura de que le van a dar esa beca y, además, ella está muy ilusionada.

—Bueno, entonces, si ya lo decidiste, ¿para qué me preguntas?

—No, Benito. Nadie ha decidido nada. Te lo estoy consultando. Tú eres el señor de la casa y el que tiene la última palabra.

—¿Dices que tú la vas a acompañar?

—Sí, en eso quedamos.

—Vayan entonces —dijo a regañadientes—. Si eso es lo que quiere Aline y tú estás de acuerdo... Pero ten mucho cuidado y habla bien con ella antes de que acepten cualquier cosa...

* * *

Al día siguiente, Aline y Jossie llegaron a la dirección que Gloria les había dado. Se trataba de una casa de dos pisos, común y corriente. Tocaron el timbre y les abrió la puerta una muchacha muy bonita, también joven, que a Aline le causó una grata impresión porque, según ella, era igualita a la Blanca Nieves del poster que tenía en su recámara, cuando era niña. "Con una piel blanca como la leche, de facciones muy finitas y el cabello rizado, negro negro. Aparte, tenía una sonrisa muy bonita y se portó muy amable con mi mamá y conmigo. Me cayó bien desde el principio. Se me hizo una buena persona. Además, para mí fue como conocer a Blanca Nieves en persona".

Esa muchacha tan bonita era Mary, quien, después de pasarlas a una pequeña sala, fue a llamar a Gloria. Y mientras Aline y Jossie esperaban, a lo lejos, en el piso de arriba escucharon una melodiosa voz femenina. "¿Ya oíste, mamá? Qué bonito canta, ¿verdad? ¡Ha de ser Gloria!"

Pero no, no se trataba de Gloria, porque ella apareció en ese momento, mientras que la voz femenina se seguía escuchando a lo lejos.

—El señor Sergio Andrade ya te está esperando arriba, en su oficina —le dijo a Aline, invitándola para que subiera—. Vamos...

Jossie se levantó del sillón, tomó su bolso, y se dispuso a subir también, cuando, en ese momento, Gloria se dirigió a ella.

—Es que nada más puede pasar Aline, señora. Si quiere, usted espere aquí. No se va a tardar mucho.

—Pero es que...

—No se preocupe... Lo que pasa es que Aline puede ponerse nerviosa si usted está ahí, en la audición.

—No, a mí no me importa —intervino Aline en ese momento—. Al contrario...

Gloria, un tanto nerviosa, miró a la madre y a la hija, sin saber qué más decir ni cómo explicarle a Jossie que lo más conveniente era que se quedara ahí, sentadita, esperando. Jossie, consciente de la situación, prefirió no insistir. No quería parecerse a las mamás metiches y conflictivas, las mamás de las estrellitas que se meten en todo y que sólo ocasionan problemas. No quería dar esa imagen. No tanto por ella, sino por Aline, sobre todo en ese momento, tratándose, quizás, de su gran oportunidad.

—Está bien. No hay problema —dijo, mientras volvía a sentarse en el sillón—. Aquí espero...

Aline, cargando una maletita en la que llevaba unos tenis, un leotardo y unas mallas, siguió a Gloria hacia la parte de arriba de la casa, mientras que Jossie encendía el primero de los cuatro cigarros que se fumó, durante el rato en que aguardó pacientemente. Al mismo tiempo, siempre que se acordaba, rezaba en voz baja un Padre Nuestro, pidiéndole a Dios no precisamente que su hija fuera aceptada, sino que, en efecto, aquella fuera en verdad la oportunidad que tanto había soñado.

* * *

Mientras, en la parte de arriba de la casa, en un cuarto en el que había solamente una sala, un escritorio, algunas sillas, un equipo de sonido y un piano, Aline se enfrentaba a su prueba de fuego...

Era un sábado... Si la memoria no me falla, fue en junio de 1989. Ese día, había planeado con mis amigas ir a un programa de televisión para ver a Menudo. Pero, bueno, para mí era más importante la audición que el mismísimo Sergio Blass.

Estaba nerviosísima. La noche anterior, me había puesto a ensayar la canción de *Quinceañera*, la de Timbiriche. ¡Y me salían puros gallos, se me olvidaba la letra! Y cuando me ponía a bailar *Boomerang*, de Microchips, me temblaban las piernas. Era un desastre. Con todo, me pase horas y horas ensayando, como hasta las dos de la mañana. Luego, ya cansada, intenté dormir, pero no pude. Estuve dando y dando vueltas en la cama, piense y piense en esa audición del día siguiente, mi trampolín a la fama, a la gloria que tanto había soñado. La oportunidad esperada. ¡No podía fallar! Si no me aceptaban, si no me daban la beca, ¡me iba a morir de la desilusión, de la tristeza!

Y como no lograba conciliar el sueño, lo que hice fue ponerme a rezar para pedirle a Diosito que todo saliera bien, que pudiera cantar bonito, que no se me olvidara la letra de la canción, que no me temblaran las piernas, que le gustara al tal Sergio Andrade, al que jamás había visto en mi vida.

Al día siguiente, ya en su oficina, mientras mi mamá esperaba abajo y yo subía las escaleras, detrás de Gloria, me preguntaba cómo sería ese señor, ese hombre al que Gloria ya me había pintado como todo un genio. La imagen que tenía de él, la que yo misma me fabriqué con lo poco que Gloria me había platicado, era la de un señor de gran personalidad, imponente, guapo, elegante, del tipo de los descubridores de estrellas, tipo Hollywood, que había visto en las películas o en las series de televisión.

Pasamos por un cuarto que tenía la puerta abierta. Ahí estaba otra muchacha, la misma a la que, minutos antes, había escuchado cantar a lo lejos, pensando que se trataba de Gloria, quien me la presentó: Ivette, una chava delgada, de cabello largo, que me vio medio feo y se portó de lo más fría e indiferente. Ya después, nos acercamos a una puerta que estaba cerrada y que Gloria tocó. Desde adentro, una voz masculina y grave, respondió: "Pasen".

Gloria abrió la puerta y entramos a un cuarto. Sergio estaba parado detrás del escritorio, cuando Gloria me lo presentó: "Él es Sergio, el señor Sergio Andrade". Un hombre medio gordo, más o menos de 1.75 metros de estatura, blanco, de cabello oscuro, de más de treinta años, medio mal vestido. Para nada se parecía a la imagen del descubridor de estrellas que me había imaginado. La verdad, no me fijé mucho en su apariencia, aunque si noté que su aspecto era un tanto descuidado. Sí, un hombre medio dejado, raro... Y luego, como que me dio un poco de miedo. Aunque era amable, tenía una vibra un tanto extraña, muy especial. Me saludó de mano, me preguntó que por qué quería ser artista, que cuántos años tenía...

Como primera parte de la audición, me pidió que hiciera una improvisación de una indita. Tenía que representársela como se me ocurriera, como pudiera, caracterizándome con lo que tuviera a la mano. Busqué en la maletita que llevaba conmigo, pero no encontré nada. Sólo el leotardo, las mallas y los tenis que había llevado por si hacía falta, porque había visto que en la película *Chorus Line*, las chavas que audicionaban lo hacían así, con leotardo y mallas. Pero, bueno, como se me ocurrió, empecé a hacerla de indita, mientras que Gloria, sin quitarme la vista de encima, se paró detrás de Sergio y comenzó a tejerse una trenza con su cabello, como para ayudarme y darme una buena idea. Sergio se la cachó y la regañó por andarse metiendo. Ella volvió a sentarse al lado de él, y yo, luego de hacerme las trenzas, les hice una escena, como una indita chiveada, tipo la India María. No me acuerdo bien qué tanto dije. Pero creo que lo hice bien, aunque los dos permanecían serios, sin reírse de la sarta de tonterías que les estaba diciendo.

Cuando terminé con mi numerito de indita, Sergio me pidió que le cantara algo. Entonces, les canté a capella "Quinceañera", lo mejor que pude, con mucho sentimiento, cerrando a cada ratos los ojos, porque estaba que me moría de la pena. Los dos seguían serios y me observaban de una manera tan rara, sin sonreír, sin expresar nada, que me puse más nerviosa aún, porque pensé que no les estaba gustando lo que hacía. Luego, cuando terminé, ninguno dijo nada. Saqué de mi maletita el disco de Microchips y se lo di a Gloria, para continuar con la prueba de baile que, no es por nada, pero me salió muy bien.

En cuanto terminé de bailar, Sergio le hizo una seña a Gloria y ella me llevó a otro cuarto que estaba casi vacío y en el que sólo había una sala. Cerró la puerta, se me acercó y me dijo:

—¿Sabes qué, Aline? Parte de la audición vas a tener que hacerla sin ropa...

—¿Qué? —exclamé asustada, sin dar crédito a lo que acababa de escuchar.

—Es que necesitamos ver qué partes de tu cuerpo se tienen que trabajar con ejercicio. No tiene nada de malo. Así es en cualquier audición —prosiguió ella, con una sonrisita burlona, como si nada, como si me estuviera diciendo algo de lo más normal.

—¡No, oye! Sin ropa ¡no! —le respondí con voz temblorosa, muy sacada de onda.

—Es que así tiene que ser. No tengas miedo.

—No. No me voy a quitar nada —le advertí.

Me sentí humillada, con un pánico horrible que no lograba dominar. Eso era algo que no me esperaba, que jamás me hubiera imaginado. Así no sucedía en la película *Chorus Line*.

Seguramente consciente del miedo y nerviosismo que estaba sintiendo, Gloria trató de tranquilizarme o, más bien, de infundirme confianza.

—No te asustes. Nadie te va a hacer nada. Sólo te vamos a ver Sergio y yo. Es más, si te da pena, yo me salgo del cuarto.

—No —le respondí—. Más bien, con el que me da pena es con él.

—Pero si Sergio ya está acostumbrado. Ya te dije que es algo muy normal.

—No. No me voy a quitar nada.

Gloria respiró hondo, como dándose por vencida, sin saber qué más decir y, luego, simplemente agregó:

—¿Entonces no?

—Es que no puedo —le contesté, casi a punto de ponerme a llorar.

Tenía un nudo en la garganta. No sabía qué hacer. A mis trece años, jamás me había enfrentado a una situación así. Me daban ganas de salir corriendo de ahí y bajar con mi mamá. Pero, por otro lado, no quería desaprovechar esa oportunidad que tanto había esperado, que tanto me ilusionaba. Por momentos, llegué a pensar que, en efecto, eso que me estaba pidiendo Gloria era de lo más normal.

—Bueno, está bien —me dijo, luego de unos segundos de silencio—. No te vamos a obligar a nada. Si no quieres, allá tú. Okey, no te quites todo... Quédate sólo en ropa interior. Haz de cuenta que estás en traje de baño...

Nuevamente, no supe qué responder. Es más, en ese momento, el nudo que sentía en la garganta, no me permitía hablar.

—Sí, con tu calzoncito y tu brassiere —agregó Gloria.

Lo malo es que ¡yo no traía brassiere! Aunque ya lo usaba en ese entonces, ese día no lo traía puesto. Se lo comenté a Gloria y le propuse que mejor podría ponerme el leotardo que llevaba en mi maletita. Después de todo, era como un traje de baño. Ella estuvo de acuerdo, me prestó una toalla, me pidió que me cambiara y que, cuando estuviera lista, pasara al otro cuarto, a la oficina de Sergio.

Gloria salió de ahí y empecé a cambiarme, ya más tranquila. Después de todo, pensé que no tenía nada de malo que Sergio me viera en leotardo. Sin embargo, me desconcertaba eso de que Gloria me hubiera pedido que me quitara toda la ropa.

Cuando estuve lista, ya con el leotardo puesto, me cubrí con la toalla y pasé al otro cuarto. Sergio seguía en el escritorio y Gloria a su lado. Muy serio él, de una manera muy profesional, me pidió que me quitara la toalla de encima, que me pusiera de perfil, de tres cuartos, que caminara. Y yo, muriéndome de la vergüenza, pensando que, sin embargo, hubiera sido peor que hiciera todo eso totalmente desnuda. Finalmente, sin hacer ningún comentario, Sergio sólo me dijo:

—Está bien. Ya vete a cambiar.

Me fui al otro cuarto, cerré la puerta y respiré hondo, plenamente segura de que me aceptarían, de que había pasado las pruebas. El susto ya se me había pasado un poco, pero las palabras de Gloria, cuando me pidió que me quitara la ropa, me seguían inquietando. Cuando terminé de vestirme, Gloria regresó, se sentó en uno de los sillones, tan sonriente como siempre y me miró a los ojos, esperando, quizás, que yo le preguntara qué había dicho Sergio, qué era lo que habían decidido.

—A Sergio le gustó mucho lo que hiciste. Te quedaste con la beca —me dijo.

—¿De veras? —le pregunté muy emocionada, con ganas de agarrarla a besos. Sentí que la vergüenza que acababa de pasar, bien había valido la pena.

—Pero, por favor, sólo queremos pedirte una cosa.

—Sí. Está bien.

—Es muy importante que no le digas a tu mamá ni a nadie cómo fue la audición. Sólo dile que cantaste y bailaste, que hiciste lo de la indita. Pero no le cuentes que te quedaste en leotardo y, menos, que te pedí que te quitaras todo. No lo entendería y podría molestarse. Ya sabes cómo son las mamás... Podría sacarte de aquí y sería una lástima. No eches a perder todo...

—Sí, está bien —le contesté.

—¿Me lo prometes?

—Sí, te lo prometo.

—Ya te dije que en el medio artístico es de lo más normal esto, pero la gente de afuera, sobre todo los papás, no lo entienden. No es nada malo. Así que ese será un secreto sólo entre nosotros tres. Acuérdate que si le cuentas a tu mamá, echarás a perder todo, porque no lo va a entender, no te va a dejar venir a tus clases y se te va a escapar una buena oportunidad. Sergio quiere que te prepares bien para que muy pronto grabes tu disco y te lance como cantante.

En ese momento, Gloria me pareció más linda que nunca y hasta empecé a tenerle cariño y a verla como a una amiga. Pensé que, a lo mejor, tenía razón, y eso de quitarte la ropa en una audición era de lo más normal.

Yo ya había superado la prueba y eso me hacía feliz. Sin embargo, aunque se lo había prometido a Gloria, no sabía si le contaría todo a mi mamá o si me quedaría callada. Siempre le había tenido mucha confianza, jamás le había ocultado nada. Si eso de desnudarse era algo tan común y corriente, ella bien podría entenderme. A lo mejor, la escandalizada era yo.

Después, regresé a la oficina de Sergio y él mandó llamar a mi mamá para darle las gracias por haberme llevado.

—Le tengo buenas noticias, señora —le dijo él—. Aline es muy talentosa, pero ese talento hay que pulirlo y mejorarlo.

Si usted da su autorización, yo voy a ayudar a su hija, poniéndole maestros para que tome clases de canto, de baile, de actuación y de expresión corporal. Todo esto para que, a lo mejor, si le echa ganas, muy pronto grabe su primer disco.

Mi mamá volteó a mirarme y, como seguramente, me vio tan emocionada y feliz, se mostró muy agradecida con Sergio, diciéndole que ese mismo día ella y yo hablaríamos con Benito, su esposo, y que si él estaba de acuerdo, yo empezaría a asistir a las clases, claro, con la condición de que no descuidara la escuela.

Llegué fascinada a mi casa, dando de brincos, encantada de la vida. Mi gran sueño empezaría a realizarse: tomar clases de canto, de actuación, de baile ¡y grabar un disco! Ser famosa, salir en la tele, las revistas. No lo podía creer. Muy pronto alcanzaría la gloria que tanto había soñado. ¡Bendita Gloria Treviño! ¡Bendito Sergio Andrade!

Aquel fin de semana fue maravilloso, único. Le di rienda suelta a mi imaginación, empecé a tejer la que, según yo, sería mi historia como artista, como cantante. Y aunque a cada rato volvían a inquietarme las palabras de Gloria y su sonrisita cuando me pidió que me quitara la ropa para la audición, a pesar de que en dos ocasiones estuve a punto de comentárselo a mi mamá, no me atreví. No por miedo a que me regañara, sino a que no me dejara ir a las clases que empezaban el martes siguiente, tal como habíamos quedado. Me sentí mal por ocultarle aquello. Pero no pensé que fuera tan grave. Finalmente, decidí guardar el secreto. Un secreto entre Gloria, Sergio y yo.

6. El gran paso

Muchas ideas empezaron a revolotear por mi mente,
como las mariposas negras que, de niña,
me martirizaban por las noches.
En mi inconciencia, en mi desesperación
por realizar lo más pronto posible mis sueños,
finalmente dije que sí.

Al martes siguiente, por la tarde, luego de la secundaria, Aline se presentó a su primer día de clases en la casa que Sergio Andrade tenía adaptada como oficinas y escuela. Ahí, aparte de Gloria, Mary e Ivette, asistían todos los días otras jovencitas, entre los trece y dieciocho años. Gloria era la mayor, con diecinueve. Casi todas parecidas entre sí: bonitas, de cabello largo y delgadas, con una manera de vestir también similar. Incluso, Aline llegó a notar algo que le pareció extraño: entre ellas se prestaban la ropa. Un día, Gloria traía una blusa y, dos o tres días después, esa misma blusa la traía puesta Mary o cualquiera de las demás. Igual, un pantalón de Mary luego se lo ponía otra.

Aline empezó a tomar sus clases de actuación y expresión corporal con diferentes maestros, junto con otras cuatro muchachitas, más o menos de su edad, sumergiéndose poco a poco en ese mundo que, entonces, comenzaba a fascinarle y que veía como la antesala de la fama, de la gloria que tanto anhelaba y que sentía cada vez más cerca. Quería comerse al mundo, estaba preparándose para ello, disfrutando esas clases, las horas que pasaba ahí por las tardes, horas que, según ella, se le hacían demasiado cortas. Cuando su mamá pasaba a recogerla, ya más noche, le daban ganas de quedarse ahí más tiempo, como para apresurar su lanzamiento, la grabación de su primer disco y vivir por fin todo lo que había soñado.

Sus demás compañeras, eran igual de frías y distantes que Ivette. Ninguna de ellas daba pie a una conversación que no fuera más allá del simple saludo. Ni siquiera con Mary resultaba sencillo platicar, a pesar de su apariencia afable y tranquila. La única con la que podía conversar, la única que se prestó para ser su amiga, fue precisamente su descubridora, Gloria, a pesar de que su vida y su procedencia eran un misterio para Aline.

Lo único que sabía de ella era lo que me contó entonces: que vivía con una tía en Copilco y que años atrás había llegado de Monterrey. En ese tiempo, la verdad, yo estaba deslumbrada con otras cosas, así que poco me interesaba su vida. Sin embargo, me intrigaba mucho su personalidad, su manera de ser. Comencé a tenerle cariño y hasta me inspiraba ternura. Siempre la veía como mugrosa, despeinada, con el cabello revuelto y sin una gota de pintura, fachosa, con la misma ropa que, luego, les veía a las otras.

Me caía bien y hasta sentí que había química entre nosotras, mucha identificación, a pesar de que ella era mayor. Otro detalle que me sacaba de onda, era que siempre tenía hambre. Por eso, cuando podía, le llevaba papas Sabritas, charritos, Gansitos y otras mugres que le compraba en la escuela y que ella se devoraba feliz de la vida, como muerta de hambre. Y cuando la veía comer de esa manera, me daba lástima, mucha lástima. Pensé que se trataba de una muchacha pobre que no tenía ni para una torta.

Entre clase y clase o ya al final, mientras esperaba a que mi mamá llegara por mí, era cuando nos poníamos a platicar en un cuarto en el que siempre estaba con Mary, quien nunca se metía en nuestra conversación. Permanecía callada, haciendo otras cosas, como si no estuviera ahí, como si no nos escuchara.

Bueno, más bien, la única que hablaba era yo. Porque Gloria nunca me contaba sus cosas. Sentía que me comprendía, que compartía mis sueños. Y, sobre todo, lo que más me gustaba era que se interesaba mucho por mí, por lo que me sucedía. Sabía escucharme pacientemente. Era la amiga perfecta.

Recuerdo que aquel martes, después de mi primer día de clases, quedé en llamarle a mi mamá para que fuera a recogerme. Pero Gloria me dijo que no hacía falta, que ella y Sergio me llevarían a mi casa en la camioneta de él. ¿Sergio Andrade, el maestro, el mero mero? ¿Me llevaría a mi casa? ¡El mismo señor que le había prometido a mi mamá lanzarme como cantante y producirme un disco! Ese hombre tan serio que me daba tanto miedo. ¡Era un verdadero honor!

Esa tarde había caído un aguacero espantoso, con granizo y toda la cosa. Tan fuerte estuvo que hasta parecía que había nevado. Las banquetas de las calles estaban blancas, igual que los techos de las casas. Y a mí eso se me hacía muy bonito, como de película. Así se los comenté a Sergio y Gloria, feliz de la vida y emocionada por mi primer día de clases, mientras íbamos rumbo a mi casa... "Qué padre. Hasta parece que estamos en Navidad. ¡Imagínense que de repente apareciera por ahí Santa Claus en su trineo..."

Como si hubiera dicho una estupidez, Sergio empezó a reírse de mí, como burlándose. "¡Santa Claus en su trineo! Qué tonterías dices. ¡Cuál nieve! ¿Qué no sabes que eso blanco es granizo? ¿No sabes qué es el granizo?" Y Gloria también empezó a carcajearse muy divertida. Yo me sentí ridícula y ya no dije nada más, mientras que ellos seguían muertos de la risa, sin que yo le encontrara el chiste.

Cuando llegamos a mi casa, me despedí de Sergio y le di las gracias por haberme llevado. Me bajé de la camioneta, y Gloria me acompañó hasta la puerta. Ahí, todavía muy sentida, le dije que, la mera verdad, Sergio me había caído muy mal y que se me hacía un tipo odioso. Ella, en vez de sorprenderse por mi comentario, simplemente sonrió, como de costumbre.

Y era verdad. Si al principio, unos días antes, en la audición, Sergio me había inspirado respeto y hasta algo de temor, en esa ocasión se me hizo un hombre antipático, sangrón, pedante. Y lo mismo seguí pensando después, durante varios días. Cuando me topaba con él, apenas si me saludaba, apenas si me dirigía la palabra. Siempre estaba serio, enojado, como de malas, regañando a Gloria, a Mary y a las demás chavitas, de todo y por todo. A veces, hasta les gritaba bien feo y ellas nunca le contestaban nada. Aceptaban en forma sumisa todo lo que les decía.

Esa actitud de él, pero más que nada la de ellas, también empezó a desconcertarme. ¿Por qué dejaban que Sergio les gritoneara, que las tratara mal? Hasta pensé que, a lo mejor, muy pronto a mí empezaría a tratarme igual y eso me preocupaba. Me daba miedo, aunque al mismo tiempo, pensaba que no me dejaría, que yo sí le contestaría, porque no estaba acostumbrada a que nadie, ni siquiera mi mamá, me hablara como Sergio les hablaba a las otras.

Sin embargo, a mí me daba un trato diferente en ese entonces. No me hablaba feo. Con excepción del día en que granizó y se burló de mí por mis ocurrencias, en las pocas ocasiones en que nos encontrábamos, cruzando apenas unas cuantas palabras, era amable conmigo.

Es más, una tarde, estando con Gloria en la salita de la entrada, mientras esperaba a que mi mamá llegara por mí, Sergio se apareció por ahí y se puso a platicar tranquilamente con nosotras, no me acuerdo de qué. Lo que sí recuerdo es que yo traía un reloj Swatch, de esos grandotes y de muchos colores, y él empezó a bromear, como burlándose de mi reloj. En esa ocasión, más que molestarme su tono sarcástico, hasta me hizo reír. No sé por qué. Y a partir precisamente de ese momento, comenzó a caerme bien. Me di cuenta que, finalmente, no era el ogro que yo me estaba imaginando, ese ogro que me inspiraba mucho respeto y al que en ocasiones le tenía miedo. Comencé a verlo de otra manera, de una manera más humana, por así decirlo.

* * *

Transcurrieron unos cuantos días. Una semana apenas. Y Aline, encantada de la vida con todo lo que estaba aprendiendo en sus clases de actuación y expresión corporal, preguntándole a cada rato a Gloria cuándo iban a comenzar también las clases de canto que tanto le ilusionaban. "Si sigues como hasta ahora, si te portas bien, a lo mejor esas clases te las va a dar Sergio".

¿Sergio? ¿Su maestro de canto? Gloria le explicó que, si eso llegara a suceder, sería un verdadero honor, porque él no le daba clases a nadie. Ni siquiera a ella que, muy pronto, sería lanzada como cantante. ¿Gloria como cantante? Hasta ese momento, Aline, muy sorprendida, se enteró que Gloria cantaba.

La verdad, no me esperaba eso. Al principio no le creí. Pensé que me estaba cotorreando. No me la imaginaba en un escenario, cantando, así, toda fachosa y despeinada, con esa voz medio ronca. Su imagen para nada era la de una cantante.

—¿En serio? ¿Tú también te vas a lanzar como cantante? —le pregunté—. ¿Tú cantas, Gloria?

—Claro que canto. Ya estuve en un grupo que luego se deshizo. ¿Te acuerdas de Boquitas Pintadas?

—No, la verdad no.

—Ah, pues yo estuve ahí, con Mary. Y grabamos un disco.

—¿Mary también canta?

—Sí. Ella también... Es más, mira...

En ese momento, Gloria me mostró un cassette que estaba sobre un mueble.

—¿Quieres oír? Aquí vienen unas canciones de mi disco, del disco que me hizo Sergio.

Saqué de mi maletita un walkman que siempre traía conmigo. Me coloqué los audífonos y, a los pocos segundos, me quedé con la boca abierta cuando empecé a escuchar los primeros acordes de *Doctor Psiquiatra*, una canción que me encantó desde la primera vez.

—¿En verdad eres tú, Gloria? —le pregunté, aún sin dar crédito.

—Sí. Soy yo.

Estaba maravillada, no sólo por lo que estaba escuchando en mi walkman, sino también, porque ahí estaba la muestra de que, así como Gloria había grabado ya un disco en Los Ángeles, California, lo mismo podría suceder conmigo en poco tiempo. No se trataba ya de un simple sueño, sino de algo muy cercano a la realidad, a esa realidad que sentía cada vez más y más a mi alcance.

Aparte de "Doctor psiquiatra", me dejó escuchar también "El último beso" y otras dos o tres canciones más. Platicamos un buen rato y, por primera vez, me habló un poco más de ella, de sus sueños, esos sueños que se parecían a los míos. Ella también, desde chiquita, había soñado con ser artista, con pararse en un escenario ante miles y miles de personas. Y ahora, estaba emocionadísima, porque pronto se lanzaría su primer disco, ese primer disco que para ella también significaba la gloria, la misma gloria que yo quería alcanzar.

Me contagió su emoción y, por primera vez, la sentí humana, de carne y hueso. Aquella química que percibí al principio, cuando empecé a llevarme con ella, me di cuenta que existía realmente. Más que nunca, me sentí identificada con ella, como si fuera mi alma gemela. Me daba mucha ternura verla tan feliz, tan emocionada.

Me contó que todo se lo debía a Sergio, que sin él jamás hubiera podido realizar ese gran sueño. Me aseguró que ese disco, nunca habría podido grabarlo sin la ayuda de él, ese genio, ese hombre tan sensible e increíble del que ella me hablaba siempre que podía, pintándomelo como un ser extraordinario.

—Y si le echas ganas —me dijo después—, Sergio también te puede llevar a ti a Los Ángeles, para que grabes tu disco... Claro, si eres profesional.

—¿Profesional? —le pregunté sin entender a qué se refería.

—Es que, como tu amiga, déjame decirte que estás empezando mal tu carrera.

—¿Empezando mal? ¿Por qué?

—Pues porque el día de la audición, ya ves que no quisiste quitarte la ropa.

—Bueno, pero me quedé con el leotardo, ¿no?

—Sí, pero Sergio te tiene que ver desnuda.

—Es que me da pena, Gloria.

—¿Y por qué pena? Él no te va a ver con morbo, ni mucho menos... ¡Cómo si en su vida jamás hubiera visto una mujer sin ropa! —se rió burlona.

—No. No puedo.

—Precisamente para que le demuestres que eres profesional, tienes que hacer la audición desnuda.

¡Otra vez lo de la audición desnuda! Me quedé callada, sin saber qué responder. Lo que una vez más me propuso Gloria, volvió a darme miedo, vergüenza. Sin embargo, acababa de escuchar esas canciones que me habían vuelto loca, y esas canciones las cantaba precisamente ella, esa amiga que me daba consejos a cada rato, esa amiga en la que empezaba a confiar, esa amiga a la que ya le tenía cariño, la misma que en ocasiones me inspiraba lástima y con la que ahora me sentía plenamente identificada.

Pensé que, seguramente, ella también tiempo atrás, antes de grabar su disco, había hecho esa audición sin ropa y, ahora, ya estaba a punto de ser lanzada. Muchas ideas empezaron a revolotear por mi mente, como las mariposas negras. En mi inconciencia, en mi desesperación por realizar lo más pronto posible mis sueños, finalmente le dije a Gloria: "Está bien".

Ella salió del cuarto y fue a llamar a Sergio, mientras que yo me empecé a desvestir. Eran más o menos las siete y media de la noche y me preocupaba que mi mamá fuera a llegar en cualquier momento y me encontrara ahí, desnuda. No lo iba a entender. Al menos, no como yo lo estaba entendiendo en ese momento, como creía entenderlo, sintiendo que, ante todo, tenía que ser en verdad una profesional, tal como me lo había aconsejado Gloria. A lo mejor, por eso mismo, ya no sentí tanto miedo. Sí algo de pudor, pero no tanto como me *lo esperaba. Al menos en ese momento, estando sola ahí, en ese cuarto.*

Ya desnuda, me quedé parada, cubriéndome con una toalla. Unos minutos después, entró Sergio con Gloria. Entonces sí sentí vergüenza cuando él me miró muy serio, tan serio e inexpresivo como en la primera audición. Me pidió que me quitara la toalla y yo lo hice, sintiendo su mirada clavada en mí, mientras que yo preferí voltear a otro lado. Volvió a ordenarme lo mismo: que caminara, que me pusiera de perfil, de frente... Todo fue muy rápido.

Para sorpresa mía, según yo, debido a mi profesionalismo, no sentí tanta vergüenza, no como yo esperaba.

Minutos más tarde, iba con mi mamá en su coche, rumbo a mi casa, sintiendo que, por fin, había dado el gran paso, el más difícil. Y eso, como que me hacía sentir más mujer, una mujer que por primera vez se enfrentaba con todo profesionalismo a sus propias cosas. Bueno, eso es lo que pensaba.

Una vez más, Gloria me pidió que no le contara nada a mi mamá. Y una vez más también, le hice caso.

7. La consentida

Gloria insistía y, a cada rato,
volvía a hablarme de lo mismo,
pintándomelo siempre como un hombre
que sufría mucho por no encontrar el amor.
Poco a poco, empecé a sentir lástima
por él y hasta ternura.

—¿Qué pensabas, Aline? ¿Qué sentías? —le pregunté una tarde, en el comedor de su casa, donde nos encontramos nuevamente para que continuara contándome su historia.

Se quedó callada, pensativa. Me miró a los ojos. Una vez más se los noté nublados, a punto de llorar. Respiró hondo y simplemente respondió:

—No sé, Rubén. No lo sé.

—¿Sabías que estaba mal lo que estabas haciendo?

—No. Pensaba que estaba bien.

—¿Y entonces? Si pensabas que no tenía nada de malo eso, ¿por qué no se lo contabas a tu mamá?

—Porque creía que Gloria también tenía razón cuando me pidió que no lo hiciera, porque mi mamá no lo iba a entender. Pues sí. Sabía que estaba haciendo mal por no contarle la verdad. Pero, te repito que, por otro lado, también confiaba en Gloria. En Sergio todavía no, pero en Gloria sí. Ella ya había grabado su disco y estaba feliz. Para mí, era como un ejemplo a seguir. Hoy sé que estuvo mal lo que hice. Lo sé muy bien. Pero, en ese entonces, no es que me justifique, pero...

En ese momento, un par de lágrimas resbalaron por su rostro. Volvió a quedarse callada.

—Pero qué —insistí.

—Aunque no me lo creas, me da pena hablar de esto, contártelo. Saber que cuando salga el libro, no sólo mi mamá, mi hermana, mis amigos... Todo mundo se va a enterar de estas cosas, de cosas muy gruesas. Incluso, hasta a Verónica, mi psicoanalista, a pesar de que es amiga mía desde la infancia, me cuesta trabajo contarle. Fue ella la que hace dos o tres años me aconsejó que escribiera todo esto, para sacarlo. Entonces, imagínate, si a ella me cuesta tanto contarle...

—Entonces, ¿ya no quieres hablar?

Respiró hondo y volvió a mirarme a los ojos, para luego proponerme que, mejor, a partir de entonces, ella me escribiera el resto de los relatos, en hojas de papel.

—Así —me dijo—, creo que no va a ser tan difícil. Siento que me podría explayar más. Tú me inspiras confianza, igual que mi mamá, igual que Verónica... Pero entiende que me cuesta trabajo...

—Está bien —le respondí—. Te entiendo. Pero ya nada más dime, ¿qué sucedió contigo?, ¿qué pasaba por tu mente en aquellos días?, luego de que, por fin, te desnudaste frente a Sergio.

—Era un secreto, un secreto entre Gloria, Sergio y yo. Un secreto que jamás pensé que iba a revelarle a nadie. La emoción de vivir todo aquello que se me presentaba, la ilusión de realizar mis sueños, creo que me impidió reflexionar. Después de todo, a los trece años, a pesar de que yo comenzaba a sentirme mujer, era todavía una niña. Hoy lo veo así. Una niña que poco sabía de la vida. ¿Qué podía inquietarme en ese entonces? Antes de conocer a Gloria y a Sergio, lo que más anhelaba era conocer en persona a Sergio Blass, a mi amor platónico. Tú me entiendes, ¿verdad?

—Sí, te entiendo.

—¿Qué podía preocuparme? ¡Nada! Mi vida era de lo más normal, de lo más tranquila. La escuela, mis papás, mis amigos... ¡Yo qué sé!

—¿Alguna vez habías hablado con tu mamá de cuestiones sexuales?

—Sí, alguna vez. Pero los papás, estás de acuerdo que no te cuentan todo como es. Más bien, hablaba de esas cosas con mis amigas que sabían lo mismo o menos que yo. O de plano, cuando, con ellas, nos poníamos a ver películas porno, con escenas muy fuertes, como que se trataba de una simple travesura. Pero no. En realidad no sabía mucho del sexo. Me gustaba Sergio Blass, igual que me gustaba Alfonso, un vecino. Pero nada más.

—¿Todavía no habías tenido un novio?

—No.

—Entonces, fue la primera vez en que te desnudaste frente a un hombre...

Aline no respondió. Simplemente asintió con la cabeza.

La noté todavía más nerviosa, avergonzada. No quise hacer más preguntas. La situación se tornó un tanto incómoda. Así que cambiamos de tema. Quería que se tranquilizara un poco para, más tarde, reanudar la conversación. Luego, me ofreció un café, se lo acepté. Hablamos de otras cosas. No me atreví a insistir más. Advertí claramente que le costaba trabajo hablar, contarme esas cosas, revivir aquellos momentos.

Al día siguiente, ella misma se presentó inesperadamente en mi oficina y puso un sobre encima de mi escritorio.

—¿Y esto? —le pregunté.

Me sonrió en forma pícara, como si hubiera cometido una travesura.

—Ay, Rubén... Es que hay cosas que... No sé...

De nuevo se quedó callada por unos instantes. La sonrisa desapareció de su rostro y, desviándome la mirada, fijándola en el vacío, prosiguió.

—Ay cosas que me cuesta trabajo decir. No es que no te tenga confianza, pero... Me cuesta mucho sacarlas, así, en persona, de frente. Por eso, como te lo dije ayer, a lo mejor, va a ser más fácil para mí escribirte ciertas cosas.

Le dije que estaba de acuerdo con esa idea. Al poco rato se despidió y, en cuanto salió de mi oficina, abrí el sobre y empecé a leer las hojas que me había llevado, escritas de su puño y letra, como si se tratara de una carta...

* * *

Sí, era la primera vez en mi vida que un hombre me veía desnuda. Bueno, a lo mejor, cuando era chiquita, mi papá también me había visto. Pero, estás de acuerdo que no es igual. Ahora ya tenía trece años y apenas estaba empezando a menstruar. Pero, todavía era una niña o al menos yo me sentía así. Sin embargo, es muy importante que te diga que, precisamente, desde ese momento en que Sergio me vio desnuda, sentí que algo en mí estaba cambiando...

Al día siguiente, empecé a verlo de otra manera. No sé. A lo mejor, eso de que alguien te vea sin nada encima, como que se presta para una especie de complicidad. Como que ya te vio así, como que ya te conoció tal cual y ya no puedes ocultarle nada. Empezó a caerme bien y también a inspirarme confianza. Nuestro trato comenzó a ser más constante, más estrecho, y llegué a considerarlo mi amigo, mi mejor amigo, más que la propia Gloria.

A menudo, en su oficina, nos poníamos a platicar los dos solos, durante largos ratos, por ejemplo, de las canciones que él componía, muchas de las cuales yo ya les había escuchado a otros artistas. Y ahí, en esa oficina, se ponía a tocar el piano, mientras que yo me sentaba en un sillón a su lado y él me cantaba algo que acababa de componer, canciones muy bonitas, muy románticas, canciones inéditas que, según él, nadie conocía. Y eso me halagaba, que precisamente a mí, me dejara conocer esas canciones y que hasta me pidiera mi opinión.

Un día, le confesé que yo también componía. Y eso le entusiasmó. Me pidió que le cantara uno de mis temas. Yo escribía las letras y les ponía la tonada. Sergio se sentaba al piano y me acompañaba, mientras yo le cantaba. Me gustó mucho eso de que se interesara por mí, que quisiera oír mis canciones, que me diera sus consejos en cuanto a la letra, la rima y la estructura.

Empezó una buena onda entre los dos, aunque seguía pareciéndome un tipo muy especial y raro. Lo que más me gustaba ya no eran precisamente las clases de actuación y expresión corporal, sino el hecho de pasar largas horas con él, en su oficina, los dos solos. Sentía que eso me daba un cierto privilegio. Y como las demás chavas seguían viéndome con malos ojos y casi ni me hablaban, pensé que se debía a que me tenían envidia, porque me había convertido en la predilecta de Sergio, del maestro, del genio, del mero mero. Y no porque yo le gustara. No. Entonces, esa idea ni me cruzaba por la mente. Más bien, pensaba que si él tenía conmigo ese tipo de consideraciones y detalles era porque, de entre todas, en mí era en la que veía más aptitudes, más talento. Y eso me encantaba, me motivaba más todavía. A cualquier niña de esa edad, eso le halaga: ser la consentida.

Gloria, a diferencia de las otras, siguió igual de encantadora y linda conmigo. Feliz de la vida, porque todos los días, aparte de Gansitos y Sabritas, empecé a llevarle también el lunch que mi mamá me preparaba para la escuela. Se lo guardaba íntegro, porque creía que, como trabajaba tanto en esa oficina y se la pasaba encerrada, no le daba tiempo para salir a comer y por eso siempre andaba hambrienta.

En una de esas ocasiones, mientras Gloria se comía lo que le había llevado, empezó a contarme más y más cosas de Sergio, pintándomelo siempre como un "hombre maravilloso que ha sufrido mucho".

—¿Y por qué dices que ha sufrido? —le pregunté muy intrigada.

—Porque toda su vida le ha ido mal en el amor —me contestó ella—. Sufre mucho porque no ha podido encontrar a la mujer de sus sueños, por decirlo de esa manera.

A mí me extrañó eso que me dijo. Pensé que no tenía por qué contarme esas cosas tan íntimas de Sergio. Lo que más *me sorprendió fue cuando me reveló que ella estaba enamorada de él.*

—Pero Sergio jamás se va a fijar en mí —me confesó muy triste.

¿Gloria enamorada de Sergio? ¿De un señor mucho mayor que ella? Tal confesión me desconcertó, igual que la manera tan misteriosa en que Gloria me contaba las intimidades de Sergio, de sus novias. ¿Qué tenía yo que estar escuchando todo eso? Ni siquiera me interesaba. Sin embargo, Gloria insistía y, a cada rato, volvía a hablarme de lo mismo, pintándomelo siempre como un hombre que sufría mucho por no encontrar el amor. Poco a poco, empecé a sentir lástima por él y hasta ternura, sobre todo cuando Gloria me contó que, años atrás, él había estado muy enamorado de una niña que tenía trece o catorce años. Una niña cantante...

Según Gloria, fue por 1982, aproximadamente. Sergio tenía como 27 años y se enamoró de esa cantante, a pesar de que ella era casi una niña, como yo en ese entonces... Llevaban una relación a escondidas porque, obviamente, los papás de ella jamás iban a permitir que su hija fuera novia de un hombre que le doblaba la edad, además de que ella estaba muy chiquita aún. Pero así es la vida. El hecho es que, de acuerdo con lo que me contó Gloria, llevaban una relación muy fuerte y pasaban mucho tiempo juntos. Tenían un buen pretexto para encontrarse a solas todos los días, porque Sergio era su productor y representante, y la niña les decía a sus papás que tenía que ensayar toda la tarde. Así se desaparecía de su casa, para ir con él y estar juntos mucho tiempo.

Mientras Gloria me contaba aquello, yo le pregunté si en verdad esa niña podría haber estado enamorada de Sergio, y ella me aseguró que sí. Pero no le creí. Me parecía imposible. Le pregunté que quién era ella, pero Gloria no me lo quiso decir. Ya después, yo solita descubrí de quién se trataba.

Pero bueno, Gloria me siguió contando que Sergio siempre le decía a la niña esa que si algún día sus papás se enteraban de su relación, lo único que le pedía era que no fuera a fallarle, que no lo dejara morir solo con la bronca, que ella tenía que estar siempre a su lado y, en caso de ser descubiertos, negar por sobre todas las cosas lo que había entre ellos.

Total que, un día, los papás de esa niña se enteraron. Al parecer, el hermano de ella escuchó una conversación por teléfono entre la chavita y Sergio. Y el hermano fue y se los contó a sus papás, que pusieron el grito en el cielo, ¡imagínate! La niña se puso del lado de sus papás y ellos, según Gloria, mandaron golpear a Sergio, amenazándolo y advirtiéndole que jamás volviera a acercarse a su hija.

Así acabó todo entre ellos. Gloria, después de contarme todo eso, me aseguró que, debido a ese incidente, de esa gran decepción, Sergio había cambiado mucho y, a partir de entonces, se volvió más frío y ya no creía en el amor ni en ninguna mujer.

—Ahora entiendo muchas actitudes de él, —le dije a Gloria, muy conmovida y sorprendida con la historia, mientras ella sólo me veía y sonreía.

—No sé por qué —me dijo—, pero me late que, a lo mejor, tú eres esa niña que busca Sergio, esa niña que nunca le va a fallar.

—¿Yo? —le pregunté sorprendida.

—Sí, Aline. Tú. Y, por favor, nunca lo vayas a defraudar, porque es el hombre más maravilloso, tierno y romántico que te puedas imaginar.

Ya antes, también hablándome bien de él, me había dicho que era super talentoso, que tenía unas manos mágicas y una sensibilidad fuera de serie, sobre todo cuando se ponía a tocar el piano. Y, bueno, eso sí me constaba, estaba plenamente consciente de ello. Era algo que había visto con mis propios ojos, algo que me hizo admirarlo profundamente a partir de entonces.

Esa noche, casi ni pude dormir. Me la pasé piense y piense todo lo que Gloria me había contado, lo de la historia de amor de Sergio con la niña cantante y, especialmente, eso de que yo podría ser la mujer que él andaba buscando, la que no podía fallarle. ¿Y cómo?, me pregunté una y mil veces, si él era mucho mayor que yo, si me llevaba veinte años y, además, no me gustaba en lo más mínimo. ¿Cómo era posible, además, que Gloria estuviera enamorada de él?, tal como ella misma me lo había revelado.

Al día siguiente, en el salón de clases de la secundaria donde estudiaba por las mañanas, me sucedió algo extraño... Me encontraba en la clase de matemáticas y la maestra estaba hablando de logaritmos y cosas de esas, pero yo no le prestaba atención. Estaba distraída, como en la luna, pensando todo lo que Gloria me había contado, todas esas cosas que me revoloteaban en la mente, que me impresionaban demasiado y que no me permitían concentrarme en nada. Y mientras, en vez de tomar mis apuntes de la clase, me hacía tonta, dibujando garabatos en un cuaderno. De pronto, cuando terminó la clase, tanto la maestra como mis compañeras salieron poco a poco del salón de clases. Me quedé sola, todavía pensativa. Y en eso, cuando me levanté del pupitre, iba a cerrar mi cuaderno, cuando me di cuenta que en la hoja en la que según yo había dibujado puros garabatos, más bien ¡había escrito el nombre de Sergio, como cinco veces!

Nada más de acordarme, siento el mismo escalofrío que sentí en ese momento. ¡Por Dios que no me di cuenta de lo que había escrito! ¿Por qué demonios había puesto el nombre de Sergio en mi cuaderno? Al principio quise pensar que si había hecho eso, era porque, a lo mejor, me estaba refiriendo a Sergio Blass, el de Menudo. Pero no. Ya ni me acordaba de él, ya se me había pasado. ¿Y entonces?

Ni yo misma me lo explico hasta la fecha. Quizás fue un acto inconsciente, no sé. Eso me asustó, me dio mucho miedo, igual que Gloria siguiera insistiendo en hablarme y hablarme de Sergio Andrade. Ya no me preguntaba cosas de mí, ya no hablábamos de mis clases, de mis sueños. No, ya no. Se la pasaba hablándome de Sergio, como si fuera el único tema de conversación. Y yo ahí, escuchándola, cada vez más intrigada, sin darme cuenta de lo que en realidad estaba sucediendo conmigo.

8. Hablando de amor

Tengo tanto miedo de perderte,
antes de poder tenerte.
Me da miedo que no me hagas caso
y no doy el primer paso.
Y me quedo contemplándote de lejos
porque no domino el miedo
que me llena el corazón.

A su mamá, por supuesto, seguía sin contarle nada, menos aún lo de la tormentosa y triste historia de amor entre Sergio Andrade y la niña cantante; tampoco eso de que Gloria estaba enamorada de él.

Sí, era demasiado ingenua, demasiado inconsciente, pero, a pesar de todo, sabía que mi mamá se escandalizaría si le platicaba esas cosas, y me sacaría de ahí. Todo aquello que me desconcertaba y que comenzaba a darme miedo, me lo guardé para mí solita. No lo comentaba con nadie, ni siquiera con la propia Gloria. Podría burlarse de mí, de una mocosa como yo que se asustaba de todo eso que, a lo mejor, era de lo más normal.

* * *

Aparte de considerar a Gloria como su gran amiga, "una amiga más grande que yo y con más experiencia", empezó a admirarla también, como su ejemplo a seguir, haciendo caso de sus consejos e indicaciones, para algún día llegar a ser como ella y estar en su misma situación, en la antesala de la fama.

Transcurrieron unas semanas apenas y, aparte de las clases de actuación y expresión corporal, empezó a tomar también las de jazz y canto, dos días a la semana, los martes y jueves por las tardes y, luego, también los sábados. Mientras, el cariño y amistad que sentía por Gloria, se iban haciendo más fuertes, al grado de que llegó a considerarla como su hermana mayor, a la que, además, le debía cierto respeto. Igual que el que le inspiraba Sergio, quien, más tarde, se convirtió también en su maestro de canto.

Otra distinción, otro privilegio. Porque decía que de todas las de mi grupo, yo era la única que en realidad cantaba y, además, se acercaba mi primer examen. Eso también me encantaba, que me echara porras, que me animara. Más pretextos para estar él y yo solos en su oficina, mientras que mi admiración por él crecía más y más. Ya no era el ogro, sino un señor increíble con el que, además, me divertía horrores. Era muy ocurrente y, en ocasiones, me hacía reír tanto que casi casi me hacía pipí de la risa. Era tan inteligente, tan sensible y componía unas canciones tan bonitas... A partir de entonces, empecé a ver en él al padre que me hacía falta, el padre protector, poderoso, bueno... Claro que podría ser mi papá. Me llevaba exactamente veinte años. Él treinta y tres y yo trece.

Llegué a sentirme segura a su lado, protegida, valorada, querida. Sí, porque sentía que él me tenía cariño, que le caía bien, que nos llevábamos de maravilla. Hasta llegué a arrepentirme por haber pensado mal de él en alguna ocasión. Y luego, siempre que se presentaba la oportunidad, Gloria me confirmaba lo que yo pensaba: "Sí, Aline. Tú le caes muy bien. Por eso te pone tanta atención y se preocupa por ti".

* * *

Después de su papá, Heriberto, a nadie más había admirado y respetado tanto como a Sergio Andrade, su maestro. Sin embargo, esa admiración y respeto comenzaron a transformarse en un sentimiento diferente, un sentimiento sin nombre, sin etiqueta, un sentimiento "especial", mezcla, quizás, de muchos otros que se conjuntaron en uno solo, una tarde, cuando, luego de una clase más de canto, ahí, en la oficina de Sergio, él estaba sentado al piano y Aline a su lado, en un sillón, como de costumbre.

Sergio me dijo que acababa de componer una canción, una canción que nadie conocía todavía. Yo iba a ser la primera en escucharla. Así, empezó a tocar el piano y a entonar aquellas frases que, no sé por qué, empezaron a llegarme a lo más hondo del corazón, del alma, mientras que lo escuchaba embelesada, sintiendo que me cantaba a mí, que todo aquello me lo decía a mí, aunque no volteara a verme.

Aquí estoy, hablando de amor,
soñando en tu amor,
sentado en mi cuarto, sin hacer nada.
Aquí estoy, muriendo de amor,
mirando tu amor
que pasa de largo por mi ventana.

Tengo tanto miedo de perderte,
antes de poder tenerte.
Me da miedo que no me hagas caso
y no doy el primer paso.
Y me quedo contemplándote de lejos
porque no domino el miedo
que me llena el corazón.

Sueño que me voy hasta tu casa
sólo para ver qué pasa.
Y practico frases y palabras,
esperando a que me abras.
Pero llego y me siento tan cobarde,
como todo esto que arde.
No me sale la voz.

Y aquí estoy, hablando de amor...

No podría expresarte con palabras todo lo que empecé a sentir al escucharlo cantar de esa manera, esa letra tan bonita, tan tierna. Quería que la canción no se terminara, que fuera eterna. Era como un momento mágico, de mucha identificación, en el que por primera vez sentí que estábamos unidos. Me inspiró ternura, lástima. No sé bien. Recordé las palabras de Gloria, aquello del "hombre que sufre mucho, porque no encuentra el amor", aquello del hombre solo.

La piel se me puso chinita y prácticamente se me caía la baba. Nunca, como en ese momento, sentí tanta admiración por él, por esa sensibilidad tan enorme, esa manera de decir las cosas, de expresar sentimientos, de llegarte al corazón, así, con una simple canción.

Me dio en mi punto débil. Me desarmó en ese momento, sobre todo cuando terminó de cantar y tocar el piano. Se quedó callado unos segundos, igual que yo. Aparte, no sabía qué decirle, si aplaudirle o qué. Luego, simplemente me miró y sonrió.

Me preguntó si me había gustado la canción. Le dije que sí, que me había encantado. Y como ya estaba cerca mi examen de canto, le pedí que me diera ese tema para interpretarlo precisamente ese día. Estaba segura de que me diría que sí.

Pero no. De pronto, su actitud cambió conmigo y me respondió que no me iba a dar nada sólo porque sí, que sus canciones no se las daba a cualquiera.

Me sentí mal. De repente, el momento mágico se esfumó, mientras que yo me preguntaba por qué diablos me había cantado esa canción que nadie conocía y, luego, me salía con eso de que él no le daba sus canciones a cualquiera. Me sentí ridícula, se me caía la cara de la vergüenza. Me despedí de él y salí de su oficina, más confundida que nunca.

Lo que sentí fue algo muy parecido a lo que años atrás había sentido cuando mi papá me regañaba o me daba un par de nalgadas por haber hecho alguna travesura. Y, luego, cuando me dejaba de hablar. Eso para mí era terrible. Así me sentí cuando salí de la oficina de Sergio.

* * *

Sola en su recámara, piense y piense, sin nadie a quién contarle lo que estaba sintiendo, lo que le estaba sucediendo. Por fortuna, Rosa Bertha, aquella muñeca de la infancia, permanecía ahí, sentada en un rincón del cuarto, muda, estática, sin vida, con su vestido blanco, sus chapitas rosadas y su cabello rubio en caireles. Luego de años de estar ahí, olvidada, ignorada, aquella noche tomó vida de nuevo y vio a Aline llorando en su cama.

Rosa Bertha no le preguntó nada. Aunque ganas no le faltaron. Le preocupaba ver así a su dueña, a su mamá, a su compañera. Ya antes la había visto preocupada, pensativa, dando vueltas en la cama, cuando no podía conciliar el sueño. Pero hacía mucho que no la veía llorando y menos de esa forma.

No podía hablar con nadie de eso que me sucedía, de eso que ni yo misma sabía qué era realmente. Me dieron ganas de ir corriendo a la recámara de mi mamá y platicarle, pedirle su ayuda. Pero ya era demasiado tarde. Iba a ser muy difícil explicarle toda esa historia del hombre que sufre porque no encuentra el amor, por culpa de aquella niña cantante. No, no podía decírselo. No lo entendería. Pensaría mal. Menos aún, podía contarle lo que me pasaba en esos momentos, esa angustia... Así como la canción de Sergio me había llegado al alma, igual me había llegado su desprecio, su indiferencia, su cambio tan repentino, cuando me dijo que no iba a darle esa canción a cualquiera, nada más porque sí. ¿Qué me estaba pasando?

Como para desahogarme, creo yo, me acerqué a Rosa Bertha, la cargué, la llevé a mi cama y la abracé con mucha fuerza, llore y llore. A ella sí le conté lo que me acababa de suceder. Me dolía tanto que Sergio, luego de que, según yo, era su consentida, luego de que me había dicho que era la única que cantaba, luego de cantarme "Hablando de amor", ahora me diera a entender que no significaba nada para él. Eso me dolió. Me dolió mucho.

Así estuve con esa mezcla de angustia y confusión durante varios días. Seguí con mis clases, incluyendo la de canto con Sergio, quien volvió a ser amable conmigo. Varias veces, estuve a punto de preguntarle por qué me había dado a entender que yo era una cualquiera para él, luego de que me había hecho sentir otra cosa. Pero no, no le reproché nada. No quise tocar el tema. Lo que me tranquilizó fue que Gloria seguía hablándome mucho de él, como siempre, diciéndome que era lo máximo. Y yo pensé que, a lo mejor, había malinterpretado la actitud de Sergio y que él en ningún momento había pretendido hacerme sentir mal.

Total que, una vez, estando con Gloria, no sé realmente por qué, pero, de pronto, le confesé algo que, te juro por Dios, ni siquiera me había cruzado por la mente. Algo que a mí misma me sorprendió cuando se lo dije, así, sin pensarlo, como si se tratara de un simple impulso.

—¿Sabes qué, Gloria? Creo que me estoy enamorando de Sergio...

Ella puso una cara de alegría y sorpresa que nunca se me va a olvidar, como si le hubiera dicho que se acababa de sacar la lotería.

—¿Qué? —exclamó, aparentemente estupefacta.

—No sé qué me pasa —le respondí.

Y volvió a decirme aquello de que, a lo mejor, yo era esa niña que andaba buscando Sergio, esa niña que no podía fallarle.

Pensé que, luego de haberle confesado eso, se iba a poner triste o celosa, porque supuestamente, ella también estaba enamorada de Sergio, enamorada y mal correspondida. Lo normal hubiera sido que se burlara de mí, que se molestara o qué se yo. Pero no, al contrario, al parecer, la idea le encantó y hasta me dio ánimos, los ánimos necesarios para, al poco rato, cuando me tocó entrar a mi clase con Sergio, decidiera de repente que tenía que sacar fuera lo que me sucedía, lo que no me dejaba en paz. Era como un deseo irrefrenable de contarle la verdad, algo que ya no podía controlar, a pesar del temor que sentía, de que no sabía realmente qué me estaba sucediendo. Algo muy extraño que hasta la fecha no me explico.

Entré a su oficina y lo encontré muy serio, sentado detrás de su escritorio. Lo saludé como siempre y, antes de que comenzara la clase, me armé de valor y le dije que necesitaba hablar con él.

—¿Qué te pasa? —me preguntó un tanto extrañado.

Yo no sabía cómo empezar, cómo soltarle todo eso que le acababa de confesar a Gloria. No sabía cómo iba a reaccionar él, qué me iba a decir. Supuse que, quizás, se iba a reír, tomarlo como una broma, como una ridiculez por parte mía.

—Es que me siento muy rara —le respondí, muerta de la vergüenza, parada frente a él—. Creo que estoy enamorada...

—¿Ah sí? —fue todo lo que comentó, mirándome a los ojos, mientras que yo le desviaba la mirada. No se la podía sostener. Me era imposible.

—Es que me están pasando cosas que nunca me habían sucedido... De pronto estoy contenta, luego triste. Cosas extrañas, cosas que antes no había sentido. A lo mejor a ti te parecen babosadas, pero...

—¿Y quién es el afortunado? —me preguntó con cierto sarcasmo, sin dejarme terminar.

Decidí que era el momento de confesarle la verdad, antes de que me arrepintiera. Aún sin poder mirarlo a los ojos, simplemente le dije:

—Tú... Tú eres el afortunado.

Para sorpresa mía, no comentó absolutamente nada. Se quedó callado un buen rato. Hasta me asusté y pensé que había metido la pata y que, una vez más, ante sus ojos, había quedado como una pobre escuincla ridícula.

—¿Estás segura de lo que estás diciendo? —me preguntó después del largo silencio.

—Creo que sí —le respondí tímidamente.

—Pues piénsalo bien, porque yo soy un hombre que ha sufrido mucho y no quisiera que jugaras conmigo.

No dijo nada más. Se puso de pie, se acercó al piano, se sentó en el banco y comenzó a tocar nuevamente "Hablando de amor", cantándola al mismo tiempo. Ése fue otro detalle que me mató en ese momento y que me hizo sentir que le había gustado lo que le había dicho, que no le parecía mal, que no le resultaba tan absurdo ni descabellado como yo creía.

Cuando terminó de cantar, volteó a verme.

—No había querido decírtelo antes —me dijo—, pero esta canción te la compuse a ti.

Me quedé paralizada, sin dar crédito. Eso que acababa de escuchar de su propia boca, me pareció lo máximo. Me llenó de alegría y me hizo sentir algo muy especial, algo que tampoco podría describir con palabras. No supe qué decirle, pero supongo que no hacía falta, porque él sabía perfectamente que con ese detalle me había ganado por completo.

Se levantó del banco, mientras que yo me hacía la desentendida. No podía verlo a la cara, pero percibía su mirada clavada en mí. Conforme sentí que se me iba acercando, volví a ser víctima del mismo miedo que muchas veces me había inspirado y que, en ese momento, se hizo presente una vez más. Sobre todo cuando, lentamente, ya frente a mí, me tomó por los brazos y acercó su rostro al mío.

Jamás lo había sentido tan cerca... Su respiración, su aliento, ese olor a sudor, mezclado con loción, ese olor tan desagradable que antes había percibido sólo de lejos... El cuerpo me empezó a temblar, de la cabeza a la punta de los pies. No me quedó más remedio que verlo por fin a los ojos. Lo noté tan diferente, tan extraño, como si fuera otra persona. En su mirada había tanta tristeza, tanta melancolía, tanta soledad, algo tan especial...

Y mientras que yo no lograba dominar la temblorina, sintiéndome culpable por haber propiciado esa situación, dominada por el miedo, Sergio cerró sus ojos, acercó sus labios a los míos y me dio un ligero beso, un beso breve, como de pajarito.

Me quedé más fría todavía. Era la primera vez en mi vida que un hombre me besaba en la boca y yo no había sentido lo que creí que iba a sentir, lo que me había imaginado.

Él, como si nada, me soltó y regresó a su escritorio. No me dijo nada más. Ya ni siquiera me dio mi clase de canto. Simplemente, llamó a Mary y, cuando ella entró a la oficina, le ordenó que me llevara a mi casa en su camioneta. Él se quedó ahí, muy serio, como triste, como preocupado. Y yo sin entender absolutamente nada. Si no me entendía a mí misma, menos lo iba a entender a él.

Durante el camino a mi casa, Mary, como de costumbre, casi no habló conmigo. Mejor, porque yo estaba más confundida que nunca, preguntándome qué era lo que había hecho, ¿por qué lo había hecho? Me sentí extraña, cuando recordé el momento en que le confesé a Sergio que estaba enamorada de él. Sentí que esa niña que se lo dijo no era yo, sino otra, una muy diferente a mí.

Cuando llegué a mi casa, le inventé a mi mamá que me dolía la cabeza y me fui derechito a mi recámara. Ni siquiera cené con ella, con Benito y con Yoyo, como de costumbre. No tenía nada de hambre ni ganas de hablar con nadie, mucho menos que me preguntaran cómo me había ido... Quería estar sola para pensar, para tratar de encontrar una explicación.

Ya sola en mi cuarto, tal como lo había hecho en otras ocasiones, frente a una imagen del Sagrado Corazón que tenía sobre la cabecera de mi cama, primero le hablé a Dios, pidiéndole perdón por lo que había hecho y le recé un Padre Nuestro y un Ave María. Luego, hablé también con mi papá, suplicándole que me ayudara, que me cuidara desde el cielo.

Entonces, aunque en ese momento estaba tan confundida, pienso que si le pedí perdón a Dios, fue porque estaba consciente de que había actuado mal, ¿no? Ahora lo veo así. Como que Él me escuchó y me tendió su mano, porque unos minutos después, ya acostada en mi cama y con la luz apagada, me sentí más tranquila y, al mismo tiempo, empecé a arrepentirme de lo que le había dicho a Sergio. ¿Por qué diablos se lo dije?

9. A los catorce

Te podrás imaginar la angustia,
el miedo que traía dentro.
Una mocosa como yo, jugando con fuego,
como si fuera una persona adulta,
sin saber realmente
en lo que me estaba metiendo.

—¿Por qué, Aline? —le pregunté una vez, cuando los dos nos reunimos en un Vips.

—Ya te dije que no sé, Rubén. De pronto hacía cosas de las que luego me arrepentía, pero después ya no. Sobre todo, al estar frente a Sergio, se me nublaba la mente, se me olvidaba todo lo que había pensado. Y lo que antes había considerado que estaba mal, en ese momento ya no me lo parecía. No sé si me entiendas.

—Sí, creo que sí.

—Lo peor es que, aunque cuando estaba con Sergio o con Gloria, todo lo veía normal, pero luego, volvía a arrepentirme no sólo de las cosas que hacía, sino de no poderles decir lo que quería, lo que antes había pensado. Y, claro, después me llegaban los remordimientos, esos remordimientos que me torturaban y no me dejaban en paz.

—Bueno, y después de haberle declarado tu amor a Sergio y de haberte arrepentido, ¿qué sucedió cuando, de nuevo, volviste a tenerlo enfrente?

—Nada. El arrepentimiento valió, dejó de existir, al menos en ese momento. Volví a sentir de nuevo que en verdad estaba enamorada de él y que para mí lo más importante era estar a su lado.

—¿Y después? ¿Qué sucedió después?

—Aquí está.

Aline sacó de su bolso otro sobre con unas hojas que había escrito.

—Es que lo que viene está muy grueso —me advirtió—. Y mejor te lo escribí como pude. Lo lees después, en tu casa, y lo ordenas... Si hay algo que no entiendas, me hablas.

—Está bien...

* * *

A partir de ese día, sentí que Sergio y yo estábamos más unidos que nunca, más identificados. Además de su consentida, también era su novia. Y eso me empezó a gustar, porque nuestro noviazgo, por llamarlo así, era bonito. Besitos y todo eso, pero nada más. Aunque esos besitos, a mí me daban igual. Lo importante era estar largas horas con él, tomando mis clases o enseñándole las canciones que yo componía. Incluso, en esos días, como ya te dije, el arrepentimiento se esfumó, igual que los remordimientos.

Sin embargo, eso no duró mucho, porque más o menos a la siguiente semana, todo empezó a cambiar. Una vez, estando con él en su oficina, luego de que varias veces me había preguntado que si lo quería y yo le respondía que sí, me propuso algo que se me hizo de lo más extraño. Según él, se trataba de una prueba. Una prueba que consistía en lo siguiente: él iba a salir unos momentos de su oficina y, entonces, para demostrarle que lo quería en verdad, tenía que desvestirme y sentarme en el banco del piano, para que me encontrara así cuando regresara. Si no lo hacía y él me encontraba vestida, significaría que no lo quería.

Pensé que se trataba de una broma. Pero cuando él salió de la oficina, me di cuenta que la cosa iba en serio. Pasaron unos minutos y yo no supe qué hacer. Finalmente, cuando él regresó, yo ya estaba sentada en el banco del piano, como él me lo había pedido. Sí, desnuda.

Cerró la puerta y me sonrió. Luego, se me acercó y empezó a tocarme, mientras que, una vez más, como podrás imaginarte, yo estaba temblando, sintiéndome muy mal. Sergio ya me había visto así antes, sin ropa, pero ahora también me estaba acariciando.

—¿Ya habías hecho esto antes? —me preguntó.

—No, para nada —le respondí muerta del miedo.

Y era la verdad. Jamás en mi vida había hecho algo así. ¡Te lo juro! Tenía apenas trece años y, aunque sabía que tarde o temprano me iba a ocurrir, nunca lo había hecho con nadie. Esto también me lo había imaginado de otra forma.

Haz de cuenta que yo era una estatua, una estatua temblorosa, mientras que él seguía pasando sus manos por mi cuerpo, sin que yo sintiera nada. Bueno, sólo vergüenza y un miedo cada vez mayor, sobre todo cuando intentó hacerme el amor... Aterrada, me puse a llorar.

Pero no se pudo. Tú me entiendes... Yo era todavía una niña, en dos meses más iba a cumplir apenas los catorce años.

Aquella experiencia me dejó traumada y, entonces sí, como que me convertí en un robot, sintiendo que me parecía cada vez más a Gloria, a Mary y a las demás, que en vez de ser la consentida, pasaba a ser una más del montón.

Mi visión de la vida y de muchas cosas más, empezó a cambiar. Comencé a ver todo horrible, invadida por ese gran temor que no podía controlar. No estaba segura de lo que estaba haciendo y, por otro lado, no me atrevía a contarle nada a nadie que no fuera Gloria, quien, se convirtió en mi confidente y, en vez de ayudarme a aclarar lo que me estaba sucediendo, me decía que era algo normal, que no tenía nada de malo.

Te podrás imaginar la angustia, el miedo que traía dentro. Una mocosa como yo, jugando con fuego, como si fuera una persona adulta, sin saber realmente en lo que me estaba metiendo.

Sólo recuerdo que los días pasaban y yo, en vez de ponerle un alto a todo eso o pedirle ayuda a mi mamá, seguía en lo mismo y lo mismo, dejando que las cosas siguieran igual.

Muchas veces pensé en no regresar ya, pero de inmediato, me venía a la mente la idea de interrumpir lo que estaba consiguiendo como artista, dejar las clases que tanto me gustaban y, también, la oportunidad de grabar mi disco, de llegar a ser famosa.

Sergio y yo ya no nos veíamos sólo en su oficina, sino también fuera de ella. Haz de cuenta que éramos en verdad novios. Íbamos al cine, a comer, a cenar, los dos solos, mientras que mi familia pensaba que estaba tomando mis clases. Ya por la noche, me llevaba a mi casa y mi mamá hasta le daba las gracias por preocuparse tanto por mí.

Y como supuestamente se acercaba ya el momento de grabar mi disco y necesitaba estudiar más, empecé a ir a las clases ya no sólo los martes, jueves y sábados, sino también los domingos. En uno de esos domingos, luego de que Sergio me llevó a Chapultepec, donde me divertí como enana en el zoológico, iba con él en su camioneta, cuando, de pronto, se estacionó afuera de un hotel, El Greco.

De inmediato, supe lo que pretendía y volvió a invadirme el pánico. No sé si me entiendas. A mí me gustaba ser su novia, sí, su consentida, estar con él en su oficina, los dos solos, ir al cine, a comer, a cenar, a Chapultepec... Pero no me gustaba cuando me empezaba a tocar y, menos, meterme con él a un hotel. Pero en fin, acepté, otra vez, como una prueba de amor, para demostrarle que lo quería. Sin embargo, ahí, en el cuarto, tampoco se pudo...

Y así, siguieron transcurriendo los días y las semanas, mientras que se acercaba la fecha de mi cumpleaños. Gloria estaba encantada, echándome porras, diciéndome siempre que estaba haciendo feliz a Sergio y que, gracias a mí, él había cambiado mucho con todo mundo, que era menos duro con ellas, más amable, más buena gente.

Luego de las pruebas que siempre me pedía, yo misma empecé a procurarlo, buscando complacerlo y llenarlo de detalles para demostrarle que lo quería. Por ejemplo, cuando salía de la secundaria, antes de ir a mis clases con él, afuera de la escuela le compraba juguetitos o bromas de esas que venden en la calle. Siempre le llevaba cualquier regalito o bobería. Y eso le gustaba. Me festejaba mucho estos detalles, y yo sentía que así lo tenía contento.

Sin embargo, aunque entonces no me daba cuenta de ello, las cosas empezaron a empeorar cada vez más y más. Se acercaba la fecha de mi cumpleaños y, como mi mamá me estaba preparando una reunioncita con mis amigos, invité a Mary y a Gloria, también a Sergio. Pero él, por supuesto, me dijo que no asistiría. Me advirtió también que no quería que en esa fiesta estuvieran mis amigos hombres, sólo puras niñas. Y bueno, yo le dije que sí, que no había problema. Pero luego, me preocupé porque me acordé de Alfonso, un vecino mío, un poco mayor que yo, güerito y guapísimo, que siempre me encantó y que a mí me hubiera gustado que fuera a mi reunión. Ni modo, a él no lo invité ni a mis otros amigos hombres. Sólo puras chavas.

Llegó el gran día. Cumplí mis catorce años. Por primera vez, mi mamá me dejó pintarme. Bueno, sólo un poquito. Nada más la boca, un poquito de sombra en los párpados y algo de rimmel en las pestañas.

Gloria llegó a mi casa, en taxi, sin Mary, más temprano que las demás invitadas. Y como ella sabía que a mí me gustaba Alfonso, porque se lo había contado en alguna ocasión, me preguntó si en verdad no lo había invitado, advirtiéndome que si lo había hecho, Sergio se enterararía y se me iba a armar con él. Yo la tranquilicé y le dije que no, que no había invitado a Alfonso.

Sin embargo, más tarde, cuando ya estaban ahí mis otras amigas, salí a recibir a una de ellas y, a lo lejos, en la calle, vi que Alfonso iba llegando a su casa. Me importaron un comino las advertencias de Sergio y de Gloria, fui corriendo con Alfonso para decirle que era mi cumpleaños y que lo invitaba a la comida que me había preparado mi mamá. Él, muy complacido, aceptó de inmediato y hasta me preguntó si podía llevar también a su hermano. "¡Claro!", le respondí.

Al poco rato, cuando Alfonso y su hermano hicieron acto de presencia en mi casa, muy perfumados y peinaditos, no sabes la cara que puso Gloria. Peor todavía cuando Alfonso me entregó una rosa roja. Gloria se quedó muy seria, sin poder ocultar su coraje, sin quitarme la vista de encima, fulminándome con la mirada, como diciéndome: "no sabes la que se te espera, babosa". Y después, ya a la hora de la comida, se subió a mi recámara y no quiso bajar a la mesa. Yo sabía que estaba fúrica, pero, la verdad, ni caso le hice. La tiré de a loca y no le insistí. Ahí estaba Alfonso y eso era lo que más me importaba en ese momento. Era mi mejor regalo.

Al día siguiente, cuando llegué con Sergio, segura de que, obviamente, él ya estaba enterado, me lo encontré con una carota...

—Ya me di cuenta que, por lo visto, no te intereso —me reclamó muy serio.

Y como yo todavía estaba muy emocionada con mi comida de cumpleaños y, más que nada con Alfonso, quien se había portado muy bien conmigo y hasta me había demostrado que le gustaba, eso me motivó para enfrentarme a Sergio, como nunca antes lo había hecho.

—Ay, Sergio —le dije un poco nerviosa—, es que, la verdad... Yo ya quiero terminar con todo esto.

—¿Qué? ¿Qué es todo esto? —me preguntó molesto.

—Pues es que... Yo no te quiero, no te quiero como novio.

—Ah, no me quieres. ¿Y por qué no lo dijiste antes?

—Porque... Porque estaba muy confundida. Me caes bien, me divierto mucho contigo, pero no te quiero. No me interesas como novio.

Eso que le dije, creo yo, le cayó como balde de agua fría. Se mostró muy digno y me ordenó que me largara de ahí, sin pedirme ninguna otra explicación. Yo pensé que, finalmente, aunque le hubiera dolido, lo había entendido y eso era lo mejor para los dos. Sentí que me había quitado un gran peso de encima, que me había liberado de esa carga. Supuse también que, luego de eso, me iba a correr de ahí y que lo de mi disco y mis sueños de ser famosa se irían al cuerno.

No te voy a decir que no me importó. Por supuesto que sí. Pero, en el fondo, esperaba que él reaccionara, que me comprendiera y que lo que le había dicho, no estropeara los demás planes, los planes profesionales.

Esa noche también, Mary me llevó a mi casa en la camioneta de Sergio. Y a pesar de que hasta entonces casi no hablábamos y, menos de lo mío con Sergio, esa vez me enteré que ella, al igual que Gloria, estaba al tanto de todo. Me aconsejó que pensara bien las cosas, que no fuera tonta, que no echara a perder todo lo que ya había conseguido. Era como si estuviera escuchando a Gloria. Incluso, sus consejos, razonamientos y palabras eran igualitos. Evidentemente, me estaba haciendo un lavado de cerebro, pintándome a Sergio como lo máximo y yo, pobre tonta, estaba desperdiciando la oportunidad, la gran oportunidad.

Y como no le respondía nada y sólo la escuchaba, en eso, detuvo la camioneta en una esquina donde se encontraba una caseta telefónica. Me dijo que tenía que llamarle a Sergio y se bajó. Luego, sin haber colgado la bocina del teléfono, se acercó a la camioneta y me dijo que Sergio quería hablar conmigo.

Me bajé de la camioneta, tomé la bocina y escuché la voz de él. Me dijo que no podía creer lo que le había dicho y que era una tonta porque, en el fondo, era más que obvio que yo sí lo quería, aunque ni yo misma me hubiera dado cuenta. De no ser así, entonces, ¿por qué le llevaba juguetitos y regalitos todos los días? Yo traté de explicarle de nuevo, pero no me hizo el mayor caso. Aseguró que me iba a arrepentir y que, cuando lo hiciera, ya iba a ser demasiado tarde. Ya al final, como se dio cuenta que yo no cedía ni me dejaba convencer, me pidio que regresara a la oficina en ese preciso momento, porque necesitaba hablar conmigo.

Y ahí voy de nuevo, con Mary, como si fuera mi guardaespaldas. Ya sola con él, una vez más se mostró dolido, triste, reprochándome que le hubiera dicho que no lo quería. Me abrazó muy fuerte, como protegiéndome, y me preguntó si no sentía nada al estar así con él.

No supe qué responderle. Otra vez, para variar, la seguridad que antes creí haber tenido, se esfumó en ese momento. No sé si porque me dio lástima o qué, pero me solté llorando en sus brazos.

—No sé, Sergio... A veces sí te quiero, pero a veces no —le dije.

—¿Lo ves? —agregó él—. Estás llorando porque me quieres.

Me dijo más cosas, cosas que no recuerdo bien, haciéndome sentir una vez más que él tenía razón y que yo estaba equivocada, que en realidad lo quería. Terminé diciéndole lo que él esperaba escuchar:

—Sí, Sergio. Tienes razón. Sí te quiero. Soy una tonta. Perdóname, por favor.

Ya después, luego de perdonarme y de advertirme claramente que era la última vez que iba a permitir que lo desobedeciera, le pidió a Mary que me llevara a mi casa. En el camino, ella me contó que Sergio me había comprado juguetes y regalos por mi cumpleaños, pero que no me los dio por haberme portado mal. Al otro día, Gloria me dijo lo mismo y, también, que habían tirado a la basura esos regalos y juguetes que yo jamás vi y que, la verdad, ni me importaron. Supe que eso era otra mentira y, también que, aunque yo comenzaba a sentirme toda una mujer, una mujer adulta, ellas y Sergio seguían viéndome como una niña estúpida...

¿Una niña estúpida? Ya no tan niña. Finalmente, Sergio y yo pudimos tener relaciones. Fue en su departamento de Copilco, en el que vivía su mamá. Y recuerdo que, al terminar, se puso a cantar el Himno Nacional... Pues sí, para celebrar su victoria...

10. Pruebas de amor

¿Por qué llegué a hacer tantas cosas
que iban en contra de mí?
Someterme a sus castigos, por ejemplo,
aquellos crueles castigos
que eran más bien torturas.

Aline estaba ya en segundo de secundaria, cuando sus compañeras de clase, empezaron a notar un cambio radical en ella, en especial Mossy, una jovencita de su edad que hasta entonces había sido una de sus mejores amigas. De pronto, advirtió que algo muy raro sucedía con Aline.

Sí, era otra. Había cambiado mucho en los dos meses de vacaciones que habían pasado. Ya casi no hablaba con nadie, siempre estaba callada y pensativa, sola... El cambio fue muy notorio. Antes, había sido una niña muy linda. Incluso, empezó a reprobar materias. Todas nos dimos cuenta, hasta las maestras. Y se nos hizo muy extraño. Pero nunca pudimos saber lo que le sucedía, porque ella se aisló. Pensamos que, a lo mejor, ya se le habían subido los humos, con eso de que la iban a lanzar como cantante y que iba a grabar un disco...

Yo estaba muy intrigada y recuerdo que en dos o tres ocasiones, me le acerqué y le pregunté qué le sucedía, porque a pesar de todo, me daba lástima ver que se había quedado sola. Pero nunca me decía nada. Me contestaba con monosílabos y, prácticamente, me mandaba al demonio con su indiferencia. Así, hasta que decidí que ninguna necesidad tenía de que me hiciera esas groserías y ya no volví a preguntarle nada. Me dolió mucho que se apartara de mí, luego de que nos llevábamos tan bien y de que le tenía mucho cariño. Pensé que tarde o temprano se le pasaría y que volvería a ser la de antes. Pero no, los días pasaban y cada vez estaba más rara...

* * *

Jossie también notó ese cambio y empezó a preocuparse. Sabía que algo estaba sucediendo con su hija, aunque entonces no se imaginaba la verdad.

Las madres tenemos un sexto sentido y eso es verdad. Al principio, supuse que se debía a que Aline se encontraba en la edad de la transición de niña a mujer, como cualquiera. La edad en que esos cambios tan repentinos son normales. En ese entonces, no me pasaba por la mente lo que en realidad le estaba sucediendo.

Sergio era tan amable y protector con Aline, que hasta llegué a pensar que ella lo veía como un papá. Incluso, el Día del Padre, le compré un obsequio y, al igual que lo había hecho ya en otras ocasiones, una vez más le di las gracias por ser tan bueno y generoso con mi hija, por tenerle tanta paciencia, por creer en ella y preocuparse por su futuro, por realizar sus sueños y guiarla por el mejor camino.

Sin embargo, las cosas empezaron a cambiar todavía más, después de que Aline cumplió los catorce años. Por ejemplo, cuando llegaba por las noches, como a las siete y media, después de sus clases, se iba derechito a su cuarto y no hablaba con nadie. Ni siquiera contestaba las llamadas de sus amigos y se negaba a verlos cuando iban a buscarla.

Muchas veces, me le acerqué para preguntarle qué era lo que le sucedía, pero siempre me respondía lo mismo. Según ella, ya no quería salir con sus amigos ni verlos, porque prefería estudiar y, aparte, porque ya le caían gordos. Lo que pensé entonces fue que, como en verdad estaba muy entusiasmada con sus clases de actuación y canto y, además, seguía en la secundaria, era normal que acabara rendida y, por lo mismo, ya no le quedaba tiempo para los amigos, porque, llegando a casa, tenía que ponerse a estudiar y hacer tareas. Así lo entendí entonces.

* * *

Aline por su parte, también advirtió el enorme cambio que se había operado en ella en cuestión de meses. Sentía que ya no era la misma, que la niña aquella que soñaba primero con Blanca Nieves y, luego, con Michael Jackson o Sergio Blass, se había quedado muy atrás, perdida quién sabe dónde. Esa niña que ya no se parecía en nada a la adolescente temerosa, callada y confundida en la que se había convertido.

Sin darme cuenta, empecé a acostumbrarse a lo que estaba viviendo en secreto, sintiéndome más sola que nunca, sin saber a quién recurrir en busca de apoyo, de consejo. Hasta a mi mamá llegué a sentirla lejana, como parte de mi pasado, sintiendo que ya nada tenía que ver con mi actual realidad, esa realidad truculenta y oscura, ese pozo sin fondo en el que sentía que me iba sumergiendo cada vez más y más.

¿A quién recurrir en busca de apoyo y de consejo? Sólo mi amiga Gloria, la única que, a final de cuentas, estaba al tanto de lo que me ocurría. Ella no lo veía tan grave o desconcertante, sino más bien como algo natural. "Así es el amor", me decía. Y yo me lo empecé a creer, mientras que, al mismo tiempo y con el paso de los días, iba habituándome a cosas que, aunque al principio me sorprendían, poco a poco me fueron resultando normales, al menos ahí dentro, en esa casa-oficina-escuela, sintiéndola como mi segundo hogar, a pesar de todo.

Sorpresas y más sorpresas. Sorpresas siempre desconcertantes. Como cuando empecé a darme cuenta de algo en lo que antes no me había fijado demasiado: la manera en que tanto Gloria como Mary y las demás, se dirigían a Sergio: "Sí, Sergio, por favor... Buenos días, por favor... ¿Cómo amaneciste, por favor?... Como tú digas, por favor...". Eran frases muy comunes y constantes. Yo misma, más tarde, de repente, también empecé a utilizar eso del "por favor", casi sin darme cuenta, siempre que Sergio me pedía algo: "Buenos días, por favor... Buenas noches, por favor... Lo que tú digas, por favor..."

Nadie me obligó a decir eso, como tampoco me obligaron a hacer muchas de las cosas que estaba haciendo. Yo veía que tanto Gloria como Mary y otras chavas como Ivette y Sonia, le decían siempre eso de "Sí, Sergio, por favor", no sé si porque él se los exigía o porque a ellas les nacía. Como creía que ellas lo hacían para complacerlo y estar bien con él, empecé a imitarlas, hasta que me acostumbré y se me hizo de lo más normal.

Ahora que lo pienso, no sé... Me parece tan ridículo, tan absurdo. Más, el hecho de que yo empezara a comportarme como las demás, y no sólo eso, sino también, vestirme y peinarme como ellas, adoptando sus ademanes, su forma de ser, de comportarse, de hablarle a Sergio.

Y después llegarían las "pruebas", las "pruebas de amor". Esas pruebas que cada vez me resultaban más difíciles, no sólo de ejecutar, sino más bien de comprender. Cada día tenía que demostrarle a Sergio que lo quería y que no le iba a fallar, como le había fallado aquella niña cantante y todas las demás que habían pasado por su vida. Yo tenía que ser la heroína. Ésa era mi consigna.

Porque si yo hacía algo que a él no le parecía, algo que según él estaba mal o no era lo correcto, tenía que llegar al día siguiente a pedirle perdón, saliendo de la escuela, a las tres de la tarde. Pero luego, me salía con que no podía perdonarme, porque ya era demasiado tarde.

—Qué poco interés tienes en arreglar las cosas —me reprochó una vez, cuando, precisamente, le pedí perdón por algo. No recuerdo exactamente qué.

Lo que le molestaba, lo que me estaba echando en cara era que no hubiera ido más temprano, por la mañana, a primera hora, para disculparme con él.

—Si no vine antes, fue porque estaba en la escuela —le expliqué.

—Y eso qué —me contestó—. Te puedes ir de pinta, ¿no?

Jamás en mi vida me había ido de pinta. Otro jamás. Pero, bueno, ese día tuve que aprender otra lección: que si Sergio se enojaba conmigo, por ejemplo, en la noche, antes de que me llevaran a mi casa y ya no había tiempo para verlo y arreglar mis problemas con él, al día siguiente tenía que irme de pinta, para estar en su oficina temprano, a la hora que él llegara, para poder hablar, darle una explicación y, por supuesto, pedirle perdón.

A partir de entonces, empecé a salirme de la escuela para irme de pinta o, más bien, para poder verlo cuando hacía falta, cuando tenía que disculparme por algo, por cualquier cosa. En ese mes tuve ocho faltas y, por si fuera poco, me expulsaron durante toda una semana porque, una vez, con tal de escaparme de la escuela, tuve que empujar a Cleotilde, la señora que cuidaba la puerta, porque no me dejaba salir. Y es que la pobre de Cleotilde no sabía que si yo quería irme de pinta, no era por mi gusto, sino por necesidad, porque si no llegaba a tiempo con Sergio para aclarar cualquier cosa, eso me podía costar golpes. Sí, golpes. O más bien, cinturonazos...

Poco antes, una de las primeras veces en que le fallé en algo, me dijo que, para que aprendiera la lección, tenía que pensar en la manera en que él me podría castigar para ganarme su perdón. A mí, lo único que se me ocurrió fue sugerirle que me dejara de hablar todo un mes, que eso sería suficiente castigo.

Pero se burló de mí y, mientras lo hacía, empezó a quitarse su cinturón del pantalón. Después, mientras jugueteaba con él, me dijo que, la próxima vez, ése sería mi castigo: "Unos buenos cuerazos", para ver si así entendía y me portaba mejor, para ver si así dejaba de desobedecerlo...

Otra vez, el miedo, el pánico. Imagínate, que llegara a pegarme con el cinturón. ¿Y cómo iba a evitarlo? Si cualquier cosa que yo hacía le parecía mal y la tomaba como una falta de mi parte, como una desobediencia más. ¿De qué servía que me cuidara, que me esforzara por complacerlo en todo? Esa idea de los cinturonazos empezó a atemorizarme y él se dio cuenta.

Llegó el día en que por una tontería, una falta que, según él, había cometido y ameritaba un castigo, luego de pedirle perdón como de costumbre, en eso, empezó de nuevo a quitarse el cinturón, mientras que yo lo miraba aterrada. "No, Sergio, ¡por favor, por lo que más quieras!, ¡no me vayas a pegar!", le supliqué.

Me puse de rodillas y, como de costumbre, le imploré que me perdonara. Sin embargo, a él no le importaron mis súplicas.

Pensé que nunca lo haría, que se trataba de una simple amenaza. Pero no. La cosa iba en serio. Se me acercó y me soltó un par de cinturonazos. Y mientras más lloraba, mientras más me quejaba y él me ordenaba que me callara, me siguió dando más y más...

* * *

Me quedé frío cuando me enteré de esto. No daba crédito. Te confieso que hasta pensé que Aline era mitómana, que toda esta historia que me estaba relatando a través de pláticas y cartas, bien podría ser una mentira, producto de su imaginación. Le llamé por teléfono a su casa, y, como pude, con mucho tacto, le dije que acababa de leer lo de los castigos, lo de los cinturonazos...

—Pues sí, Rubén...

—Pero... ¿Y por qué lo permitiste? —le pregunté, todavía sin creerlo.

—No sé, no sé. ¡Te juro que no lo sé!

—¿Y no te dejaba marcas con esos cinturonazos?

—Pero, ¡por supuesto!

—¿Y qué tu mamá no se daba cuenta?

—No, porque los cinturonazos me los daba en las pompas, y mi mamá nunca me veía desnuda. Claro que me quedaban las marcas. Incluso, a veces no podía ni sentarme porque me dolía mucho.

* * *

Los fines de semana eran terribles para mí —me contó Aline al día siguiente—. Por orden de Sergio, me la tenía que pasar encerrada en mi casa, sin ver a mis amigos hombres, sin poder hablar con ellos por teléfono. Mucho menos con mi vecino Alfonso, el que tanto me gustaba y que me movía el tapete. Sólo podía ver a mis amigas mujeres, pero nada más. Esa situación comenzó a fastidiarme.

A pesar de que, al estar en mi casa me sentía más o menos segura, tranquila y a salvo, las palabras de Sergio, sus órdenes, sus mandatos, no me dejaban en paz. Un domingo por la tarde, luego de haber comido con mi familia, pensé que, total, si hablaba por teléfono con Alfonso, por ejemplo, o lo veía en la calle o lo invitaba a mi casa, Sergio no tenía por qué enterarse, ¿verdad? Entonces, me armé de valor y le llamé por teléfono a Alfonso. Al rato, ahí estaba él en la sala de mi casa, con su hermano y otro amigo.

Lo que yo no sabía era que Sergio me tenía vigilada. Había contratado a unos investigadores.

Aunque no me lo creas, es la verdad. No te estoy diciendo mentiras. Un lunes, cuando llegué por la tarde a su oficina, me lo encontré con una carota hasta el piso, muy serio, como queriéndome matar con esa mirada tan fuerte, tan penetrante. Y yo, ¿qué onda?, ¿qué hice ahora? Si no lo hubiera visto con mis propios ojos, nunca lo hubiera creído. Sergio me mostró un sobre amarillo, del que sacó unas hojas en las que estaba escrito a máquina, con pelos y señales, todo lo que había hecho ese fin de semana: quién había ido a mi casa, con quién había hablado por teléfono y hasta todo lo que había dicho en mis conversaciones.

¡No lo podía creer! Y, claro, eso ameritó un nuevo castigo, otra cueriza, por desobedecerlo, por quererle tomar el pelo, por quererme pasar de lista. Para que aprendiera que con él no se podía jugar, que era mucho más listo que yo y que, hiciera lo que hiciera, la verdad iba a descubrirla tarde o temprano.

Me sentí más asustada que nunca, porque me di cuenta que Sergio era capaz de todo. Y comenzó a darme miedo ya no sólo lo que me hacía a mí, sino también, que pudiera hacerle algo a mis papás, a mi hermana o hasta al pobre de Alfonso, a quien, a partir de entonces, traté de evitar siempre, igual que a otro pretendiente que me salió por ahí, Rodrigo. Si me los encontraba en la calle, me hacía la loca y me metía de inmediato a mi casa. O si me llamaban por teléfono, me negaba. ¿Para qué buscarle tres pies al gato?

No podía creer las cosas con las que Sergio me salía cada día. Siempre algo nuevo y terrible. Obviamente, mi mamá y Benito seguían sin saber lo que me sucedía. No se imaginaban el infierno que estaba viviendo. Pensaban que era feliz ahí, realizando mis sueños. ¿Cuáles sueños? Si aquello era más bien una pesadilla. Yo estaba como automatizada, atemorizada, como sin conciencia, totalmente dominada por Sergio. Incluso, a veces ya no sabía si lo que sentía era miedo o qué. La cuestión es que actuaba como él me lo ordenaba y ya casi ni me daba cuenta de lo que hacía. Algo muy raro...

Como te decía, las pruebas que él me pedía para demostrarle mi amor y mi lealtad, eran cada día más difíciles. Y pobre de mí si no lo obedecía. Entre otras cosas, por ejemplo, me prohibió que saludara de beso a cualquier hombre, incluyendo a mis familiares, tíos, primos, etcétera. Sólo podía hacerlo con Benito. Y bueno, tuve que obedecerlo, porque después de los detectives, sabía que él podría enterarse.

Así que, en las reuniones familiares que había en mi casa, inventaba que no podía saludar de beso a mis tíos y a mis primos, según yo, porque tenía gripa y se las podía contagiar. Luego, cuando ya no pude seguir con la mentira de la gripa, le decía a mi mamá que era por una manda que le había ofrecido a la Virgen para pasar mis exámenes, y que por eso no podía saludar de beso a ningún hombre. En fin... Puras tonterías.

En ese tiempo todavía, a pesar de todo, la mensa de mí pensaba que en verdad Sergio me quería, que por eso era tan celoso conmigo y que, cuando me castigaba, realmente era por mi bien, para que madurara, para que aprendiera. Ya ves que, luego, los papás también te dicen eso cuando haces algo malo y te castigan.

Así que, de alguna manera, sentía por momentos que si Sergio me hacía todo se debía a que era su novia, su consentida, la que más le importaba. Sin embargo, un día en que Gloria fue a mi casa a visitarme, o más bien a espiarme, me llevé tremenda sorpresa cuando, estando las dos en mi recámara, platicando, de pronto, ella, muy quitada de la pena, me salió con que ¡también era novia de Sergio!

A mí, como que no me cayó el veinte en ese momento. ¡Cómo! ¿Cómo que Gloria era su novia también? Si ella misma era la que me hablaba maravillas de él, la que me había animado, la que me decía a cada rato que yo era la mujer que él necesitaba. Y aparte, como te lo conté antes, también la propia Gloria me había confesado una vez que estaba enamorada de él, pero que Sergio nunca se iba a fijar en ella.

Pensé que se trataba de una broma, de algo sin sentido.

—Ay, Aline —me dijo con una sonrisita burlona, clásica en ella—. ¿A poco no te habías dado cuenta?

—¡No! —le respondí, sin creerle todavía.

—Pues ya ves...

—¿Y cómo me lo dices así?, tan tranquila, como si fuera algo de lo más normal —le reproché.

Pero ella simplemente se echó a reír y, bueno, como estaba muy divertida, pensé que, en efecto, era una broma suya.

Ese mismo día, ya en la noche, en la oficina de Sergio, le comenté a él la bromita de Gloria. Sergio no dijo nada. Sólo llamó a Gloria y a Mary. Y ya estando las dos ahí, paradas cada una a su lado, muy serias y misteriosas, otra prueba más...

—Si en verdad me quieres —me advirtió Sergio— y deseas seguir conmigo... Tienes que aceptarme con ellas. Porque Gloria y Mary llegaron antes que tú y para mí son muy importantes. Así que tú eliges...

Me quedé callada, sin saber qué decir, mientras que los tres me miraban fijamente, pendientes de mi reacción. No lo podía creer, en verdad que no. Gloria no me había mentido, no era una broma eso de que ella también era novia de Sergio. Pero, ¿y Mary también? ¡Cómo! Eso no era normal, aunque ellos lo vieran así. ¿Y cómo aceptaban ellas tal situación? Compartir al mismo novio, andar las dos al mismo tiempo con él. Y, aparte, aceptarme a mí como la tercera... Luego, me enteré que Mary llevaba con él como cinco años y Gloria, cuatro.

No. Por Dios que en ese momento sentí que me volvía más loca, que no era verdad lo que acababa de escuchar, lo que estaba viviendo en ese momento. Era como una pesadilla más, algo absurdo, irreal. Tan absurdo e irreal como lo que le respondí a Sergio en ese momento, totalmente absorta, anonadada, cuando me preguntó:

—¿Hay algún problema?

—No —fue lo único que le pude decir, mientras pensaba que, quizás, esa era otra de las pruebas que me estaba imponiendo para demostrarle que lo quería, que nunca le iba a fallar, tal como me lo había pedido.

Ahora que lo pienso bien, esa oportunidad hubiera sido la ideal para mandarlo a volar, para decirle, como ya se lo había dicho una vez, que no, que en realidad no lo quería, que se podía quedar con Gloria y con Mary, que a mí no me importaba. Pero no. No dije nada. Estaba en juego mi futuro, mi disco.

Después, Sergio se dirigió a ellas, que seguían paradas a su lado.

—A ver... Díganle a Aline qué les he dado yo en todo el tiempo que llevan conmigo.

—Bueno —tomó la palabra Mary—. Nos has dado comida y nos han enseñado muchas cosas.

—Pero a nosotras —intervino Gloria—, nunca nos has comprado nada de cumpleaños, como los regalos y juguetes que le compraste a Aline, aunque no se los hayas dado por tonta y desobediente.

—Y también le compusiste una canción —habló de nuevo Mary.

Así, ellas, en vez de seguirme diciendo todo lo que les había dado Sergio, más bien se pusieron a reclamar, como para que yo advirtiera una vez más la situación privilegiada en la que me encontraba a pesar de todo, a pesar de desobedecerlo. Al poco rato, se me partió el alma cuando las dos se pusieron a llorar como niñas. ¡Qué horror! ¡Qué drama! ¡Imagínate! Y yo también, llore y llore con ellas, como Magdalenas, mientras que Sergio se mostraba divertido, aunque tratara de ocultarlo.

Ay, Gloria y Mary. Pensar que, a lo mejor, todo lo que yo estaba viviendo, ya lo habían vivido antes ellas, o lo seguían viviendo. Mi cariño por las dos, especialmente por Gloria, creció a partir de ese momento. Las sentí tan solas, desprotegidas, tan necesitadas de afecto. A menudo me preguntaba por qué siempre estaban ahí encerradas, por qué no tenían una familia, una casa, unos papás que se preocuparan por ellas, que les compraran los regalos que Sergio nunca les había dado.

Supuse que así estarían también las demás, incluyendo a mis compañeras de grupo: Ivette (la que me veía con indiferencia), Karina, Gaby (la gordita) y las demás que andaban por ahí. Poco sabía de ellas, porque nunca platicábamos. Más bien, ellas no me daban pie para una conversación. Si les comentaba algo, ni caso me hacían. En verdad que eran como robots. La única con la que podía hablar era con Gloria y, ya después, con Mary, pero más o menos. De ella tampoco sabía nada de su familia, ni con quién vivía. A todas las veía como niñas huerfanitas, siempre con la misma ropa que se intercambiaban entre ellas, mientras que me seguía preguntando a qué se debía eso de que se prestaran las blusas, los pantalones. Y que fueran así, como chavitas tristes, sombrías, frías, solitarias... porque entre ellas mismas, tampoco se llevaban.

A pesar de todo, de todo lo que me estaba sucediendo, era afortunada. Yo seguía teniendo una casa, una familia, unos padres, una hermana... Aunque en ese entonces los sintiera como ajenos a mi vida, como apartados de mí. Sin embargo, en cualquier momento, si era necesario, podría recurrir a ellos, resguardarme en mi casa y huir de todo aquello que me atemorizaba, que me atormentaba tanto. Sí, era muy afortunada, a pesar de que en ese momento no lo advirtiera. Todo por seguir soñando con la fama.

11. Atrapada

Hasta que llegué a sentir que, ahora sí,
en verdad me había enamorado de él,
que lo quería en serio,
aunque me seguía dando miedo.
Pero también me inspiraba ternura a veces.

Un día después de que se enteró por el propio Sergio de que Gloria y Mary estaban antes que ella y que no le quedaría más remedio que aceptar tal situación, si es que seguía firme en su promesa de no fallarle y estar a su lado, la cosa no terminó ahí...

Al otro día, Sergio me llamó a su oficina y me preguntó si seguía en pie lo que habíamos platicado el día anterior. Le dije que sí. Entonces, mandó llamar a Sonia, otra de las chavas. Y cuando llegó ella, se repitió una escena muy parecida...

—Mira, Sonia —le dijo él—. Ayer, Aline se enteró que yo ando con Gloria y con Mary. Pero no le dije que también ando contigo...

Sonia no dijo nada, mientras que yo, ya sin sorprenderme tanto, tampoco hice ningún comentario, aunque aquello me pareció el colmo. Gloria, Mary y ¡ahora también Sonia! ¿Y también las demás? ¿De qué se trataba eso? Por un momento, pensé que no era precisamente la broma que supuse cuando Gloria me dijo primero que ella también andaba con él. Deduje que, más bien, se trataba de una mentira, de una trampa de Sergio para ponerme a prueba. ¡Sí, debía ser eso!

Muy listo, ¿no? A lo mejor, esperaba que pusiera mi cara de susto y asombro, como lo hice un día antes. Y si eso era lo que quería, perfecto: fingí sorprenderme, sacarme de onda. Para complacerlo. Eso le gustaba. Sin embargo, después, me di cuenta que no eran mentiras, ni bromas, ni simples trampas para probarme, para que le demostrara lo que según él tenía que demostrarle todos los días, a todas horas. Aquello era otra cosa.

Finalmente, creo yo, se salió con la suya y, aunque al principio creí que no me importaría compartirlo con Gloria y con Mary, y después también con Sonia, acabé por sentirme nuevamente humillada, relegada. Yo que había creído ser la consentida, la "novia" del maestro al que todas temían y respetaban, la de la situación privilegiada, la que él quería, la única a la que le había comprado regalos para su cumpleaños...

Entonces, sin darme cuenta realmente, caí en un nuevo juego, uno más, el de la competencia por ser la mejor, la que estuviera más cerca de él. Tenía que esforzarme, hacer hasta lo imposible por ocupar el primer lugar entre todas. No sólo por vanidad o ego, sino también, porque estaba en juego ya no tanto mi futuro, sino la promesa de grabar un disco.

Ya bastante había padecido como para darme por vencida y echar todo a perder. Me esmeré en hacer las cosas como él quería, como me lo ordenaba, obedeciéndolo, aceptando todo lo que me pedía. Sí, todo, aunque me seguía molestando su olor a sudor, el que casi siempre anduviera con la misma ropa, con el cabello sucio. "Pobrecito —pensaba—. Es que no ha de tener quien se preocupe por él, quien le lave su ropa..."

Pues sí, porque luego de los castigos, de las pruebas, de los enfrentamientos y todo lo demás, vino una época en que empecé a llevarme mejor con él. Como que surgió de nuevo la identificación, un algo especial. Sentía que Sergio confiaba de nuevo en mí y que estaba recuperando mi lugar preferencial, porque nuevamente me pasaba las tardes con él en su oficina, cantando, componiendo canciones, como al principio.

Originalmente, yo sólo tenía que ir dos veces a la semana a su oficina para que me diera clases. Pero, ya en ese tiempo, iba todos los días porque era mi obligación estar ahí por si él me necesitaba. A mi mamá le inventaba todo tipo de mentiras y le hacía creer que los cinco días de la semana, y a veces hasta sábados y domingos, tenía que ir con Sergio, no sólo para estudiar, sino también para componer canciones y preparar mi disco.

En especial, recuerdo una tarde en que mi mamá me llevaba en su coche a la oficina de Sergio. Antes de llegar ahí, en una calle, a unas cuadras de la oficina, vi que él estaba ahí, en el Volkswagen dorado de don César, su chofer. No le dije nada a mi mamá. Sólo me puse a pensar qué estaría haciendo Sergio ahí, solo. Me extrañó muchísimo y me asusté. Me puse a pensar que, a lo mejor, me andaba vigilando y que podría estar enojado conmigo por algo. Pero ¿qué? Si no había hecho nada malo.

Es que yo ya andaba como paranoica, víctima de aquel pánico espantoso que no me dejaba en paz. Me aterraba la idea de que él pudiera enojarse de nuevo y, otra vez, me agarrara a cinturonazos, como ya casi era su costumbre.

Cuando llegué a la oficina, en efecto, Sergio no estaba ahí. Me puse a platicar con Gloria, quien, ya en ese entonces, estaba a punto de lanzar su primer disco, ya con el contrato de una casa disquera que el propio Sergio había conseguido. Gloria estaba muy emocionada y me contagiaba ese entusiasmo. Me daba gusto por ella, porque la veía tan contenta. Pero también me daba gusto por mí, porque, supuestamente, después de ese disco de Gloria, el próximo sería el mío.

Total, que pasaron cerca de dos horas y Sergio no se apareció por ahí. Unos minutos más tarde, sonó el teléfono. Gloria contestó, era él. Le pedí a ella que me lo pasara, porque otra de mis obligaciones era que siempre que Sergio llamara por teléfono, yo tenía que pedir hablar con él. Como siempre, así lo hice.

Lo noté muy serio, más que de costumbre. Me preguntó a qué hora había llegado, qué había hecho toda la mañana, qué estaba haciendo en ese momento... Después de confesarme, me ordenó: "Quiero que vayas a mi oficina y que abras el cajón del lado derecho de mi escritorio. Ahí vas a encontrar algo especial para ti, junto con una carta. Quiero que pienses muy bien lo que te digo en esa carta".

Cuando colgué la bocina, no le comenté nada a Gloria. Muy extrañada y, para variar, con miedo, fui a la oficina de Sergio, mientras me preguntaba qué sería ese algo especial que estaba en el cajón. ¿Y la carta? ¿Qué me tendría qué decir? Por un momento, como ya estaba bien ciscada, pensé que, a lo mejor, en ese cajón podría encontrarse, más bien, una rata muerta, una víbora, una araña o algo por el estilo.

Lentamente, abrí el cajón, poco a poquito. Lo que había ahí era una rosa roja preciosa, junto con un sobre. ¡No lo podía creer! ¡Sentí una gran emoción!, algo que hacía mucho no sentía. Agarré a besos la rosa, la acaricié. Y luego abrí el sobre y saqué la carta en la que, aunque no recuerdo al pie de la letra su contenido, Sergio me decía, entre otras cosas, que me quería, que me daba las gracias porque yo le había regalado muchas cosas, que le había dado mucho de mí, que estaba muy contento conmigo y que lo menos que podía hacer era darme ese regalo.

Me encantó el detalle de la rosa, pero más la carta, todo lo que me decía. Sentí tan bonito. Después de todo, Sergio no era tan malo, también tenía sus sentimientos, también sabía ser romántico y tierno.

Esa noche, me quedé hasta muy tarde para esperarlo. Pero luego, él llamó y le pidió a Mary que me llevara a mi casa. Ésa fue la primera vez en mucho tiempo en que yo no tenía ganas de irme; quería esperarlo, hablar con él, para que me dijera frente a frente lo mismo que me había dicho en la carta. Más que nada, quería aprovechar la ocasión, porque no siempre era así de detallista, ni tampoco estaba de buen humor.

También deseaba hablar con él, para abrirme, para confiarle lo que me estaba sucediendo, el temor que casi siempre me inspiraba. Quería que me entendiera, que me comprendiera, dejarle claro que si a veces cometía errores y faltas, no era porque yo quisiera. Pedirle que no fuera ya tan duro conmigo, que no me pegara, que no me castigara.

Sí, aprovechar ese momento. Pero no, no fue posible. Él nunca llegó. Mary, antes de llevarme a mi casa, me pidió que dejara la carta y la rosa en la oficina.

A partir de ese detalle, las cosas fueron cambiando. Comenzó una etapa más tranquila y hasta bonita, porque siguieron los detalles románticos. En ese tiempo, Sergio tenía un programa de radio que se llamaba *El Club de los Corazones Solitarios*, en la XEW. Gloria, Mary y yo lo escuchábamos todas las tardes y, una vez, antes de que se fuera al programa, le pedí que tocara una canción que tanto a mí como a mi mamá nos gustaba mucho, una canción que se llama "Yo no sé vivir sin ti", que cantaba Rafaella Carrá y que para mí era muy especial. Y ese día la puso y, por si fuera poco, aunque no mencionó mi nombre, me la dedicó al aire, ante los millones de personas que escuchaban su programa: "Este tema está dedicado a una persona muy especial que nos está escuchando..."

¡Y esa persona era yo! ¡Claro! Con ese tipo de detalles, me empezó a ganar cada vez más y más, hasta que llegué a sentir que, ahora sí, en verdad me había enamorado de él, que lo quería en serio, aunque me seguía dando miedo. Pero también me inspiraba ternura a veces, sobre todo cuando hablaba y actuaba como niño chiquito. Me pedía que lo mimara y que lo consintiera todo el tiempo.

También en ese entonces, sentí que había recuperado mi lugar como su novia oficial y que todas las demás me veían así, incluyendo a Gloria, Mary y Sonia. Hasta creí que ya nada tenía que ver con ellas, porque jamás lo vi abrazándolas o besándolas, como lo hacía conmigo. Y aunque lo hubiera visto, creo que no me hubieran dado celos, porque lo que yo estaba sintiendo por él era algo diferente. Sí, sentía que lo quería, pero más bien como mi protector, como a un padre que me cuidaba, que se preocupaba por mí y que me mataba con sus detalles bonitos.

Ándale. Yo creo que en él quise encontrar la figura paterna. En él quise encontrar a mi papá muerto. Como ya te lo había dicho, a Benito, el esposo de mi mamá, aunque lo llamaba "papá", siempre lo vi más bien como a un amigo. Y con Sergio era distinto, porque sentía que compartíamos muchas cosas y que, haciendo a un lado los momentos de "intimidad", nuestra relación era prácticamente como de padre e hija.

En él había encontrado de pronto al hombre fuerte y poderoso, al héroe indestructible que todo lo podía. La misma imagen que tenía de mi papá, a pesar de que, te aclaro, nunca lo suplantó del todo. Mi papá siempre fue y sigue siendo lo máximo para mí. Aunque en ese tiempo, sin darme cuenta, quise encontrar en Sergio la imagen paterna, jamás me cruzó por la mente, ni por equivocación, compararlo con mi papá Heriberto. Nadie jamás podrá ser como él ni ocupará su lugar.

Pero, bueno, ahora me explico así la atracción y cariño que llegué a sentir por Sergio, a pesar de sus cosas, de sus defectos, de sus rarezas y locuras. Yo buscaba no sólo un papá, sino también protección y cariño, alguien en quien creer ciegamente. Alguien que me diera un lugar especial, un lugar preferencia, tal y como él lo hizo al principio, tal como volvió a hacerlo en esa etapa bonita, cuando casi siempre era yo la que lo acompañaba a Villa Alpina, un lugar en las afueras del D.F., donde estaba construyendo una casa. Y yo, encantada de la vida, sabiendo que, seguramente, las demás me envidiaban y que darían cualquier cosa con tal de que Sergio las llevara también. Durante el trayecto, en su camioneta, platicábamos, bromeábamos, hacíamos planes, como si en verdad fuéramos una pareja de enamorados. En esos momentos, yo sentía que era realmente él, sin su disfraz de ogro para atemorizar a los demás. Sentía que sólo yo lo conocía realmente, que sólo yo disfrutaba de ese gran privilegio: estar cerca del verdadero Sergio, ese hombre del que me sentía cada vez más cerca, más unida.

Supuse que lo peor ya había pasado: las cinturonizas, los regaños, los reclamos, los sacrificios. Después de haber pasado por todo eso, ¿qué más podría suceder?, ¿qué más podría esperar? Le pedí a Dios que todo continuara así, con los detalles de Sergio, sin más obstáculos o pruebas qué superar.

Hasta llegué a pensar que si las cosas continuaban de esa manera, tarde o temprano tendría que contarle a mi mamá no toda la verdad, no precisamente lo feo, lo de los castigos y demás, sino más bien, que era novia de Sergio. A pesar de la diferencia de edades, mi mamá tendría que comprenderme, porque, después de todo, tal como yo lo sentía en ese momento, Sergio me amaba en verdad, y yo también a él. Eso no podría ocultarlo por mucho tiempo.

Sin embargo, aunque casi a diario me proponía hablar con mi mamá por la noche, finalmente no lo hacía. Fui aplazando el momento. Sabía perfectamente que iba a armarme todo un escándalo. Además, cómo explicarle y ponerla al tanto de tantas y tantas cosas que le había ocultado y, sobre todo, cómo justificarme por haberle dicho mentiras. No, todo eso resultaba demasiado complicado.

Por otro lado, cuando le comenté a Sergio lo que quería hacer, por supuesto que se opuso terminantemente y me lo prohibió, opinando igual que yo, que mis papás nunca lo comprenderían. Así que no me quedó más remedio que continuar con más y más mentiras, llevando una doble vida, llena de remordimientos y complejos de culpa.

Nadie me comprendería, ni siquiera mis compañeras de la secundaria, Mossy y Yamel, o mi vecina Araceli. Hasta unos meses antes, ellas habían sido mis mejores amigas, mis confidentes. Pero me fui apartando de ellas, a pesar de que Sergio me daba permiso de frecuentarlas, siempre y cuando no les contara nada de lo que estaba viviendo con él.

Una vez, en la escuela, luego de que Mossy me había reclamado ya en varias ocasiones que yo había cambiado con ella y me preguntaba a menudo el por qué de ese cambio, no me aguanté las ganas y le confesé que andaba de novia con Sergio Andrade. Pero, claro, como ella puso cara de susto y se escandalizó, luego, no me quedó más remedio que aclararle que era una broma. "¿Cómo crees que voy a andar con un hombre que me lleva veinte años y que podría ser mi papá?", le dije. Y ella se quedó más tranquila, creyendo que, en efecto, me la había cotorreado.

Ni mi mamá, ni mis amigas lo entenderían jamás. Ni ellas ni nadie... Ni siquiera yo.

12. Intento de fuga

No me gustaba que me regañara,
que me castigara, que siguiera humillándome
cada vez que le daba la gana,
que me pegara, que me hiciera sentir menos.

Principios de los 90

Llegó por fin, el tan esperado lanzamiento de Gloria como solista, con su primer disco, producción de Sergio Andrade. A partir de entonces dejaría de ser Gloria Treviño, la muchacha de apariencia insignificante que se valdría precisamente de su imagen desaliñada, su cabello revuelto y su aspecto un tanto estrafalario, para saltar a la fama casi en forma inmediata, como la flamante, innovadora y muy controvertida Gloria Trevi, haciendo a un lado su carácter despreocupado y aparentemente tranquilo, para convertirse en todo un torbellino en el escenario: una leona, guiada y aconsejada en todo momento por Sergio, su creador, su productor y representante.

Y Aline estuvo ahí, en el preámbulo, en los preparativos, como fiel testigo de algo que la maravillaba, que la tenía embobada. Un sueño estaba a punto de realizarse, no precisamente el suyo, sino el de la que entonces consideraba su mejor amiga, su hermana mayor. Y eso la llenaba de alegría.

Cuando vio el disco de Gloria Trevi, cuando lo tuvo en sus manos y, más tarde, cuando comenzó a escuchar "Doctor psiquiatra" en diferentes estaciones de radio, ya no le cupo la menor duda: Sergio Andrade, en verdad era un genio, un verdadero fabricante de estrellas. Ahí estaba la prueba, todo mundo empezaba a hablar de Gloria Trevi, los periodistas la entrevistaban, le tomaban fotos, se divertían con sus ocurrencias, con su manera de ser, tan diferente a como era en realidad. Y eso también le asombraba a Aline, esa transformación instantánea, cuando Gloria se paraba frente a un fotógrafo o tenía enfrente una grabadora. Se convertía en otra, una muy distinta a la muchacha hambrienta que devoraba con singular alegría las Sabritas y Pingüinos que Aline le seguía llevando, junto con el lunch que le preparaba su mamá.

El resplandeciente mundo oropelesco de la farándula hacía acto de presencia en la vida de Aline. Ahora lo estaba viviendo de cerca, muy de cerca, tras bambalinas, enterándose de los tejes y manejes, de todo lo que hay detrás de un artista, de su salto a la fama. Todo aquello que, seguramente, sucedería muy pronto con ella misma.

Se divertía como niña, presenciando toda esa parafernalia, todo aquel numerito tan bien armado para rodear a Gloria de la magia y encanto que requería, para que el público quedara encantado con ella o, más bien, impresionado con aquella estrambótica y tan original imagen que rompía con todo, con los moldes establecidos, con las expectativas. Y eso que apenas era el principio...

Aunque Gloria ya estaba sonando en la radio y hasta había salido en algunos periódicos, su lanzamiento oficial iba a ser en el programa *Siempre en Domingo*. Y yo todavía no me lo creía. Pensaba que eso era como un sueño, un cuento de hadas. Yo que tantas veces me había imaginado estar en ese mismo programa y que lo veía tan lejano, ahora me tocaba presenciar ese acontecimiento. ¡Gloria ahí! La misma Gloria con la que yo había platicado, ésa a la que le confiaba todo, mi descubridora, mi hada madrina, mi amiga, mi hermana...

¡Iba a salir en *Siempre en Domingo!* ¡Y la iban a ver no sé cuántos millones de personas en toda América Latina y hasta en Europa, tal como siempre lo decía Raúl Velasco! ¡Qué emoción! ¡En serio!

Y mientras era testigo de todo eso, volví a soñar despierta, imaginándome que, en vez de ser Gloria la afortunada, mejor era yo. Emocionadísima, le contaba a mi mamá todo lo que estaba sucediendo, todo lo que estaba presenciando, todo eso que para mí era nuevo y apantallante. "¿Ya ves, mami? Todo lo que nos prometió Sergio es verdad. Gloria ya es bien famosa, ya le hacen entrevistas, ya se oye en la radio. Y eso va a pasar conmigo, porque ya me dijo Sergio que el próximo disco que va a producir será el mío".

Recuerdo que precisamente el día en que Gloria iba a aparecer por primera vez en *Siempre en Domingo*, en la oficina, todas andábamos como locas, de arriba para abajo, corre y corre de un lado para otro, igual que Sergio, viendo qué se iba a poner Gloria para el programa, cómo la iban a peinar, ideando lo de las medias rotas y pegándole piedritas de colores, una por una, al minivestido que se iba a poner.

En realidad, nunca supe a quién se le ocurrió su look, que a mí me parecía tan estrafalario. No sé si fue idea de ella misma o de Sergio. A mí, al principio, eso de las medias rotas, me divertía. Se me hacía muy original y me encantaba que me pidieran mi opinión. Pero, mejor, ni metía mi cuchara, porque a final de cuentas, era Sergio el que tenía la última palabra y, por lo general, siempre tenía la razón, como la tuvo entonces.

Pero lo mejor fue cuando, por primera vez en mi vida, entré a los estudios de Televisa San Ángel, donde se grababa *Siempre en Domingo*. Fue precisamente a partir de entonces, del lanzamiento de Gloria, que, por lo general, Mary y yo, nos convertimos en sus damas de compañía, asistentes y secretarias. Ya después, solamente Mary era la que la acompañaba a todos lados. Pero esa vez, para la grabación de *Siempre en Domingo*, fuimos las dos con Sergio. Y no sabes... Yo, con la boca abierta, sintiéndome la muy importante, ayudándole a Gloria a vestirse en el camerino que le dieron, viendo de cerca a otros artistas, ¡hasta al mismísimo Raúl Velasco!, ¡en persona!, cuando todavía usaba sus lentes. ¡No lo podía creer! Me daban ganas de acercarme a él y decirle que muy pronto yo también iba a tener un disco y que, por lo que más quisiera, me invitara a su programa.

Yo ahí como india, maravillada con ese ambiente, con ese mundo que me parecía un sueño: las cámaras, los técnicos, el trajín, todo lo que sucede durante la grabación de un programa. Y, luego, cuando le tocó salir a Gloria, ahí estaba yo en un rincón, junto a Sergio. ¡Se me salieron las lágrimas de la pura emoción, al escuchar los primeros aplausos del público!, cuando la presentó Raúl Velasco. El clímax fue cuando la vi por fin brincoteando por todo el escenario, con aquella actitud tan agresiva y fuerte, cantando "Doctor psiquiatra". Me daban ganas de gritarle a todo el mundo que ¡era mi amiga la que estaba ahí! ¡Mi amiga Gloria! ¡Mi mejor amiga!

Casi me muero de la alegría, de la emoción. Pero tuve que controlarme y hasta secarme las lágrimas para que Sergio no se diera cuenta y fuera a regañarme o, en el peor de los casos, castigarme por andar haciendo esas escenitas.

Yo veía a Gloria como una reina, como alguien muy especial, como mi ídolo. No sé de dónde sacaba esa personalidad que proyectaba frente a las cámaras. Sin embargo, después de esa presentación, volvió a ser la misma de antes: la chava sin gota de maquillaje, sencilla y sumisa, que seguía respondiéndole a Sergio aquello de "Sí, como tú digas, por favor", cuando él le daba alguna indicación. Era como una Cenicienta, después de haber ido al baile del príncipe, después de que se le había roto el encanto, una Cenicienta harapienta, como sin vida, sin la energía que proyectaba en el escenario o en sus entrevistas.

* * *

Récord Guinness. Casi casi. Hacía ya mucho tiempo que no se daba un fenómeno así. La fama inmediata, los fans, los primeros lugares en las listas de popularidad, la controversia, el escándalo y, sobre todo, el hecho de que en todo México ya se hablaba de Gloria Trevi, ya se le conocía e identificaba plenamente. Ascenso meteórico, sorprendente.

Apenas unos meses después de ese lanzamiento, Sergio Andrade ya tenía preparado el show de Gloria Trevi con su propio grupo, para que empezara a presentarse en palenques. El primero de ellos, en Cuernavaca.

Por supuesto, Aline estuvo ahí, acompañando a Sergio, disfrutando por primera vez un show completito de Gloria, con todo y sus locuras. Y, de paso, sumergiéndose cada vez más en el ambiente palenquero, entre músicos, empresarios, negociaciones, contratos, hoteles, aviones, un día aquí y, mañana, en otro lugar. El constante ir y venir, las desveladas, hasta altas horas de la madrugada... En especial, el contacto cada vez más directo y estrecho con el público al que ella también quería conquistar algún día. Y la popularidad de Gloria, subiendo y subiendo como la espuma, hasta que se convirtió en la locura, trabajando casi a diario, a veces hasta haciendo dos shows en un sólo día y en lugares diferentes.

Así, yo empecé a viajar con Sergio, con Gloria, Mary, los músicos y toda la gente del equipo. Al principio, como a mis papás no les parecía que anduviera saliendo fuera de la ciudad y, sobre todo, que no llegara a dormir a casa, tuve que inventarles que Sergio me había contratado como corista de Gloria. A ellos no les hizo mucha gracia. Decían que estaba muy chica todavía para andar de un lado para otro, pasando las noches en hoteles, ausentándome por dos o tres días. Pero ni modo, Sergio me lo había pedido y yo tenía que obedecerlo, porque, además, me decía que eso me serviría para irme fogueando y adquirir tablas. Ese fue el pretexto que les di en mi casa y no sé cómo, pero me salí con la mía. Y como estaba de vacaciones...

Además, como Sergio le seguía cayendo bien a mi mamá y ella creía que estaba segura a su lado, que él me cuidaba como si fuera mi papá...

Unas semanas más tarde, lo que al principio fue una mentira que me saqué de la manga, se hizo realidad: ¡empecé a trabajar como corista de Gloria!, junto con Mary. La primera vez que me paré en un escenario, aunque sólo fue como simple corista, fue algo sensacional. Me sentí muy nerviosa, pero al mismo tiempo, contenta. Y comprobé que eso era lo mío: estar ahí, frente al público, aunque fuera en un segundo plano.

Lo único que no me gustaba de esos viajes era lo que, inevitablemente, tenía que suceder después de cada show, cuando, ya de madrugada, llegábamos al hotel donde nos hospedábamos y, como a mí me tocaba quedarme con Sergio en su cuarto, ya sabrás... Quería hacerme el amor. Y eso seguía sin gustarme. Me dolía, mucho. Y para colmo, en ocasiones, a Sergio se le ocurría que Gloria nos hiciera compañía. Imagínate, yo que llegaba muerta de cansancio, de sueño, con ganas de dormir tranquilamente... Pero tenía que cumplir, porque si no... ¡Para qué quieres!

Eso era lo que me molestaba, lo que me aterraba. Y más porque llegó el momento en que pasaba toda una semana fuera de mi casa, viajando de un lado a otro, enfrentándome a lo mismo cada noche.

Me fui acostumbrando a ese ambiente de las presentaciones, de los viajes. A lo que nunca pude acostumbrarme fue a lo otro, a depender todo el día de Sergio, a estar con él las veinticuatro horas del día, sirviéndole, haciendo todo lo que me pedía.

A una chavita de esa edad, si de pronto le dices que va a viajar de un lado para otro con Gloria Trevi, que va a ser su corista, que va a conocer mucha gente y lugares, claro que le puede entusiasmar. Si hubieran sido viajes como a los que yo estaba acostumbrada, con mis papás y mi hermana, qué padre, ¿no? Divertirte, pasear, tomar el sol, nadar en la alberca de un hotel, descansar, pasártela bien. Pero aquí, nada de eso. Todo era siempre andar detrás de Sergio, como su sombra, junto con las demás, todas en bola, como su séquito. Viajando kilómetros y kilómetros en carretera, a veces en un camión, en una combi, en una camioneta, o en el mejor de los casos, en avión. Y, luego, encerradas en un cuarto de hotel, hasta que llegaba la hora del show y, luego, lo mismo y lo mismo. Lo mismo de todas las noches.

Ni siquiera conocíamos las ciudades por las que pasábamos y menos a la gente. Empecé a decepcionarme de ese mundo que al principio se me hizo tan mágico e increíble. Ya nada tenía de magia.

Así, hasta que me harté y lo que menos quería era continuar en esos viajes. Más que nunca, me dieron ganas de regresar a la escuela, a la secundaria a la que constantemente faltaba por andar ahí. Ganas de que mis papás me pusieran un alto y que ya no me permitieran salir. Ése sería un buen pretexto para apartarme de todo aquello y, mejor, eso sí, esperar a que se grabara mi disco. Eso sí me seguía entusiasmando. Pero... ¿y seguir con todo eso? ¿Cuánto tiempo más? Y, por otro lado, ¿valdría la pena?

Sin embargo, no podía hacer nada. Sabía que si le salía a Sergio con que ya no quería viajar con él, me arriesgaba a un buen castigo. Y no sólo eso, también, a que mis sueños se derrumbaran. Él continuaba igual que siempre, cambiando a cada rato. De la ternura y el romanticismo, pasaba a la crueldad, a esa faceta que cada vez me atemorizaba más.

Una vez, precisamente después de uno de esos viajes, ya en la ciudad de México, estando en mi casa, en mi maravillosa casa, en mi maravillosa recámara, con mi maravillosa familia, la idea de tener que viajar nuevamente y alejarme de los míos por no sé cuanto tiempo, se convirtió en un martirio constante, en un martirio que no me dejaba en paz.

Resultaría tan sencillo hablar con mis papás y contarles la verdad... No, la verdad no, ¡me iban a poner como lazo de cochino! ¿Te imaginas? ¿Soltarles todo así nada más? No. Eso no. Me daba miedo.

Sola en mi cuarto, me puse a pensar, a reflexionar. Una vez más, me puse a llorar y le conté todo a mi muñeca Rosa Bertha, y ella, como de costumbre, me escuchó y dejó que me desahogara. Pero no me ayudó a resolver nada. Después, me puse a rezarle a mi papá. Le pedí ayuda. Y sí, me ayudó. Porque, luego, ya más tranquila, me armé de valor y me dirigí a la recámara de mi mamá. Ahí estaba ella solita, sentada en su cama, tan linda y hacendosita como siempre, pintando unas figuras de cerámica para un regalo.

Recuerdo que, cuando me senté junto a ella, al otro lado de la cama, como que presintió algo. Aunque siguió con la vista fija en la figura que estaba pintando, me preguntó qué me sucedía. Yo me quedé callada. No le respondí nada. Ella dejó la figura y me miró a los ojos.

—¿Estuviste llorando? —me preguntó alarmada—. ¿Qué tienes, Aline?

En ese momento, me acerqué a ella y la abracé, para soltarme a llorar de nuevo.

—Es que ya tomé una decisión, mamá.

—¿Una decisión?

—Ya no quiero regresar a mis clases, ya no quiero volver con Sergio, ni irme de viaje. Ya no quiero ser artista, ya no me siento a gusto...

Mi mamá, sin decirme nada, también me abrazó y me llenó de besos. Otra vez, sintiéndome protegida por ella, sintiendo su calor, su cariño, ese amor incondicional, a pesar de mis mentiras, de todo lo malo que había hecho y que, por supuesto, ella ni se imaginaba.

* * *

Jossie, a pesar de no saber la verdad, de no imaginársela, después de mucho tiempo volvió a sentir a Aline como la hija que regresaba, que volvía a ser la misma, luego de haberla sentido tan lejana, apartándose cada vez más de la familia, del hogar. En ese preciso momento sintió que la recuperaba.

Aline no lo sabía entonces. No sabía que, muy a menudo, le había pedido a Dios que me iluminara y me diera fuerzas para ayudarla, para entenderla, para protegerla. Yo no sabía realmente lo que estaba sucediendo. Pero, de alguna manera, lo presentía. No sabía exactamente qué era, pero algo había. Y esa incertidumbre, esa confusión también de mi parte, me preocupaba mucho. Constantemente se lo comentaba a Benny, y él me tranquilizaba, diciéndome que lo que sucedía era que Aline se estaba convirtiendo en mujer, que estaba entrando a la adolescencia y que, precisamente por eso, los cambios en ella eran normales. Estaba dejando de ser una niña.

Entonces, ni por equivocación llegué a pensar mal de Sergio. Nunca. Yo en verdad lo veía como un señor muy correcto y generoso, como un padre para Aline. Jamás lo relacioné con los cambios de conducta en mi hija. Incluso, la primera vez que ella tuvo que viajar a Cuernavaca, para el debut de Gloria en un palenque, yo le di permiso, porque pensaba que con Sergio estaba segura, que él la cuidaría. Y ya después, cuando los viajes empezaron a ser más frecuentes y Aline me dijo que comenzaría a trabajar como corista de Gloria, mi marido y yo nos opusimos y empezaron más problemas, porque Aline se empeñó en salirse con la suya y, de alguna manera, se rebeló. Accedimos finalmente, luego de que yo misma, de nuevo, se la encargué a Sergio.

Como siempre, pensé que si en realidad aquello era su vida, su destino, y esos viajes le servirían como experiencias para irse fogueando como artista y madurar como persona, no le iba a cortar las alas. Veía que ella estaba creciendo muy rápido, que cada vez se alejaba más y más de la niña que había sido. Y quise confiar en ella, sabiendo que sería incapaz no sólo de hacer algo indebido, sino también de ocultármelo. Nunca lo había hecho. Cualquier cosa que le sucediera, sabía que me lo diría, porque confiaba en mí, porque nuestra relación siempre había sido, más que de madre e hija, de amigas.

Sin embargo, cuando se iba de viaje, yo me quedaba muy preocupada y cada vez me gustaba menos que se fuera. A pesar de mis esfuerzos por creer en ella y, en especial, por creer que yo misma estaba actuando bien y que la estaba respetando, dándole la libertad y la confianza que se le deben dar a un hijo, presentía que algo raro sucedía con ella, que la estaba perdiendo, que cada vez se alejaba más y más.

Claro que yo quería que Aline se realizara, que explotara su talento, que llegara a triunfar. Pero en el fondo, sin confesárselo jamás a ella ni a nadie, ni siquiera a mi esposo, lo que siempre quise fue que hubiera seguido con su vida normal, que terminara la secundaria, la preparatoria, y ya cuando estuviera más grande, entonces sí decidiera si quería ser cantante, actriz, bailarina o lo que fuera, lo que ella quisiera. Para mí, estaba aún muy chiquita como para saber realmente lo que deseaba hacer con su vida. Pero, como te lo he dicho, no quería cortarle las alas ni someterla a mis ideas, a mis puntos de vista. Porque eso también es malo y me daba miedo frustrarle su vida, su futuro, sus ambiciones.

Por eso, aquella vez, cuando yo estaba en mi recámara y ella se me acercó para decirme que ya no quería ir a sus clases, que ya no se sentía a gusto, te juro por Dios que en ese preciso instante, ¡creí ver el cielo!, un cielo lleno de luz. ¡Era lo mejor que me podía pasar en ese momento!, sin que yo la hubiera presionado. ¡Era eso lo que había querido escuchar desde hacía mucho tiempo! ¡Un milagro! ¡Dios me había escuchado al fin!

Recuerdo que, luego de que se soltó llorando, no le quise preguntar nada. Sólo le dije que no se preocupara, que iba a tener muchas otras oportunidades en la vida, que todo iba a salir bien, que yo siempre la iba a apoyar en todo lo que ella decidiera, incluyendo esa decisión que acababa de tomar. Le dije también que no se preocupara, que al día siguiente, yo misma iría a hablar con Sergio Andrade para explicarle todo y darle las gracias.

Así, entre mis brazos, se quedó muy calladita y, poco a poco dejó de llorar, mientras yo le acariciaba su cabello y miraba hacia el techo, pensando: ¡Ya la hice, Dios mío! ¡Bendito seas!

* * *

Aquella noche, por primera vez en mucho tiempo, Aline, por fin, volvió a dormir tranquila, sintiendo que, a pesar de que seguiría guardando su secreto por quién sabe cuánto tiempo más, al fin se había liberado de una carga tremenda y que le había hecho mucho bien hablar con su mamá, compartir con ella esa decisión que por fin había tomado. Sobre todo, le tranquilizaba la idea de que ya no volvería a ver a Sergio, que no tendría que darle la cara, ni darle ninguna explicación. Jossie se encargaría de ello. Jamás volvería a estar frente a él ni ser víctima de sus humillaciones, de sus castigos. Eso se había terminado.

Al otro día, tenía que ir a la escuela, como de costumbre, después de varios días en que no había asistido. Sin embargo, de acuerdo con su mamá, decidió que lo mejor sería que se quedara en casa, descansando. Ya por la tarde, Jossie iría a hablar con Sergio para ponerlo al tanto de lo que Aline había decidido.

Benito se fue a trabajar y Yoyo a la escuela. Aline se quedó todo el día con su mamá, ayudándole a pintar sus figuras de cerámica, muy tranquila, mientras pensaba cómo reaccionaría Sergio cuando su mamá se presentara frente a él y le soltara todo...

¿Y si le cuenta que soy su novia y que he dormido con él en la misma cama y que me ha hecho el amor? No. No creo que sea capaz. No le conviene. Y, menos que lo sepa mi mamá.

Va a querer hablar conmigo. De seguro. Lo conozco. Pero aquí, en mi casa, no podrá hacerme nada. Mis papás me van a defender. Frente a ellos, no se va a atrever. Sí, no podrá hacerme nada... Como dice mi mamá, ya llegarán otras oportunidades. Sí, de seguro... Lo único malo es que voy a extrañar a Gloria. La pobrecita... Ahí se va a quedar, ahí va a seguir. Como no tiene a dónde ir... Y su supuesta tía que vive en Copilco... Esa tía ni ha de existir. Ha de ser un invento. Si Gloria se la pasa ahí, en la oficina de Sergio, mañana tarde y noche. Sí, esa Gloria es bien mentirosa. Ojalá ella también pudiera escaparse. Y Mary... Con su carita de Blanca Nieves, tan calladita, tan obediente. Y Sonia, Ivette, la gordita, Gaby... Sí, creo que las voy a extrañar a pesar de todo, a pesar de que son tan extrañas... ¿Y a Gloria? ¿Quién le va a llevar tortas, papitas y chicharrones? ¿Con quién va a platicar?... Bueno, no importa. Ahora es famosa y está ganando mucho dinero. Pero, ¿y entonces? Si gana tanto dinero, ¿por qué sigue siempre con hambre? Si la gente lo supiera... Sus fans, el público... En fin...

Jossie estuvo todo el día con Aline y hasta le hizo de comer el espagueti con albóndigas que tanto le gustaba. Todo el tiempo la consintió y se portó con ella de lo más dulce y cariñosa, evitando, cada una por su lado, tocar el tema de Sergio Andrade. Jossie tenía miedo de que Aline llegara a arrepentirse en cualquier momento de la decisión que había tomado, y Aline de que su mamá le hiciera preguntas, preguntas que no podría contestarle.

Ya por la tarde, Jossie salió a la calle, porque tenía varios asuntos qué arreglar. Acababa de instalar su propio negocio de cerámica y ella misma se estaba haciendo cargo de la administración y compra de materiales. No sabía si le daría tiempo de pasar con Sergio para hablar con él. Pero lo haría al día siguiente. Sí, a más tardar al día siguiente.

Jossie se fue a eso de las cinco de la tarde. Aline estuvo viendo la tele un rato, con Yoyo. Mientras, sin prestar atención al programa que estaban viendo, seguía piense y piense...

A estas horas, ya deben haberse dado cuenta que no llegué a mis clases. ¿Ya lo sabrá Sergio? ¿Qué estará pensando? ¿Se imaginará lo que decidí?... No, no creo. Debe estar furioso, seguramente esperando que llegue en cualquier momento para darme con el cinturón... El cinturón... Eso ya no...

Una media hora más tarde, cuando Aline se encontraba en su recámara, escuchando un cassette, de pronto, el corazón comenzó a palpitarle cuando escuchó el timbre. Segundos más tarde, la sirvienta fue a avisarle que la estaban buscando Gloria y Mary...

Claro. Era de esperarse. Ahí estaban ellas. ¿Qué me iban a decir? ¿Qué les iba a decir yo? Al principio me negué, le dije a la sirvienta que les dijera que no estaba, que había salido con mi mamá. Pero en ese momento, Gloria apareció en el marco de la puerta. Ya estaba ahí metida, saludándome como si nada. Me preguntó por qué no había ido a la oficina. En ese momento, me puse nerviosa y no supe qué responderle. Luego, le inventé primero que me sentía mal. Entonces, me echó en cara no haberle avisado a Sergio. Me aconsejó que le llamara por teléfono y, en ese momento, como ya no quería hablar con él, le dije la verdad: que ya no iba a regresar.

Ella, más que extrañada, como siempre, se mostró preocupada por mí, por mi futuro, y empezó a darme sus sabios consejos, sin obligarme a nada, sin que la presión fuera evidente. Más bien, como de costumbre, me manejó psicológicamente, hablándome de la gran oportunidad que estaba desperdiciando, cuando ya casi todo estaba listo para que mi disco se grabara en Los Ángeles.

Yo no sé por qué, una vez más, no tuve el carácter suficiente para mantenerme en la decisión que había tomado. Otra vez volví a sentir miedo. Y, como Gloria me dijo que lo menos que podía hacer era hablar con Sergio y darle una explicación...

Total que, al rato, ya iba yo con ellas, con Gloria y con Mary, en el Shadow blanco de Sergio, rumbo a su oficina, mientras que Gloria seguía metiéndome ideas, diciéndome que era una tonta, que no sabía en realidad lo que estaba haciendo.

Quise armarme de valor, te lo juro, pero no pude. Ya antes había intentado escapar, pero finalmente no lo conseguía. Y ahora en que, según yo, mi decisión era definitiva, volví a caer en el juego. Primero, dejándome convencer por Gloria, acompañándola a la oficina. Ya estando ahí, me pregunté: "¿Y qué demonios hago aquí? Si, supuestamente, nunca iba a regresar".

Finalmente entré a la oficina de Sergio, luego de que Gloria ya había hablado con él y, seguramente, le había contado todo. Sergio, por supuesto, nada tonto, en vez de recibirme con su carota, en vez de regañarme, se mostró preocupado, dolido, utilizando una vez más el clásico chantaje.

—¿Cómo es posible que me mandes a volar? —me preguntó en tono de reproche, haciéndose al mismo tiempo el ofendido, con cara de tristeza.

—No, no es eso —le respondí—. Lo que pasa es que...

—Nada —me interrumpió—. Lo que pasa es que no te das cuenta que me quieres y, tampoco, que yo también te quiero a ti, que me necesitas, que te necesito...

Y una vez más, me conmovía, me daba ternura, lástima. Luego de haber sido un tirano, otra vez se convertía en el niño sufrido y solitario, necesitado de afecto, de cariño. Y a ese niño desvalido, yo no era capaz de hacerle daño, menos aún de abandonarlo cuando más me necesitaba.

* * *

Esa noche, Jossie llegó a su casa, después de haber arreglado sus asuntos, y se llevó tremenda sorpresa cuando, después de preguntar por Aline, la sirvienta le dijo que había salido, que las señoritas Gloria y Mary habían ido a verla y que se había ido con ellas.

Así como la noche anterior creí haber visto el cielo, cuando Aline me dijo que ya no quería regresar a sus clases con Sergio Andrade, en ese momento, cuando la muchacha me dijo que Aline había salido con Gloria y con Mary, sentí algo horrible, un presentimiento espantoso. Tomé mi bolso y las llaves de mi coche, dispuesta a ir por Aline y hablar con Sergio, antes de que la convencieran de nuevo. Pero en ese momento, llegó ella y, para asombro mío, la volví a sentir como antes: seria, asustada... Quise que me tragara la tierra cuando, después de preguntarle por qué había ido con Sergio, si habíamos quedado en que yo hablaría con él, me salió con que ya lo había pensado bien y que iba a seguir con las clases y con los proyectos, porque, según ella, ahora sí, Sergio ya iba a grabarle su disco.

Me puse furiosa, totalmente fuera de sí, lo reconozco. Le grité, la regañé, le pedí que me explicara qué era lo que le estaba pasando, por qué un día me decía una cosa y, luego, me salía con otra. Pero no, no me dio ninguna explicación lógica.

Fue en vano. No pudo explicarme nada. Siguió con lo mismo, que si su disco, que si la gran oportunidad, que si se había equivocado, que si Sergio, que si Gloria... Me tranquilicé y traté de comprenderla, de escucharla. Lo del maldito disco era un argumento contra el que no podía. ¿Y si en verdad Sergio estaba ya a punto de grabarle ese disco? ¿Qué tal si yo le estropeaba su futuro, esa gran oportunidad en su vida? ¿Qué tal si yo me estaba imaginando cosas que no eran realmente?

13. La incomprendida

Yo lloraba por la tranquiza y la vergüenza
que me estaba haciendo pasar mi mamá,
a quien en ese momento sentí odiar
y hasta la vi como mi peor enemiga.

—Oye, Aline, ¿y qué pasó después de que intentaste escapar?, después de que le dijiste a tu mamá que lo habías pensado mejor y que habías decidido seguir con Sergio, bueno, con tus clases...

—Ay, pues se puso fúrica y, a partir de entonces, como que mi relación con ella empezó a ser cada vez más difícil, como que ya estaba empezando a sospechar algo. Lo bueno es que Sergio, por fin, puso fecha para la grabación de mi disco en Los Ángeles y eso, de alguna manera, hizo que mi mamá viera que las cosas iban en serio, que Sergio iba a cumplir lo que nos había prometido. Además, lo que ayudó también fue lo que estaba sucediendo con Gloria, la forma tan rápida en que empezó a ser famosa. Mi mamá se daba cuenta que Sergio, en realidad, no era puro cuento, como quizás alguna vez lo pensó. Ahí estaban los resultados con Gloria y lo mismo podría suceder conmigo. Al menos, ése fue uno de los argumentos que le manejé a mi mamá para que me diera chance de seguir asistiendo a mis clases, sobre todo cuando le dije que ya estaba la fecha para la grabación del disco y que tenía que sacar mi pasaporte para poderme ir a Los

Ángeles, además de un permiso de mis papás para poder salir de México.

—¿Y era cierto lo de esa grabación?

—Sí. Bueno... Recuerdo bien que Sergio tenía en su oficina un calendario grandote, pegado en la pared, donde tenía ya anotadas las fechas de grabación de mi disco. Pero cada vez que se enojaba conmigo por algo, iba recorriendo esas fechas y me decía que yo solita era la culpable de que se retrasara cada vez más y más esa grabación.

—¿Y seguía castigándote también?

—Sí.

—¿Igual que siempre?

—Sí.

—Y tú lo seguías permitiendo.

—¿Ya ves por qué no me gusta contarte las cosas de frente? Me haces preguntas que me sacan de onda. No me gusta hablar de eso.

—Bueno, sigamos entonces con lo de la grabación del disco...

—Yo sentía que, a pesar de los retrasos, esa grabación estaba cada vez más cerca de la realidad. Especialmente cuando tuve el pasaporte en mis manos y hasta el permiso de mis papás para salir de México. Sin embargo, como te decía, las cosas con mi mamá cada vez eran más difíciles y era obvio que ella estaba sospechando algo raro. Ya no me era tan fácil ir todos los días con Sergio, porque, supuestamente, mis clases eran sólo los martes y los jueves. Además, como ya me habían cachado con lo de las idas de pinta y demás... Ya no sabía qué inventarles en mi casa.

—Más mentiras, ¿no?

—Sí, más mentiras.

—¿Cómo justificaste, por ejemplo, lo de las idas de pinta?

—Pues... Cuando mi mamá se enteró, claro que no le dije que me iba todo el día con Sergio, sino más bien con mis amigas de la escuela, con Mossy, por ejemplo, aunque en realidad, ya no me llevaba tanto con ella. Yo ya estaba viviendo otras cosas. Incluso, déjame decirte que mi primer viaje a Los Ángeles, fue precisamente en una de esas idas de pinta.

—¿Cómo? ¿Te fuiste a Los Ángeles en un día de pinta? ¿Fuiste y regresaste el mismo día?

—Sí. Como ya tenía mi pasaporte con el permiso de mis papás, como menor de edad... No recuerdo bien, pero ese día, Sergio tenía que ir a Los Ángeles, creo que a dejar unas cintas y a recoger otras en un estudio de grabación. Tomamos el avión por la mañana, y regresamos en la noche. Fue mi primer viaje a Los Ángeles y, no sabes, ¡quedé maravillada con la ciudad!, ¡me encantó!, aunque, como te podrás imaginar, en unas cuantas horas que estuvimos ahí, del aeropuerto al estudio y, luego, otra vez al aeropuerto, no conocí gran cosa. Sólo algunas avenidas, algunas calles, con sus edificios. Comimos ahí en un restaurante y nos regresamos por la tarde. Ya en la noche, don César, el chofer de Sergio, me llevó a mi casa y llegué como si nada. Nadie se enteró que ese día había hecho un viaje relámpago a Los Ángeles.

* * *

Supuestamente, como menor de edad, Aline tuvo que sacar su pasaporte con permiso de sus padres o tutores para poder salir del país. Hasta ahí vamos bien. Pero, ¿y Jossie, la mamá? ¿Cómo fue que le soltó el pasaporte así nada más? Y luego, si Aline viajó a Los Ángeles y, por lógica, tenía que aparecer en ese pasaporte el sello y la fecha de esa entrada a Los Ángeles, ¿cómo fue que Jossie no se dio cuenta?

Aline no recuerda cómo fue que se dio eso. Pero Jossie sí.

Ah, mira. Deja que te explique. En primer lugar, en ese tiempo, yo ya estaba con mi negocio de cerámica, como hasta la fecha. Un negocio que fue creciendo y, luego, hasta puse mi propia fábrica. Como andaba muy ocupada y se me complicaba ir a recoger a Aline a la escuela, para luego llevarla a sus clases, en la oficina de Sergio, él me propuso un día que don César, su chofer, quien, según Sergio, se la pasaba todo el día sin hacer nada, fuera quien se encargara de eso. Así, hubo una temporada en que, prácticamente, yo veía a mi hija sólo por las mañanas, cuando la llevaba a la secundaria, y más tarde, hasta en la noche. Ya en los fines de semana, era cuando convivíamos más. Pero, como ya te he dicho, yo la notaba cada vez más distinta.

De sus escapadas de la escuela para irse de pinta, empecé a darme cuenta hasta que me llevó la boleta de calificaciones para que se la firmara. Descubrí que tenía varias faltas. Ella jamás me dijo que esos días de pinta los pasaba con Sergio. Me inventó que se iba con sus amigas a Chapultepec, al cine o a los centros comerciales a perder el tiempo. La regañé. Claro que la regañé. Le advertí que si nuevamente me salía con eso, tendría que olvidarse de su disco y que ya no le permitiría seguir con sus clases. Ella prometió no volverlo hacer. A partir de entonces, aparte de llevarla por las mañanas a la escuela, también empecé a recogerla de nuevo, para cerciorarme de que no se iba a salir de ahí. Empecé a perderle la confianza y a darme cuenta que me estaba diciendo muchas mentiras, algo que antes nunca había hecho.

Precisamente en ese entonces, fue que Sergio me avisó un día que ya estaba todo listo para que Aline se fuera a Los Ángeles a grabar su disco y que, por lo mismo, tendría que tenerle listo su pasaporte.

Tanto ella como Yoyo nunca habían tenido un pasaporte personal. Las dos estaban en un pasaporte familiar, el mío. Pero como yo no podría acompañar a Aline a ese viaje a Los Ángeles, hice todos los trámites para sacarle su propio pasaporte. Entre esos trámites, me pidieron una carta firmada por mí y por Benito, autorizando su salida fuera del país. Entregamos esa carta y en el pasaporte le pusieron un sello que dice así: "El titular de este pasaporte viaja con el permiso requerido por el artículo 421 del Código Civil Vigente".

Claro que, al principio, yo tenía ese pasaporte en mi poder. Pero Sergio me pidió una vez que se lo entregara a él, porque decía que, como en cualquier momento tendría que llevarse a Aline a Los Ángeles para grabar su disco, era bueno que él lo tuviera, para evitar contratiempos. Yo, a pesar de que aún lo tenía en un buen concepto y seguía pensando que era como un padre para Aline, no le di nada.

Sin embargo, como a la semana siguiente yo también tenía que ir a Estados Unidos, concretamente a San Antonio, Texas, para estar presente en una exposición mundial de cerámica a la que asistía cada año para tomar cursos y comprar moldes y nuevos materiales, Sergio me sugirió de nuevo que le dejara el pasaporte de Aline, por si surgía alguna emergencia y tenían que marcharse a Los Ángeles de un día para otro. Entonces ya no me negué. Se lo entregué. Fue entonces, según me enteré hasta hace poco, que precisamente una de esas veces que Aline se fue de pinta en la escuela, hizo ese primer viaje a Los Ángeles con Sergio. Y yo, ni por enterada. Y como Sergio tenía el pasaporte, tampoco vi jamás el sello de entrada a los Estados Unidos.

* * *

Era el mes de agosto de 1990 y estaba a punto de concluir el ciclo escolar. Aline, después de las pintas, de haber disminuido su rendimiento escolar y de haber sido expulsada, concluyó sus tres años de secundaria y pasó a la preparatoria, como dicen, "de panzazo", debiendo una materia, con la advertencia de que "si el próximo año sigues igual y no mejoras en tus estudios, ¡te olvidas de ser cantante!"

Así que puse más cuidado en mis estudios, porque ya entonces, aunque alguna vez intenté escapar de Sergio, ya no concebía la idea de separarme de él. Estaba más enamorada que nunca. A pesar de todo lo malo, de los castigos, de las humillaciones, lo adoraba. No sé. Lo quería demasiado y para mí era lo más importante en mi vida, junto con Gloria, que se había convertido en mi ídolo. Me resultaba increíble seguir junto a ella, verla en un escenario, tan diferente, tan

Jossie y Heriberto, historia de un gran amor.

Yoyo en brazos de Aline.

En el concurso La Chica Joven de Menudo.

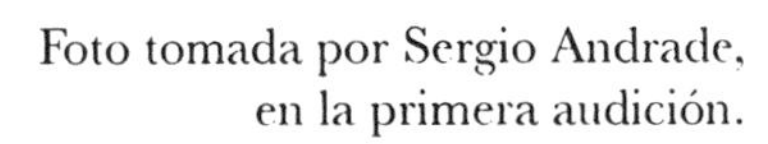

Foto tomada por Sergio Andrade, en la primera audición.

Con Frida Reymers, desde el inicio gran amiga.

(JORGE MUÑIZ), "NO QUIERO PERDERTE" (MIJARES), "GITANA" (DANIELA ROMO), "UN BUEN PERDEDOR" y "AL NORTE DEL SUR" (FRANCO DE VITA), "HAY QUE EMPEZAR DESDE ABAJO" (PANDORA) y "HAY MIL MUNDOS DIFERENTES" versión instrumental. El video está de lo más impactante e indudablemente que será lo más comentado del año...

Vendrá TRACY CHAPMAN a México entre agosto y noviembre...

¿Se acuerdan de GLORIA TREVIÑO? era la tecladista del sintetizador en el grupo BOQUITAS PINTADAS. Pues está por dar a conocer su primer Lp como solista, producida por Sergio Andrade para BMG-Ariola. Por cierto, Sergio audiciona a cinco chicas para futuro lanzamiento. Lo más seguro es que escoja a Erika Alinne Ponce de León de 13 años. También está en tratos con el grupo de rockabilly LOS DEFES...

Te recomiendo que no te pierdas "COMPLOT CONTRA LA LIBERTAD" picudísima película con CRISTOPHER LAMBERT (el de "GREYSTOKE. LA LEYENDA DE [...] ZAN")...

Por estos días debió de venir el gru[...]
pañol LA UNION para promover [...]
LP... ROBERTO TORRES, ídolo indi[...]
ble del tropical desde hace 30 años, [...]
a promover nuevo disco bajo la n[...]
marca Pompeyo Discos y Cintas y difu[...]
"POBRE DEL POBRE". Admira tanto a [...]
tropicaleros mexicanos que quiere pro[...]
verlos en el extranjero; estudia fusionar

Charanga con el Ranchero y calificó a la balada moderna de irrespetuosa. Regresará en julio para actuaciones personales...

LOS PRISIONEROS, rockeros de Chile, vinieron a promover su disco en tierra azteca, pero CLAUDIO NAREA se agravó de hepatitis y tuvo que regresarse a su país. Aquí quedaron JORGE GONZALEZ y MIGUEL TAPIA. Ellos tuvieron el gusto de alternar con BRUCE SPRINGSTEEN y TRACY CHAPMAN hace no mucho...

LUIS GATICA está por terminar su primer LP producido por su primo HUMBERTO GATICA en donde incluirá un dúo con OLIVIA NEWTON JOHN...

VIVAVOZ tuvo una asombrosa experiencia en Orizaba. Instalados en el hotel, pidieron servicio y cuando abrieron la puerta, fueron invadidos por una veintena de chicas que querían un recuerdo, acabaron con su ropa. Al pobre de Jorge, ¡hasta una pompis le mordieron!...

RIGO DOMINGUEZ presentó su primer
LP como único vocalis[...]añado de
su grupo AU[...]u equipo-
tot[...]no con el
[...]o una in-
[...]peroles,
[...]y el ba-
[...]usebio
[...]De ahí
[...]. Rigo
[...]nueve
[...]n de
[...]UN-

15 JUNIO, 1989 21

En *Notitas Musicales* se da cuenta del lanzamiento del primer disco de Gloria Trevi y aparece el nombre de Aline.

Con compañeras de escuela. Mossy es la del extremo derecho.

En una boda, cantando las canciones del primer disco de Gloria Trevi.

Nº 00521
RC-5

Nº 129347

REGISTRO CIVIL

ACTA DE MATRIMONIO

ENTIDAD	DELEGACION	JUZGADO	ACTA	AÑO	CLASE	FECHA DE REGISTRO DIA	MES	AÑO
09	04	20	03420	1990	MA	17	11	90

DEPARTAMENTO DEL DISTRITO FEDERAL

CONTRAYENTES

NOMBRE DEL CONTRAYENTE: SERGIO GUSTAVO ANDRADE SANCHEZ — EDAD 34 AÑOS
LUGAR DE NACIMIENTO: COATZACOALCOS, VERACRUZ — OCUPACION: COMERCIANTE
NACIONALIDAD: MEXICANA
DOMICILIO: ACACIAS 32, VIVEROS DE LA LOMA, DISTRITO FEDERAL

NOMBRE DE LA CONTRAYENTE: ERIKA ALINE HERNANDEZ PONCE DE LEON — EDAD 15 AÑOS
LUGAR DE NACIMIENTO: MEXICO, DISTRITO FEDERAL — OCUPACION: ESTUDIANTE
NACIONALIDAD: MEXICANA
DOMICILIO: PASEO DEL RIO 94 CASA 2, PASEOS DE TASQUEÑA, COYOACAN, D. F.

ESTE MATRIMONIO ESTA SUJETO AL REGIMEN DE: SOCIEDAD CONYUGAL

PADRES

NOMBRE DEL PADRE: EDUARDO ANDRADE A...
NOMBRE DE LA MADRE: JUSTINA SANCHEZ...
DOMICILIO(S): ALFONSO REYES, 7, CO...

NOMBRE DEL PADRE: HERIBERTO HERNAN...
NOMBRE DE LA MADRE: JOSEFINA PONC...
DOMICILIO(S): PASEO DEL RIO 94 CAS...

TESTIGOS

NOMBRE: LUIS LOPEZ MUÑOZ — PARENTESCO: NINGUNO — ESTADO CIVIL: CASA...
OCUPACION: LIC. EN DERECHO
DOMICILIO: JOSE N. PRIETO MANZANA 28- 9, D...

NOMBRE: NOHELY FRANCO LOPEZ — PARENTESCO: NINGUNO — ESTADO: CAS...
OCUPACION: HOGAR
DOMICILIO: JOSE N. PRIETO MANZANA 28- 9, ...

PRESENTE LA MADRE ...
TIMIENTO PARA LA ...

IMPRESION DIGITAL — EL — ELLA

COMPROBANTE DE PAGO NUM. 510217

ENTIDAD	DELEGACION	JUZGADO	ACTA	AÑO	CLASE
09	04	20	03420	1990	MAT.

ESTADOS UNIDOS MEXICANOS

DEPARTAMENTO DEL DISTRITO FEDERAL
RVC.

No. 19955

PARA ANOTACIONES

LIC. MARTHA MORENO GARCIA. JUEZ VIGESIMO DEL REGISTRO CIVIL, HACE CONSTAR: QUE EL MATRIMONIO A QUE SE REFIERE ESTA ACTA HA QUEDADO DISUELTO EN VIRTUD DEL DIVORCIO ADMINISTRATIVO CELEBRADO EL DIA: 24 DE SEPTIEMBRE DE 1993. EN ESTE MISMO JUZGADO. POR LOS SEÑORES: SERGIO GUSTAVO ANDRADE SANCHEZ Y ERIKA ALINE HERNANDEZ PONCE DE LEON. BAJO LOS SIGUIENTES DATOS REGISTRALES: 09 04 20 00145 1993. DA. COYOACAN, D.F. A 26 DE ENERO DE 1994.

\- LA JUEZ -

Ceremonia de la boda civil y el acta correspondiente, que incluyó posteriormente una *addenda* con la disolución del vínculo. En la foto, a los extremos, el abogado de Sergio Andrade, Lic. Luis López, y esposa.

El Amor es verdad, Sacrificio,
Lealtad y por encima de todo: entrega.

Erika Aline Hernández Ponce de León y Sergio Gustavo Andrade Sánckez

Hijos de los Señores:

Jasefina Ponce de León E.
Heriberto Hernández Ruiz

Justina Sánchez Marquez
Eduardo Andrade Ahedo

Participan a ustedes su Matrimonio que se llevará a cabo el día primero de Diciembre de 1990 a las 10:00 horas en la Parroqaia de Santo Domingo de Guzmán, ubicada en Canova No, 2 esquina Campana. Colonia Insurgentes, Mixcoac, Méx. D. F.

Ceremonia religiosa y la invitación a la misma.

Con Mariana (al centro) y Sergio Andrade en el Bar Morocco, en el D.F.

Con Mary Boquitas, una de sus guardianas.

.Hola mi doc, mi queridísimo doctor psiquiatra... aquí nuevamente tu Gloria contándote algunas experiencias de mi carrera. Fíjate mi docky, he tenido un chorro de experiencias de todo tipo, pero hay una inolvidable para mi y voy

Junto con Mary y Saraí, haciéndole coros a Gloria Trevi.

Aparece en una revista modelando vestidos para quinceañeras (aunque ella no lució su propio vestido).

Portada de la revista *Gloria Trevi*, que muestra a Aline como "El descubrimiento del '91".

Foto promocional del disco *Chicas Feas*.

Tiene confianza en sí misma y se encuentra contenta de lo que hasta el momento ha alcanzado, sobre todo con "Chicas feas".

NOTITAS MUSICALES

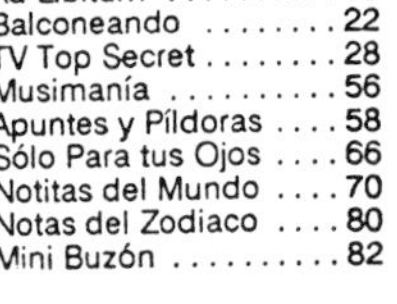

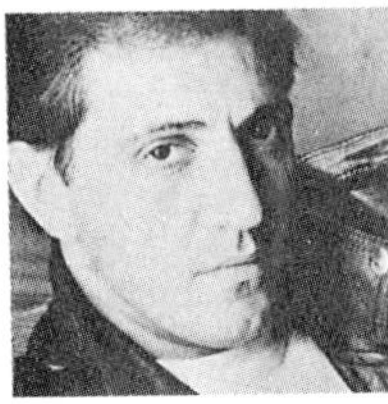

no"), Aline ("Chicas feas") y Lorena Tassinari ("Muchachitas")... pronto, podremos escuchar también ya como solistas a Paulina (ex- Timbiriche) e Ivonne (ex-Flans), que se unen a las

ALINE

Tiene 16 años y entre sus múltiples cualidades resaltan el canto, el baile y la composición. Su nombre: Aline. Una muchachita llena de energía que acaba de lanzar su primer disco: **Chicas Feas**, del cual promueve el tema del mismo nombre.

Durante casi 18 meses le hizo coros a Gloria Trevi. Y no desaprovechó la oportunidad, pues mientras trabajaba con ella, siguió estudiando y preparando su lanzamiento musical, bajo la dirección de Sergio Andrade.

Ahora que te lanzas como solista y luego de haber sido corista de Gloria, ¿crees que se dé una especie de rivalidad entre ustedes?

"No, ¡para nada! –afirma–. No creo competir con ella. Yo canto otro tipo de cosas. Aunque sé que el público al que se dirige ella también es a chavitas de mi edad; pero sus canciones son muy diferentes. Además, no todas interpretamos con el mismo sentimiento ni expresamos lo mismo. Por eso digo que lo mío no se parece a nada ni a nadie.

"En gustos, Gloria y yo somos muy parecidas. Nos agrada la misma ropa, la comida... pero a la hora de

"ME IDENTIFICO CON LAS CHICAS FEAS"

● CHICAS FEAS
Autor: Carlos Vargas
Intérprete: Aline

Cuando llegamos a la fiesta
nadie voltea a mirarnos,
todos los chavos llevan novia
nadie se acerca a invitarnos,
nos quedamos bien sentadas
siempre esperando a que se acerquen
pero se acaban las reuniones
y como entramos nos devuelven.

CORO:
También las chicas feas
tienen corazón
todas podemos despertar una emoción,
también las chicas feas buscan un amor
una mirada dulce de satisfacción.
No somos unas corcholatas tiradas en la coladera
si vemos un muchacho guapo también movemos
las caderas.

También las chicas feas
tienen corazón
todas podemos despertar una emoción
también las chicas feas buscan un amor
una mirada dulce de satisfacción,
no somos corcholatas tiradas en la coladera
si un muchacho nos excita también
movemos
las caderas.

Los compañeros del colegio
sólo nos buscan para ayuda,

Crónicas aparecidas a propósito del lanzamiento de su primer y único disco.

Con su adorada familia, Jossie y Yoyo, ya cumplido su deseo de pasar un Año Nuevo feliz. Las acompaña su amiga y psicóloga Verónica Macías (a la izquierda).

Con Verónica Macías, en el aeropuerto.

Floridos 18 años, pero ya afuera del infierno.

Ningún recuerdo de "la chica fea". (Foto: Miguel Campos.)

El día de hoy, una mujer hermosa. (Foto: Miguel Campos.)

mágica. Y, luego, saber que era mi amiga, mi hermana mayor, mi confidente, mi ejemplo a seguir.

Más o menos en ese tiempo, en vez de llamarme por mi nombre, como siempre, me puso el apodo de "Camello", porque decía que yo tenía cara de eso, de camello. Y todos empezaron a llamarme así, hasta Sergio. Un día, incluso, no sé si por bromista o porque estaba loco, puso un anuncio en el periódico: "Se vende camello dromedario". ¿Y me creerás que mucha gente empezó a hablar, preguntando por el camello? Al principio me reí con la puntada, pero luego, no creas, me dio miedo y hasta pensé que Sergio en verdad tenía pensado venderme a alguien. Es que nunca supe bien qué era verdad o mentira en todo aquello, ni tampoco, de qué tanto podría ser capaz él.

Otras chavas seguían llegando, como aspirantes a estrellas o como asistentes de Sergio: Margarita, Raquel, Gaby... Ivette se fue en ese tiempo. Luego de que Sergio la puso a cantar ranchero en un bar del hotel María Isabel Sheraton, un día fue a una audición para un grupo, Zarabanda. Y se quedó. Ella sí se le enfrentó a Sergio y le dijo que se iba para grabar un disco con ese grupo. Lo que recuerdo es que Sergio se puso furioso y la amenazó. Le dijo que se iba a arrepentir. Pero se fue finalmente, grabó su disco con Zarabanda y años después se lanzó como solista, con el nombre de Aranzza. ¡Ándale!, la que cantaba el tema de *Mirada de mujer*!

Más tarde se unió también al grupo Mariana, una prima de Gloria, un poco más grande que yo. ¡Una niña preciosa! La cara más bonita que he visto en toda mi vida: blanca, de cabello oscuro, largo, naricita... ¡Una modelo! Precisamente a partir de entonces, cuando Sergio pensaba que mi mamá estaba empezando a sospechar cosas, puso a Mariana de parapeto. Sí, para que mi mamá no sospechara que él andaba conmigo, que éramos novios, hacía pasar a Mariana como su novia oficial, para despistar. No sé si realmente ella también andaba con él. No lo sé. Lo que sí sé es que a mi mamá le caía mal, muy mal; decía que era una odiosa, una sangrona. Y, bueno, Mariana también obedecía a Sergio en todo, y cuando mi mamá llegaba a ir a la oficina por cualquier razón, Mariana representaba a la perfección su papel de novia.

Pero la "favorita" seguía siendo yo. Ya sabía que Gloria, Mary y Sonia también tenían que ver con Sergio. Sin embargo, la novia era yo, a la que le escribía cartas, a la que a veces le daba regalitos, boberías si tú quieres, pero que para mí eran muy significativas. Por eso, después de que ya había intentado mandar todo al demonio y salirme de ahí, llegó el momento en que ya ni quería estar en mi casa, ni con mi familia, sino nada más con Sergio. Además, como en esos días me la pasaba con él seleccionando los temas para mi disco, preparando la grabación y sintiendo que cada vez estaba más cerca la realización de mi sueño, esa felicidad, esa ilusión, no me permitían pensar en nada más.

Yo cumpliría pronto mis quince años. En ese tiempo, Sergio dejó la casa de la calle de Adolfo Prieto, y nos fuimos más al centro de la ciudad, a la colonia Tabacalera, cerca del Monumento a la Revolución, a otra casa, la de José María Iglesias. Tú ya la conoces, Rubén. Esa casa tan sombría, tan oscura. Más grande que la otra, con muchos cuartos, incluyendo el de servicio que estaba en la azotea...

* * *

Esa casa oscura y vieja de la que hablé al principio, precisamente cuando tuve mi primer encuentro con Aline, aunque de lejos y sin verla realmente, cuando estaba escondida, debajo de un escritorio, castigada, escribiendo un millón de veces *"no debo decirle mentiras a Sergio Andrade"*. Esa casa en la que estuve varias veces y en la que siempre percibí una atmósfera extraña, sombría, difícil de describir con palabras.

Ahí, Aline seguiría tomando sus clases y preparándose para su ya cercano debut como cantante. Pero ya ni maestros había. Así que eso de las clases era puro cuento que, por instrucciones de Sergio, le inventaba a su mamá para seguir metida ahí.

Peor se puso la cosa cuando, en cierta ocasión, mi mamá y Benito planearon unos días de descanso en Acapulco. Y a mí, cuando me lo dijeron, en vez de que me entusiasmara la idea, como sucedía antes, me aterró. Sabía perfectamente que esas vacaciones en Acapulco no le gustarían a Sergio y que no me permitiría ir. ¿Cómo les iba a decir a mis papás que no podía ir? ¡Me iban a matar!

Ni modo. Al día siguiente, otra discusión con mi mamá. Fue por mí a la escuela y, mientras íbamos en su coche, con mi hermanita Yoyo en el asiento de atrás, rumbo a la oficina de Sergio, me armé de valor.

—¿Sabes qué, mamá? Creo que no voy a poder ir a Acapulco.

Ella se puso furiosa. No lo pudo ocultar.

—¡Ya me lo imaginaba! ¡Ya sabía que me ibas a salir con eso! Pues lo siento, Aline. Hace ya bastante que no salimos de vacaciones y ni creas que vamos a cancelar el viaje nada más por ti.

—Es que entiende que tengo que ir a mis clases y no puedo faltar. Ya casi vamos a grabar mi disco y...

—Pues lo siento, pero en esta ocasión, te vas con nosotros. Ahorita que lleguemos a la oficina de Sergio, voy a bajar para hablar con él...

—¡Ay, mamá! ¿Y qué le vas a decir? —le pregunté muy enojada.

—Que ya estuvo bueno, que no puedes pasar tanto tiempo en esas malditas clases. Él lo tiene que entender, porque, además, le voy a contar que te has estado yendo de pinta. A ver si a él sí le haces caso. A ver si le parece todo lo que has estado haciendo. Ni creas, ¿eh? Te vas con nosotros a Acapulco y punto. ¡No se hable más!

Más o menos unas tres calles antes de llegar a la oficina de Sergio, mi mamá detuvo el coche afuera de una tienda y se bajó a comprar cigarros. Yo, desesperada, sabiendo lo que se me esperaba con Sergio si mi mamá llegaba a reclamarle algo, me bajé del coche y me eché a correr, rumbo a la oficina de Sergio. Y mientras corría como loca, a lo lejos sólo escuchaba los gritos de mi hermanita: "¿A dónde vas, Aline? ¡No te vayas!... ¡Mamá! ¡Ya se bajó Aline!"

¡Sergio me iba a matar! Yo no había querido contarle nada del viaje a Acapulco para no hacerlo enojar. Sabía que no me daría permiso. Y si ahora llegaba mi mamá y se lo decía antes que yo, ¡la que me esperaba! Por eso, seguí corriendo sin parar.

Llegué a la casa de José María Iglesias muy agitada, casi sin poder respirar. Mary me dijo que Sergio estaba en una junta con unas personas y que no lo podía interrumpir. Yo insistí, le expliqué que me urgía hablar con él, antes de que mi mamá llegara en cualquier momento. Mary me hizo caso y Sergio salió de su junta. Muy asustada, le conté lo que estaba pasando, que me había escapado del coche de mi mamá y que ella estaba a punto de llegar para hablar con él.

Me abrazó con mucho cariño y me pidió que me tranquilizara: "No te preocupes —me dijo—. Hiciste lo correcto. Tú nada más sigue con la misma decisión y no te eches para atrás. Yo me encargo de tu mamá, yo la voy a convencer".

En eso precisamente, se escuchó el timbre. Era mi mamá. Subió de inmediato al cuarto en el que me encontraba con Sergio y con Mary. Estaba furiosa, le salía lumbre por los ojos. Nunca antes la había visto así.

Ni siquiera saludó a Sergio ni a Mary, se fue encima de mí y, enfrente de ellos, me agarró a trancazos y cachetadas. "¿Qué te estás creyendo, estúpida? ¡Esto sí ya es el colmo!" Eso nunca me lo había hecho. En toda mi vida, jamás me había pegado así. Cuando hacía algo, me daba sólo una nalgada o, cuando mucho, un pellizco. Me impresioné muchísimo al verla de esa manera.. Estaba como loca.

Mary, seguramente asustada por la escenita y los gritos, se hizo la loca y salió del cuarto. Sergio trató de tranquilizar a mi mamá y empezó una discusión entre ellos, mientras que yo lloraba por la tranquiza y por la vergüenza que me estaba haciendo pasar mi mamá, a quien en ese momento sentí odiar y hasta la vi como mi peor enemiga. ¿Cómo me hacía eso? ¡Y enfrente de Sergio!

Él la jaló para quitármela de encima, porque no paraba de golpearme. En eso, cuando Sergio por fin logró controlarla un poco, la cosa fue con él.

—¡No sé qué está pasando, Sergio! —le reclamó todavía muy alterada.

—Cálmate, Jossie. Tranquilízate y vamos a hablar.

—¿Ya sabes lo que me hizo Aline? Me bajé a comprar unos cigarros y se escapó del coche, sólo porque la regañé, porque le dije que se tiene que ir con nosotros a Acapulco. ¡Y se va a ir! Aunque tú no le des permiso...

Sergio, cuando quería, era de lo más consecuente y comprensivo. No sólo tranquilizó a mi mamá, sino que, después de decirle no sé cuántas cosas y lavarle el cerebro, mi mamá hasta terminó pidiéndole perdón por la escenita que acababa de representar, suplicándole que me hiciera entrar en razón, acusándome con él de las idas de pinta, de mis majaderías y demás, como si él fuera mi papá, el único capaz de controlarme.

Ya más en paz, hablaron de la grabación del disco. Sergio le prometió que yo me iba a portar bien, que las cosas iban a cambiar. O sea, que le dio por su lado y, finalmente, logró convencerla para que me diera permiso de quedarme en México y no ir a Acapulco. Una vez más se salió con la suya.

14. Destino: Los Ángeles

Pudo haber sido un sueño,
el sueño que yo estaba realizando.
Pero más bien,
se convirtió en una pesadilla.

Jossie, como todas las mamás, a pesar del distanciamiento que se estaba dando y de los problemas que enfrentaba con Aline, soñaba con hacerle la clásica fiesta de quince años, en un salón, con su vals, sus chambelanes, la familia, los amigos. Desde unos meses atrás, comenzó a preparar todo e, incluso, andaba buscando una iglesia para la misa y un salón de fiestas para el festejo, sin advertir que Aline no estaba de acuerdo con esa fiesta.

Claro que a mí me ilusionaba la fiesta, como a cualquier chava. Desde que era chiquita, ese era uno de mis grandes sueños. Sin embargo, un día, Sergio, sin avisarme nada a mí, le dijo a mi mamá que esa fiesta no sería posible, porque precisamente para esas fechas, era seguro que estaríamos grabando mi disco en Los Ángeles. Mi mamá no le hizo caso. Le advirtió que en mi cumpleaños yo tenía que estar en México para esa fiesta y que no le importaba lo del disco, que mi fiesta de quince años estaba primero.

Pero, luego, Sergio me dijo que a ver cómo le hacía para convencer a mi mamá y que desistiera de la fiesta. No me quedó más remedio que obedecerlo y decirle a mi mamá que, la verdad, era mejor que ni gastara dinero en balde porque yo no quería fiesta, que eso me parecía ridículo, que, mejor, como regalo, me diera el permiso para irme a Los Ángeles.

A ella, claro, mi inesperada decisión le cayó como bomba y me hizo todo un drama, reprochándome por milésima vez que me estuviera apartando de la familia, de mis amigos, que estuviera cambiando tanto.

Aún en contra de su voluntad y a regañadientes, no le quedó más remedio que cancelar la famosa fiesta. Lo peor de todo es que ya me tenía una sorpresa: mi vestido de quince años. Cuando me lo enseñó, se le salieron las lágrimas. "Ya me lo pondré después, en otra ocasión", le propuse para tranquilizarla. Pero ella ni me respondió. Aventó el vestido en mi cama y salió de mi cuarto, muy sentida, diciéndome que, como no habría fiesta y yo estaría en Los Ángeles el día de mi cumpleaños, ella se iría a San Antonio, a su exposición de cerámica, a pesar de que, antes, había cancelado el viaje para estar conmigo.

Y sí, al día siguiente, la fuimos a dejar al aeropuerto. Me dio su bendición y me pidió que, por lo que más quisiera, me portara bien y que, en cuanto llegara a Los Ángeles, le llamara a Benito para dejarle la dirección y el número telefónico del hotel en el que me hospedaría.

Un día antes de mi cumpleaños, o sea, el 4 de septiembre, como todavía no nos íbamos a Los Ángeles y, supuestamente ya teníamos que estar ahí, Sergio me pidió que le inventara a Benito que, precisamente ese día, tal como él lo había prometido, nos iríamos. Pero no fue cierto. Todo fue pura faramalla. Salí de mi casa, supuestamente para irme de viaje, y pasé la noche en un departamento que Sergio tenía por el rumbo de Copilco, ese departamento en el que, supuestamente, Gloria vivía con una tía que, según me enteré después, en realidad era la mamá de Sergio, doña Justina, una señora de más de 60 años, de aspecto agrio, duro, que casi no hablaba, que nos veía a todas de mala manera, con recelo. Casi ni nos dirigía la palabra. Esa vez, se la pasó encerrada en su cuarto y casi ni se apareció. Era como si no existiera.

Y el mero día de mis quince años, en vez de estar en mi casa con mi familia, me la pasé encerrada en la oficina de Sergio, esperándolo, hasta que terminara de trabajar. Ya en la noche, él, Mary, Gloria y yo fuimos a cenar a un Sanborns y ahí estábamos los cuatro, mientras que yo, muy triste, no sólo por no estar con mis papás y mi hermana, pensaba que, en esos momentos, mi fiesta estaría en su apogeo, esa fiesta de quince años que se me escapó y que nunca disfruté, luego de haberla esperado durante años.

Sin embargo, la tristeza se me pasó un poco cuando, de repente, ahí en el Sanborns, una de las mesera llegó con un pastel sorpresa que Sergio le había ordenado, junto con un conejo de peluche como regalo. Me cantaron "Las Mañanitas" y toda la cosa. Así festejé mis quince años, al lado de mis "hermanas" (Gloria y Mary) y del hombre al que tanto quería y admiraba. Y al día siguiente, entonces sí, nos fuimos a Los Ángeles.

* * *

Jossie recuerda aquellos días como el inicio de una pesadilla. Ya en San Antonio, Texas, ni siquiera pudo disfrutar de su viaje, ni de la exposición de cerámica. Se sentía mal por la frustrada fiesta de cumpleaños y porque era la primera vez que no estaba al lado de su hija en esa fecha tan importante.

Antes de irme a ese viaje, hablé con Aline y especialmente con Sergio. Sabía que, mientras yo estaría en San Antonio, ellos se irían a Los Ángeles, a la grabación del disco, tal como él me lo había dicho. Hablé con Sergio, encargándole a mi hija. También le pedí que me diera los datos del hotel en el que se iban a hospedar, la dirección, el teléfono... Sergio me dijo que todavía no sabía a qué hotel llegarían, pero que claro que, en cuanto lo supiera, me iba a avisar. Él ya tenía el pasaporte de Aline en su poder y, bueno, me fui a San Antonio, muy sentida y preocupada, luego de tantas cosas, de tantas discusiones con mi hija. Quise demostrarle que, al contrario de lo que me reprochaba tanto, seguía creyendo en ella y que no estaba en contra de sus sueños, de sus aspiraciones. Concederle ese permiso para viajar a Los Ángeles, según yo, fue una muestra de que confiaba en ella, a pesar de todo lo que había sucedido.

* * *

Sergio tenía planeado no sólo grabar el disco de Aline, sino también el segundo de Gloria Trevi (en pleno apogeo y controversia), el de los grupos Clase 69 y Papaya, el de Miguel Pizarro (el actor que sería lanzado como cantante) y otro más de Carlos Vargas, un cantautor, creador precisamente de una canción que acababa de escribir y que se llamaba "Chicas feas", que sería incluida en ese disco de Aline.

De nuevo en un avión, rumbo al paraíso: Los Ángeles, la ciudad que unas semanas antes a Aline la había cautivado. Rumbo también a la realización de su gran sueño, el inicio apenas de lo que ella se imaginaba ya como una triunfal carrera, parecida a la de Gloria Trevi. Igual de rápido podría ascender a la fama, igual de pronto estaría rodeada de los periodistas y fotógrafos que seguían a Gloria a todos lados, que la esperaban en los aeropuertos, en el lobby de los hoteles, siempre pendientes de ella, del gran suceso en el que se había convertido en menos de un año, rodeada siempre de fanáticos que cada vez eran más y más, incluyendo a su numeroso público infantil, especialmente las niñas que querían ser como ella, que la imitaban en su manera de ser, de peinarse, de vestirse.

Y mientras el avión volaba por los aires y se alejaba cada vez más de la ciudad de México, se sentía más cerca de la gloria, de esa gloria que creía estaba a punto de alcanzar.

Feliz, verdaderamente feliz, encantada, nerviosa, ahí, en el avión, sentada en medio de Gloria y de Sergio, las personas más importantes en ese momento de mi vida, las más significativas. Pensaba que bien valía la pena lo que había pasado, lo que aún estaba pasando, a cambio de esa sensación única, a pesar de los remordimientos por la manera en que a últimas fechas me había portado con mi mamá. Ahí en el avión, luego de haber sentido al principio que por fin me había liberado de ella y que, a partir de entonces, ya no podría obligarme a nada ni someterme a sus decisiones, empecé a extrañarla, a sentir lástima de ella, después de haber llegado a verla como mi verdugo, como la madre entrometida y dominante que no me entendía, que no me comprendía. La pobrecita, ni se imaginaba lo que estaba sucediendo realmente, lo que había sucedido ya.

Ahí iba yo como siempre, en el sitio privilegiado, al lado de Gloria, la triunfadora, y de Sergio, el maestro, el genio. Y en otro asiento, Mary, por supuesto, quien ya en ese entonces estaba convertida en la asistente de Gloria, en su acompañante, la que tenía que estar siempre con ella, en todos lados. Y también iba Mariana, la muchacha aquella tan bonita a la que hacían pasar como novia de Sergio. Las demás se habían quedado en México, a cargo de la oficina.

Llegamos a Los Ángeles y de inmediato nos dirigimos al hotel Key Best Western, que estaba frente a los estudios de grabación, Milagro Sound, en el que Sergio grababa todos sus discos. Primero sería el de Gloria, luego el mío, después el de Clase 69 y, más tarde, el de los otros, el de Papaya, Miguel Pizarro y Carlos Vargas. Seis discos en total, en el menor tiempo posible, para ahorrar costos.

Según me había contado Gloria en alguna ocasión, Sergio se aventaba esas grabaciones rapidísimo. A veces, en una sola semana, o dos, cuando mucho, grababa un disco completo. Y bueno, en esa ocasión, según me di cuenta, quería aprovechar el tiempo y grabar de un jalón los discos que estaban pendientes.

En cuanto terminara el disco de Gloria, y después el mío, llegarían los demás artistas, incluyendo los chavos de Clase 69, a los que tenía muchas ganas de ver, porque dos de ellos me encantaban: Eduardo Méndez y Flavio César, de quien, incluso, tenía una foto escondida en mi casa, en uno de mis cuadernos de la escuela. Les presumía a mis amigas que

Flavio era mi novio, y ellas se lo creían. Ni modo que les contara la verdad, que mi verdadero novio era Sergio Andrade, un señor que parecía mi papá. Flavio era como mi amor platónico, a pesar de que casi no hablaba con él ni con sus compañeros del grupo cuando iban a la oficina. Sergio nos lo tenía prohibido. No sólo no podíamos ser amigas entre nosotras. Tampoco podíamos platicar con la gente que llegaba y menos aún con muchachos tan guapos y de nuestra edad como los de Clase 69, un grupo que sólo grabó ese disco que les hizo Sergio y que después se desintegró.

Pero bueno, te decía que llegamos al hotel. Sergio tenía reservados dos cuartos solamente, como de costumbre: uno para Mary y Mariana y Gloria, y el otro para él y para mí, tal como era la costumbre hasta entonces. A veces, Gloria también se quedaba con nosotros, pero, por lo general, siempre era yo la que estaba con él. En esos momentos, la verdad, mi emoción era tanta que no me importó enfrentarme una vez más al martirio que para mí significaba pasar las noches con Sergio, a pesar de que sentía quererlo tanto y le estaba tan agradecida.

El hotel era uno de paso, de esos que hay por todos lados en Estados Unidos. De esos que tienen un jardín en medio y los cuartos alrededor de ese jardín. Para nada era un hotel de lujo ni de cinco estrellas, un hotel simplemente. En cuanto llegué a la habitación con Sergio, él me dio permiso de hablar a mi casa, con Benito, para avisarle que había llegado bien. Pero me advirtió que no le diera ni el nombre del hotel, ni la dirección, ni el teléfono, porque, según él, decía que en cuanto mi mamá regresara de San Antonio, me estaría hablando a cada rato y no me permitiría concentrarme en la grabación del disco. Además, Benito tampoco le caía muy bien que digamos, constantemente se expresaba mal de él, no sé por qué, si Benito ni se metía con él y casi no tenían trato.

Esa misma noche, comenzó la que sería una tediosa rutina diaria, durante las semanas en que estuvimos ahí, sin grandes cambios: horas y horas en el estudio de grabación, siempre de noche, porque así le salía más barato a Sergio: de las ocho de la noche hasta las cinco de la madrugada. El primer disco fue el de Gloria, pero Mary, Mariana y yo teníamos que estar también ahí, en el estudio, cerca de él, aunque nos estuviéramos muriendo de sueño y cansancio. Las horas se me hacían eternas.

Al principio, al menos durante la primera noche, como que me gustó la experiencia, porque, como mi obligación era estar siempre al lado de Sergio, en la sala de audio, frente a la consola, grabadoras, bocinas y un montón de aparatos, llenos de botoncitos y botoncitos, ¡yo maravillada!, aprendiendo, supuestamente, los secretos y detalles sobre la grabación de un disco. A veces, Sergio me explicaba, pero yo no entendía nada. Y luego, Gloria Trevi, mi ídolo, en la cabina de grabación, con sus audífonos puestos, cante y cante, repitiendo a veces algunas partes de la canción. ¡Qué maravilla! ¡Yo estaba siendo testigo de la grabación y proceso de un disco! ¡Y no un disco cualquiera, sino del de Gloria Trevi!

Pero, como te digo, esas largas sesiones llegaron a aburrirme. Yo ahí sentada, o a veces parada, siempre al lado de Sergio. Y si me daba sueño y bostezaba o empezaba a cabecear, ya a eso de las dos o tres de la mañana, ¡para qué quieres! Si él se daba cuenta, podría enojarse y castigarme. Así que tenía que aguantarme, igual que Mary, quien era como su secretaria particular, y Mariana, también ahí. En cambio, Sergio, siempre prendidísimo, incansable, a la hora que fuera, con una energía sorprendente y fuera de serie. Quería que todas estuviéramos así siempre, como él. Pero, al menos a mí, me resultaba imposible.

Y, luego, como te decía, ya como a las cinco de la mañana, nos cruzábamos al hotel para dormir unas horas, como hasta las once o doce del día, claro, después de que, por lo general, tenía que cumplir con mis obligaciones como "favorita" de Sergio...

Después, desayunábamos en el restaurante del hotel o por ahí. Eso sí, ninguna podía bajar por su cuenta al restaurante y comer, hasta que él no lo decidiera. Aunque nos estuviéramos muriendo de hambre, nadie podía comer nada, hasta que él no comiera. Y si estaba dormido o trabajando, lo teníamos que esperar el tiempo que fuera.

Y el resto del día, a encerrarnos en el cuarto. A veces, salíamos a dar la vuelta o de paseo, pero siempre con él. Nunca solas. En ocasiones, era sólo yo (como la "importante"), quien lo acompañaba. Íbamos a algún mall, pero a comprar sólo cosas para Sergio: audiocintas, aparatos de sonido, ropa para él o, a veces, también ropa de show para Gloria. Ya sabes, el tipo de ropa que ella usaba: vestiditos, medias, blusitas extravagantes o chunches locochones que fueran de acuerdo con su imagen... A mí nunca me compraba nada, y a las otras, menos.

Después de hacer sus compras y de pasar por tiendas y tiendas en las que a mí se me caía la baba con todo lo que veía, sin poderme comprar nada, porque lo que mi mamá me había dado para gastar era muy poco, comíamos en algún lugar. Casi siempre, Sergio me daba chance de que yo ordenara lo que quería comer, pero, en ocasiones, era él quien decidía el menú. A pesar de todo, de que no me compraba nada, durante esos paseos por las tiendas, se mostraba encantador conmigo, ocurrente, lindo, tierno. Pero ya más noche, en el estudio, volvía a ser igual de frío y ogro.

* * *

Mientras, en la ciudad de México, Jossie regresó de su viaje a San Antonio y, ya en su casa, se encontró con una desagradable sorpresa: ni Aline, ni Sergio habían dejado el número telefónico, ni la dirección del hotel.

Fue en ese momento cuando, entonces sí, empecé a darme cuenta que mis sospechas podrían ser ciertas. Lo que me desconcertó fue que ninguno de los dos hubiera dejado los datos del hotel, tal como lo habíamos acordado.

En ese momento me sentí engañada, no tanto por Sergio, sino por mi hija. Las cosas me empezaron a oler mal, muy mal. No se lo quise comentar a Benito, porque sabía que él me lo iba a echar en cara. Ya me lo había advertido. Me enojé muchísimo, sentí un gran coraje.

Decidí que tenía que localizar a Aline donde fuera, a como dé lugar. Pero no sabía cómo. Lo primero que se me ocurrió fue llamar a la oficina de Sergio, a sabiendas de que, como ya era tarde, casi las diez de la noche, no me iban a contestar. Y pues sí. Nadie contestó. En eso, en mi desesperación, Diosito me iluminó y recordé que, en alguna ocasión, Aline me había dicho que el estudio de grabación se llamaba Milagro Sound, sí, ¡Milagro Sound! Sabía que ese estudio se encontraba en Los Ángeles, pero no tenía el dato seguro.

Le llamé a una prima mía que vive allá, en Los Ángeles, para ver si me podía ayudar. Ella me aconsejó que llamara a Información Internacional, para ver si ahí tenían el número telefónico de Milagro Sound. Pero no lo tenían registrado. Luego, Benito consiguió ahí mismo, en Información Internacional, los teléfonos de varios hoteles de Los Ángeles a los que estuvimos hablando, uno por uno, preguntando si ahí estaba hospedado el señor Sergio Andrade. Y nada. Hasta que llamamos a la Compañía de Telégrafos Internacionales y ahí, por fin, me consiguieron el teléfono y la dirección de Milagro Sound.

Eran ya como las tres de la mañana cuando llamé al estudio y me dijeron que Sergio ya no se encontraba ahí, que seguramente estaría en su hotel, el Key Best Western, y me dieron el teléfono. De inmediato llamé y confirmé que Sergio sí estaba registrado ahí, pero cuando me comunicaron a su habitación, nadie contestó. Al menos ya sabía que estaban ahí y, aparte del número telefónico, ya también tenía la dirección que me dio la operadora.

Lo que restaba de la noche, no pude dormir. Quería que amaneciera pronto para volver a llamar al hotel. Y así lo hice, como a las siete de la mañana. Pedí que me comunicaran al cuarto de Sergio y casi me voy de espaldas cuando la que me contestó fue Aline. En ese preciso momento, se me vino el alma al suelo. Sentí algo espantoso, terrible. Fue como confirmar mis sospechas, lo que ya en varias ocasiones había pensado y que no me atrevía a aceptar ni a comentar con nadie, ni con mi marido.

—¿Aline?

—¿¿Mamá?? —exclamó evidentemente sorprendida.

—¿Y tú qué haces ahí? ¿No es ésa la habitación de Sergio? —le pregunté muy alterada.

Se quedó callada unos instantes. Seguramente no sabía qué decirme.

—Nno —respondió titubeante, nerviosa—. Lo que pasa es que te han de haber comunicado mal. Como los dos cuartos están a nombre de Sergio... Éste no es el suyo. Aquí sólo estamos Gloria, Mary y yo...

Me la puse como chancla, la regañé por no haberme dejado ningún dato. Ella me puso mil pretextos, me dio mil razones. Pero no le creí nada. Yo estaba dispuesta a volar de inmediato a Los Ángeles. Sin embargo, no quise decirle nada. Como ya tenía mis sospechas, quería sorprenderla con las manos en la masa.

En cuando colgué la bocina, de inmediato me fui a una agencia de viajes para comprar mi boleto de avión. Regresé a la casa, tomé la misma maleta que había llevado a San Antonio, guardé otra ropa, la primera que encontré y me fui al aeropuerto.

Ya en el avión, después de tantas horas de tensión y angustia, de pensar mil cosas, me llegaron más y más dudas, más sospechas. Me preguntaba con qué me iba a encontrar y por qué estaba sucediendo todo eso. No daba crédito. Más bien, no quería aceptarlo. Aunque llevaba ya más de veinticuatro horas sin dormir, no tenía sueño.

Mi mente era un caos de preguntas sin respuesta, de incertidumbre, dudas, miedos... Cuando viajas solo, siempre tienes tiempo para reflexionar, para analizar las situaciones y hasta tus sentimientos. Uno se siente más cerca de Dios, cuando, ya en el avión, miras las nubes blancas por todos lados, que te hacen percibir el infinito... y el sol que refleja su luz sobre esas nubes. Casi te dan ganas de estirar la mano para tocarlas, para sentir ese cielo. Así me sentía yo, muy cerca de Dios, del espíritu del papá de Aline y, también, de mi propio padre, que ya había fallecido. Ahí fue cuando, con más fervor que nunca, les pedí que me aclararan ese camino de dudas, que me ayudaran para que todo ese misterio se aclarara, que me dieran el valor para hacerle frente a esa situación. En esos momentos, me sentía enormemente sola, frente a algo que se estaba saliendo de mis límites y capacidades...

Llegué a Los Ángeles como a las cinco de la tarde y me fui directamente al hotel, pero me dijeron que ni Sergio ni las muchachas estaban ahí, que, a lo mejor, habían salido o que podrían encontrarse en el estudio de grabación que estaba cruzando la calle. Pensé en dirigirme hacia allá, pero, luego, preferí esperar y esconderme por ahí para ver cómo llegaban Sergio, Aline y las muchachas al hotel, a qué cuarto se iban, quién se quedaba con quién.

Yo muy ingenua todavía, entre mi confusión mental, quise pensar que, en efecto, Aline estaba en una habitación con Gloria y Mary, y Sergio en otra, con Mariana, su supuesta novia, aquella muchachita tan altiva y arrogante.

En el lobby del hotel, fume y fume como desesperada, pensando más cosas, mientras volteaba a cada rato a la puerta de entrada del hotel, hacia la calle, en espera de que Sergio y las muchachas aparecieran, para poderme esconder. Ya le había pedido a la señorita de la recepción que no les dijera que yo estaba ahí, ni que había preguntado por ellos.

Los minutos pasaban, las horas. Me cansé de estar ahí sentada y me salí a la calle, donde estuve caminando como hora y media del hotel a la esquina y de regreso. De repente, parada en la puerta del hotel, volteo y veo que Aline y Sergio, seguidos por Gloria, Mary y Mariana, vienen caminando por la calle. Quise esconderme, pero ya no fue posible. Ya me habían visto. Jamás se me va a olvidar la cara de susto de Aline cuando le dijo a Sergio: "¡Ahí está mi mamá!"

Muy sorprendidos, se acercaron a mí, me saludaron. Sergio, aunque quiso disimular, no pudo ocultar, aparte de su sorpresa, su enojo, su contrariedad. A pesar de todo, por demás hipócrita y falso, sin cuestionarme qué era lo que yo estaba haciendo ahí, me dijo: "Qué bueno qué viniste". Y Aline, con su misma cara de asustada, igual que las demás, sin saber qué hacer o qué decir.

Sergio, evidentemente alterado y como apresurado, me explicó que ya estaban a punto de grabar el disco, que todo iba bien... Todo fue muy rápido. Ni siquiera me dio oportunidad de reclamarle nada. Dijo que luego nos veríamos y se dirigió a su cuarto. Aline y las muchachas me llevaron a otro, donde supuestamente estaban las cuatro.

En esa habitación, me puse a observar, revisando con la mirada todo lo que ahí había, para ver si encontraba cosas de Aline. Pero no. No había nada de ella, ni siquiera su maleta. Y cuando entré al baño, descubrí que tampoco estaba su cepillo de dientes.

Me urgía hablar con mi hija, pero a solas, no con testigos. Gloria me propuso que subiera mi maleta y que pasara la noche con ellas en ese cuarto, suponiendo, seguramente, que al día siguiente iba a regresarme a México. Le dije que prefería quedarme en otra habitación, con Aline. Y que necesitaba hablar con Sergio lo más pronto posible.

Tomé otro cuarto y, ya instalada, Gloria fue a buscarme para informarme que Sergio había regresado al estudio y que saldría de ahí en la madrugada, que si quería hablar con él, tendría que esperarlo hasta el día siguiente.

—No importa —le respondí—. Lo espero. Pero no me voy de aquí, hasta no hablar con él.

Esa noche, Aline se quedó conmigo. Por fin pudimos hablar a solas. Volví a regañarla, a reclamarle lo que había hecho, advirtiéndole que ni se le fuera a ocurrir reclamarme mi presencia ahí, porque estaba en todo mi derecho. Le dije también que tenía que hablar con Sergio y que me la iba a llevar de regreso a México. Me hizo todo un drama, me reprochó que le echara a perder sus planes, su futuro. Discutimos como ya era costumbre. Nuestra relación entonces, ya no era la de madre e hija, sino la de dos enemigas.

Me sentía muy mal, confundida, cansada, sin poder explicarle a mi propia hija lo que me estaba sucediendo, todo lo que estaba sospechando. Me costó mucho trabajo, pero, por fin, se lo solté...

—Dime la verdad, Aline. Tú andas con Sergio, ¿verdad?

Ella se quedó muda, sin saber qué responderme. Se hizo la tonta, pero yo insistí, ya sin poder controlar el llanto, incluso, levantándole la voz.

—¡Te estoy hablando!... ¿Qué tienes qué ver con Sergio?

—Nada, mamá —me respondió, más desconcertada todavía al verme llorar.

—¿Estás segura?

—Sí.

—¿Y entonces? ¿Por qué tantas mentiras? ¿Por qué contestaste tú cuando pedí que me comunicaran al cuarto de Sergio?

—Ya te dije que se equivocaron. Te pasaron a mi cuarto, en el que estoy con Gloria, con Mary y con Mariana.

—¿Y tus cosas? ¿Por qué no están ahí, en ese cuarto?

—¿Qué? ¡Claro que están en ese cuarto!

—¡Pues yo no vi nada! Ni tu ropa, ni tu maleta.

—Porque tengo todo en un closet. La maleta también. Ni modo que tenga todo regado. Si quieres vamos para que veas

—¿Y tu cepillo de dientes?

—¿Mi cepillo de dientes?

—Tampoco estaba en el baño.

En ese momento, se puso como energúmena, caminando de un lado a otro.

—¡Ay, mamá! ¡Es el colmo! ¡Estás alucinando! ¿Cómo crees? ¿Cómo se te ocurre pensar que yo voy a andar con Sergio? Él anda con Mariana. ¿De dónde sacas tantas cosas? ¿Cómo se te ocurre pensar todo eso? ¡No inventes! ¡Por favor!

También se soltó llorando. Y a mí me conmovió. Quise creer que, en efecto, todo eran suposiciones mías y que, como ella decía, estaba alucinando. Más tranquila me quedé cuando, a los pocos minutos, fuimos al cuarto de Gloria, Mary y Mariana por su camisón, para que se quedara a dormir conmigo en mi cuarto. Y, en efecto, ahí, en un closet, estaba su maleta, su ropa, sus cosas y hasta su cepillo de dientes, no en el baño, sino en una bolsita, con su pasta dental, su shampoo y un frasquito con crema.

Me sentí chinche, por haber dudado de ella, por haberla acusado de esa manera. Había sido injusta y hasta le pedí disculpas. Ya de nuevo en mi cuarto, como las dos estábamos muy cansadas y yo ya no podía ni con mi alma, no hablamos más y cada una se fue a su cama.

Al día siguiente, antes de bajar a desayunar, fui a buscar a Sergio a su cuarto. Pero nadie me abrió. Fui entonces con Gloria, y ella, me salió con que "Sergio se tuvo que ir urgentemente a México, pero va a regresar en unos cuatro días".

¿Cómo que se había ido así nada más, luego de que le había dicho que me urgía hablar con él y aclarar ciertas cosas? Pensé que, con toda seguridad, me estaban inventando eso para que me cansara, para que me fastidiara y me regresara a México. ¡No iba a esperarlo cuatro días ahí, sin nada qué hacer! No. Decidí volver a México, pero con Aline. Sin embargo, resultó que, curiosamente, el pasaporte de ella, lo tenía Sergio y, por descuido, entre las prisas, se lo había llevado en su maleta.

Les armé todo un teatrito a Gloria y a Mary, quien también estaba ahí, desquitándome con ellas de que hubiera sucedido algo así. ¡Era el colmo! "Si Sergio cree que me va a ver la cara —les advertí—, ¡está muy equivocado! Ningún derecho tenía para llevarse el pasaporte de Aline y, menos para retenerla aquí con ese pretexto".

No me quedó más remedio que, en vista de las circunstancias, permanecer ahí, ¡esperarlo cuatro días!, hasta que él regresara. Si a esas íbamos, okey. Si lo que él quería era hartarme y que me regresara a México, no iba a salirse con la suya.

Luego de informarles que me quedaba en Los Ángeles hasta que él regresara, las pobres, como no se lo esperaban, ya no supieron qué decirme. Y Aline, furiosa, más que nunca, sin poderlo disimular, reclamándome que ya no era una niña, que la estaba perjudicando y no sé qué más.

Las cosas se pusieron peor y empezó a tratarme como a un perro. Ya casi ni me dirigía la palabra. Cuando me la llevaba a comer o salíamos por ahí, lo hacía de mala gana, siempre con groserías y reclamos, exigiéndome que me regresara, que ella lo haría en cuanto terminara el disco. Pero no. En esa ocasión, aunque ella me hiciera berrinche tras berrinche y me tratara con la punta del pie, para cansarme, no desistí. En cuanto llegara Sergio, le quitaría el pasaporte de Aline y me regresaría con ella a México.

* * *

Sergio no se había ido a México. Estaba ahí, escondido en un departamento que tenía en Los Ángeles y, por las noches, en el estudio de grabación, según Aline, esperando a que Jossie, en efecto, se fastidiara y se regresara a México, por supuesto, sola. Sin su pasaporte, Aline no podría salir de Los Ángeles.

Sí, Sergio estaba escondido, fúrico por la intempestiva llegada de mi mamá, desesperado porque ella no se iba. En combinación con Gloria y Mary, y sin que mi mamá se diera cuenta, una vez que ella se estaba bañando, pude hablar con él por teléfono y, muy enojado por la situación, me echó a mí la culpa, cuando, en verdad, yo nada tenía qué ver en eso.

Me pidió que fuera grosera con mi mamá, para que se fuera de ahí. Y tuve que hacerlo, atemorizada de lo que me podría hacer él después. Mi mamá no sabía el problemón en el que me estaba metiendo. Aparte, como ya te lo conté, yo ya estaba convencida que ella me estaba perjudicando, que se estaba metiendo demasiado en mi vida y en mi carrera. Sí, aunque suene feo, se había convertido en un estorbo y me desesperaba que siguiera ahí, que por su culpa se estuviera retrasando todo y que Sergio se molestara cada vez más.

No sabía qué hacer. Estaba entre la espada y la pared, ya en ese tiempo, más que nunca, dominada por Sergio, plenamente convencida de que era él quien tenía la razón, actuando cada vez más como él me lo ordenaba, no tanto por miedo a sus castigos, sino porque en verdad sentía que lo que él me decía era lo correcto.

Cuando Mary y Gloria me llevaron al departamento de él, un día después de la llegada de mi mamá, insistió en que, seguramente, yo le había llamado a ella para darle la dirección del hotel, a pesar de que él me lo había prohibido. Y como estaba seguro de que le estaba mintiendo y que todo era cosa mía... Otra vez se quitó el cinturón y me dio varias veces con él. Según la gravedad de lo que había hecho, era el número de cinturonazos. Y como esa desobediencia era muy grave y, aparte, le echaba a perder sus planes por tenerse qué esconder, ya te imaginarás.

Mientras me pegaba, yo, llorando desesperada, le juraba una y mil veces que no le había llamado a mi mamá, que no le había dado ningún dato. Yo no sabía todavía cómo le había hecho ella para conseguir el teléfono del hotel. No me lo explicaba en verdad. Pero Sergio no me lo creyó y, después de la cinturoniza, me advirtió que si le contaba a mi mamá que él estaba ahí, escondido, me iría peor.

De regreso al hotel, cuando me encontré con mi mamá en el cuarto, la odié todavía más. Me preguntó a dónde había ido sin avisarle, me regañó, me dijo mil cosas. Pero yo, me hice la digna y no le respondí nada. Fui más grosera que nunca, como me lo ordenó Sergio, para que se fastidiara y se fuera de ahí, para que no me metiera en más problemas.

* * *

Transcurrieron tres días, hasta que Sergio por fin apareció. Supuestamente, había regresado de México, muy apenado por haberse llevado el pasaporte de Aline, por un simple descuido, tal como se lo explicó a Jossie cuando, por fin, ella pudo hablar con él.

Todo lo que tenía pensado reclamarle, de pronto, como por arte de magia, perdió importancia en el momento de tenerlo frente a mí. Eso era algo muy extraño que siempre me sucedía con Sergio: yo podía estar muy enojada, pero a la hora de la hora, no podía decirle nada. Es más, en muchas ocasiones, aparte de que él tenía un enorme poder de convencimiento y mucha labia, hasta terminaba pidiéndole perdón, sintiéndome mal por haber dudado de él. Eso es algo que siempre me sucedió y que hasta ahora no me explico.

Pero, bueno, cuando hablé con él, luego de que me pidió perdón por haberse llevado el pasaporte de Aline, sólo le dije que mi hija ya no podía permanecer más tiempo en Los Ángeles. Tenía que estar en México lo antes posible, porque aparte de que ya habían comenzado las clases, tenía que arreglar unos papeles de la escuela y presentar el examen que había reprobado. Sergio, muy seco, me dijo que no sabía cuántos días más se iban a tardar, que apenas estaba terminando el disco de Gloria y que seguiría con el de Aline, que ya estaba todo listo para la grabación. Eso fue todo. Como que dejó que yo decidiera lo que se iba a hacer.

Hablé con Aline y ella me suplicó de nuevo que no me la llevara, que después de tanto tiempo de espera, sería injusto que no pudiera grabar su disco. Me pidió que me regresara tranquilamente a México, que la dejara ahí y que, en cuanto terminara la grabación, ella volvería.

Una vez más, me entraron los remordimientos y nuevamente accedí. Sí, pero no la dejaría sola. Me quedaría yo también hasta que terminara de grabar ese disco.

Total, que permanecí diez días más en Los Ángeles. Todo el día encerrada en mi cuarto, fumando como chacuaco, viendo la televisión, sola. Porque Aline se la pasaba todo el día en el estudio, grabando y, por supuesto, por indicaciones de Sergio, yo no podía pararme por ahí, según él, para no ponerla nerviosa.

Ahí, pasé mi peor cumpleaños. Sí, el peor de todos, porque aparte de estar sola, Aline ni siquiera me felicitó. Casi no me hablaba, seguía portándose grosera e indiferente, siempre de mal humor y harta porque permanecía ahí. Y yo sufriendo, sintiéndome como arrimada, en verdad como un estorbo.

Hasta que pasaron los diez días y Sergio me salió con que, como aún no habían terminado el mentado disco, se tardarían otros diez o quince días más. "Ya le falta muy poquito, Jossie —me dijo una mañana—. Ya estamos en la recta final. Deja que Aline termine ese disco".

Yo ya no podía continuar más tiempo ahí. Ya eran quince días y tenía que regresar a México, con mi marido, con Yoyo, mi otra hija. Ellos también me necesitaban. Pero, por otro lado, tampoco quería dejar sola a Aline a pesar de que, supuestamente, ya me había convencido de que no tenía nada qué ver con Sergio.

Si el disco ya se encontraba en proceso de grabación, pues que lo terminara, para acabar también de una vez por todas con ese martirio. Ya estaba harta de pasármela ahí encerrada, harta de los desplantes y majaderías de Aline, de las malas caras de Sergio, de las demás niñas, de la situación en sí, tan desgastante, tan humillante. Era evidente que no me querían ahí y me lo demostraron en todo momento. Más que molesta o enojada, me sentía triste, desolada, sin saber a ciencia cierta qué era lo que podía hacer, si permanecer ahí o irme de una buena vez, dejando todo en manos de Dios, confiando en el buen juicio de Aline.

Pensé que, quizás, era el momento de arriesgarme y dejarla sola, para que terminara ese maldito disco y, ya en México, buscar la manera para que las cosas cambiaran. A final de cuentas, pensé entonces, había caído en lo que tanto había criticado antes: en la madre dominante y metiche que no deja en paz a la hija, que no la deja ser.

Ni modo. Con todo el dolor de mi corazón, sintiéndome peor que nunca, vencida y sin fuerzas, compré mi boleto de regreso a México y, ahí, solita en mi cuarto y llorando, hice mi maleta, pidiéndole a Dios que mi decisión fuera la correcta, que todo fuera para bien.

* * *

Aline recuerda que cuando se despidió de su mamá en la puerta del Key Best Western y luego la vio alejarse en el taxi que la llevaría al aeropuerto, se sintió por fin liberada.

Estaba segura que Sergio me daría otra vez con el cinturón. Pero no, para mi sorpresa, más bien me felicitó porque, por fin, había logrado que mi mamá se fuera. Así, continuamos con la grabación de mi disco, luego de varios días de grabación. Recuerdo que el primer día, cuando ya me tocó a mí estar en la cabina, con mis audífonos puestos, para grabar el primer tema, ¡fue una experiencia de pelos! En ese momento me di cuenta que el precio que estaba pagando bien valía la pena.

Lo más padre fue cuando grabamos "Hablando de amor", la canción que tanto me gustaba, con la que Sergio había logrado que cayera rendida a sus pies, la que, supuestamente, me había compuesto a mí, a pesar de que, ya antes, la habían grabado las gemelas Ivonne e Ivette en su primer disco.

Y en ese proceso inolvidable de grabación, con Sergio ahí, dándome indicaciones sobre cómo interpretar los temas, sentí que lo amaba más todavía. Era mi todo, mi máximo, el genio maravilloso que me estaba no sólo cumpliendo mi sueño, sino también convirtiéndome en estrella. Eso fue bonito, muy bonito, porque ahí también estaba Gloria, pendiente de mi disco, apoyándome también, haciendo que me sintiera más segura.

A los tres días de que mi mamá se había ido, terminamos mi disco. Todos estábamos felices. Sergio tenía que viajar a México, no recuerdo para qué, y aprovechó para que me fuera con él y, tal como se lo había prometido a mi mamá, arreglara mis papeles de la escuela y presentara el examen que tenía pendiente.

Mi mamá se puso feliz cuando me vio en la casa, aunque Sergio le aclaró que sólo sería por tres días, porque, supuestamente, no habíamos terminado mi disco y teníamos que regresar a Los Ángeles. Eso era un pretexto, una mentira, porque el disco, como te dije, ya lo había terminado de grabar. Al menos, lo que a mí me correspondía, ya estaba y no tenía por qué volver de nuevo.

Y como mi mamá vio que Sergio cumplió su palabra y que me había llevado para arreglar mis asuntos de la escuela, accedió más tranquila, sin dramas ni reproches, para que yo regresara, nuevamente con la promesa de que, en cinco días más, estaría de nuevo en México.

Volvimos a Los Ángeles y ya estaban ahí los chavos de Clase 69 para la grabación de su disco. Yo ya nada tenía qué hacer ahí, más que estar con Sergio todo el tiempo, en el cuarto del hotel, en el estudio, por las noches, hasta la madrugada, o acompañándolo a donde él quisiera ir.

Todo marchaba más o menos, hasta que, una madrugada, luego de una sesión de grabación, llegamos a la habitación del hotel. Ya eran casi las seis de la mañana y Sergio, como siempre, todavía tenía cuerda para rato. Se puso ha hacer unas llamadas por teléfono, mientras que yo, como estaba rendida y muerta del cansancio, me recosté en la cama y, claro, a los pocos minutos, me venció el sueño y me quedé profundamente dormida.

No supe más de mí, hasta que me desperté. Creo que eran como las seis y media. Miré a todos lados ¡y Sergio no estaba ahí, en el cuarto! Muy asustada, lo busqué en el baño, y nada. Empecé a preocuparme. De seguro se había molestado conmigo porque me había quedado dormida. ¿Y dónde andaba? ¿A dónde había ido a esas horas? Al estudio de grabación no, porque ya había terminado la sesión. ¿O estaría en el cuarto con las otras, con Gloria, Mary y Mariana? Sí. A lo mejor...

Como a los veinte minutos, regresó por fin, tal como me lo esperaba: furioso. ¡Dios mío! ¡Con una cara! Por supuesto, me reclamó que ¡cómo era posible que me hubiera quedado dormida!, como si fuera un pecado. Y sí, eso era un pecado en esas circunstancias, un pecado imperdonable, porque por mi culpa, por haberme quedado dormida, ¡él había tenido que irse a dormir al coche que había rentado y que estaba en el estacionamiento del hotel!

Un pecado que ameritaba un nuevo castigo, para que aprendiera que eso no se lo podía hacer nuevamente, cuando mi obligación era mantenerme despierta a la hora que fuera, hasta que él me diera permiso para dormir. Me llevó al baño de la habitación y ahí me ordenó que me desnudara y que, si tanto sueño tenía, me durmiera en la tina del baño, las horas que quedaban, como hasta el mediodía.

Una humillación más a la que tuve que someterme. Y no me preguntes por qué... No quería enfurecerlo más. Me lo había ganado. Por supuesto que, ahí metida en la tina, desnuda, ¿cómo iba a conciliar el sueño? Me la pasé llorando, encerrada, sin poderme mover o salir de ahí, porque si lo hacía, me iría peor. No sé cuánto tiempo pasó, pero fue un buen rato, hasta que Sergio entró al baño y me perdonó. Me dio permiso para dormir las horas que me quedaban, pero no en la cama, junto a él, sino en el suelo.

Después, eso de dormir en el suelo, y él en la cama, se convirtió en otra costumbre. Algo que se repitió a menudo, un nuevo castigo, ideal para los viajes, siempre que él se disgustaba por algo que, supuestamente, yo había hecho mal.

15. Mamá al rescate

No tienes por qué sentirte sucia, Aline.
Tú vales mucho, tú eres un tesoro.
No te preocupes...

Cinco días y ya. Habían transcurrido cuatro, cuando, una mañana, como a las diez, sonó el teléfono en casa de Jossie. Era Aline, desde Los Ángeles. Y estaba llorando. Casi no podía ni hablar.

—¡Ven por mí, mamá! ¡Por favor! ¡Ven pronto!

—Pero, Aline, ¿qué tienes? ¿Qué te pasa?

—No te puedo decir. No te lo puedo decir ahora. Tú ven por mí. Pero no se lo digas a nadie.

—Pero, Aline... ¡Aline!... ¿Bueno?... ¡Aline!

En ese momento, la llamada se cortó.

Ese mismo día, otra vez, Jossie tomó el primer vuelo que consiguió a Los Ángeles, presa de la angustia, de la zozobra, imaginándose lo peor, segura una vez más de que sus sospechas eran ciertas, que a su hija le estaba pasando algo, algo muy grave. Lo único que le pedía a Dios era llegar a tiempo.

Ya en Los Ángeles, como a las once de la noche, del aeropuerto se fue directamente al hotel. Pero ahí no estaban ni Sergio ni las muchachas.

Jossie cruzó la calle y se presentó intempestivamente en el estudio de grabación, donde al primero que vio fue a Sergio.

Como que le cayó en el hígado verme nuevamente ahí. En cuanto me vio, no pudo ocultar su sorpresa, su coraje. Ni siquiera me saludó, ni me preguntó nada. Como si hubiera visto a un fantasma, de inmediato se metió a un cuarto y cerró la puerta, ignorándome, como si no me hubiera visto.

Y yo ahí, sin saber qué hacer, sin explicarme qué sucedía. Toqué la puerta del cuarto en el que se había metido, pero no me respondía nadie. Quise abrirla y giré la perilla, pero tenía puesto un seguro. Luego, desesperada, empecé a golpearla y, en eso, no había transcurrido ni un minuto, cuando la puerta se abrió y aparecieron Gloria y Mary, llorando como locas, para informarme que les habían llamado por teléfono para decirles que el papá de Sergio acababa de morir, que lo disculpara, que no podría atenderme porque tenía que volar inmediatamente a México.

Al principio, la noticia me consternó, aunque en el fondo, pensé que se trataba de una mentira, de otro pretexto, una patraña más. A final de cuentas, no me importó. Lo que yo quería saber era dónde estaba Aline. Gracias a Dios, en ese momento, también apareció ella, fingiendo sorpresa al verme ahí, como si no se lo esperara. La abracé y le dije que iba por ella, mientras que Mary y Gloria seguían ahí paradas, secándose las lágrimas.

Si el papá de Sergio acaba de morir y él no me podía atender, porque tenía que viajar a México, ¡perfecto! Yo agarraba a mi niña y me la llevaba conmigo. Lo que menos me importaba ya era verle la cara a Sergio o hablar con él, menos aún después de que la propia Aline me había llamado para que fuera a recogerla. ¡Ya la había recuperado! ¡Ya la tenía conmigo! Lo demás no interesaba.

Sabiendo perfectamente que Aline estaba vigilada por Mary y Gloria, no le pregunté nada acerca de la llamada que me había hecho por la mañana. Simplemente la jalé y, muy normalmente, como si nada, le pedí que me acompañara al hotel, para solicitar un cuarto y pasar ahí la noche, inventándole que el motivo de mi viaje a Los Ángeles, era por asuntos de negocios, para que escucharan eso las otras dos y, de seguro, fueran y se lo dijeran a Sergio, quien seguía encerrado. Así, no pondría en evidencia a Aline, pensando en eso que me había dicho en la mañana, eso de 'ven por mí, pero no se lo digas a nadie'. De seguro, Sergio le había hecho algo o la tenía amenazada. Ya no me cupo la menor duda.

Aline se notaba nerviosa, pero al mismo tiempo, contenta de verme ahí. Y eso me dio mucho gusto. Cruzamos la calle, seguidas por Mary y Gloria, como espías y, cuando estábamos en la recepción del hotel, del Key Best Western, ya con la llave de mi cuarto, Gloria llamó a Aline para decirle algo, algo que no pude escuchar. Luego, la misma Gloria se acercó a mí y me explicó que como Aline tenía que grabar todavía en el estudio, aunque no estuviera Sergio, y seguramente saldrían ya muy tarde, lo mejor sería que se quedara en la habitación de ellas.

Yo le respondí que no. Que Aline se quedaba conmigo, en mi cuarto. Y como tanto ella como Mary me vieron tan determinante y al mismo tiempo molesta, no les quedó más remedio que regresarse al estudio, muy preocupadas, seguramente para irle con el chisme a Sergio. Yo sabía que él permanecía ahí, escondido, y que no quería darme la cara. Y eso era por algo que estaba dispuesta a descubrir.

Ya a solas en el cuarto con Aline, jamás se me va a olvidar cuando se soltó llorando como niña chiquita y me abrazaba, mientras que yo le preguntaba qué era lo que le sucedía, por qué me había hecho esa llamada telefónica tan misteriosa. Pero ella no me respondía gran cosa, sólo eran frases sueltas, interrumpidas a cada rato por el llanto:

—Me siento sucia... Tengo miedo... Nos pueden hacer daño, mamá...

—No, Aline. Nadie nos va a hacer daño —le dije en ese momento, mientras la abrazaba, más desconcertada todavía, sin entender bien qué era lo que me quería decir.

—Es que me siento sucia —volvió a decirme.

—Pero, ¿por qué Aline? ¿Qué te hicieron?

—No sé, mamá... Pero tengo miedo... Me siento sucia...

Y no paraba de llorar. La abracé todavía más fuerte, como para que sintiera mi protección, que a mi lado nadie le iba a hacer daño.

—No tienes por qué sentirte sucia, Aline. Tú vales mucho, tú eres un tesoro. No te preocupes. Si no quieres hablar, está bien. Mejor duérmete y, mañana, tal como me lo pediste, nos regresamos a México. Allá hablaremos... Ahorita, mejor nos dormimos.

Y cuando yo le decía todo aquello, lloraba todavía más, con más sentimiento, mientras sentía que todo su cuerpo le temblaba.

Como cuando era niña, la desvestí y le puse un camisón mío. La metí en la cama y me acosté junto a ella. Se acurrucó en mis brazos y poco a poco se fue quedando dormida, mientras que su llanto también se iba calmando.

Yo casi no pude dormir. Ahí, con ella junto a mí, me pregunté qué sería lo que le habían hecho y ¿quién? ¿Sergio, Gloria, Mary...? Sentí mucho miedo, frente a esa incertidumbre. Decidí que no la iba a presionar como lo había hecho otras veces, porque, si no, se me iba a escapar como ya lo había hecho antes.

A pesar de todo, me sentí tranquila, pensando que, gracias a Dios, la había recuperado ahora sí. Ya no era la chamaca grosera e indiferente de hacía unos días. Nuevamente era mi Aline, mi niña, a la que estaba perdiendo y que ahora tenía ahí, entre mis brazos, dormidita como cuando era una bebita.

* * *

Al día siguiente, parecía que todo volvería a ser como antes. Aline se estaba bañando, cuando Jossie, ya arreglada y dispuesta para salir lo más pronto posible del hotel, rumbo al aeropuerto, para ahí mismo comprar los boletos de avión, de pronto se hizo una pregunta: "¿Y el pasaporte de Aline?"

Segura de que Sergio lo tenía todavía en su poder y que, una vez más, le inventarían que se lo había llevado a México, no se sorprendió tanto cuando, al poco rato, tocaron la puerta de su cuarto.

Eran Gloria y Mary, para decirme que Sergio ya se encontraba en México y que había llamado para decir que estaba muy apenado conmigo, porque no había podido atenderme la noche anterior y, también, porque nuevamente, por un descuido, se había llevado el pasaporte de Aline.

No hay problema —les dije muy quitada de la pena, ante el asombro de las dos—. Ya veré cómo le hago, pero hoy mismo me regreso a México con Aline.

Seguramente, esperaban que me pusiera como loca. Pero no. Preferí tomarme las cosas con calma. Estaba decidida a todo, a lo que fuera, con tal de llevarme a mi hija de ahí. Había llegado a un punto en el que ya nada me detendría.

—Pero es que... sin el pasaporte, no la van a dejar salir —me advirtió Mary, aparentemente preocupada por el contratiempo, igual que Gloria, muy confiadas de que, una vez más, Sergio se había salido con la suya.

—No me importa —le respondí—. Ya me esperaba esto. De cualquier manera, me llevo a Aline conmigo. Voy a la Embajada de México, les explico lo que sucede y hago lo que sea para que me den un pasaporte provisional. ¿Cuál es el problema?

Las dos se quedaron heladas, sin saber qué más decir. En eso, Aline salió del baño y le pedí que fuera por sus cosas al otro cuarto, en el que supuestamente estaba con las muchachas. No le hubiera pedido eso. La regué otra vez. La hubiera acompañado yo. ¿Cuánto podría tardarse en recoger su ropa y guardarla en la maleta? ¿Media hora cuando mucho?

Pasaban y pasaban los minutos y no regresaba. Empecé a desesperarme, a imaginarme cosas. Pero no. Lo que me estaba imaginando ya sería el colmo. Fui al otro cuarto, toqué varias veces la puerta y nadie me abrió. No estaban ahí. Otro coraje, uno más. ¿De qué se trataba todo aquello? ¿Y Aline? ¿Dónde estaba entonces? Fui también al estudio de grabación. Tampoco estaban ahí. En medio de mi rabia, otra vez empecé a sentir ese miedo tan espantoso. ¿Qué estaba pasando?

Regresé a mi cuarto, con la esperanza de que Aline ya estuviera ahí, o que al menos me hubiera llamado. Y nada.

Fui a la recepción, les pregunté a las recepcionistas si no habían visto salir a Aline, a Gloria o a Mary. Pero tampoco me supieron dar razón.

Así, ¡transcurrieron tres horas!, tres horas de angustia y desesperación. Hasta estuve a punto de llamar a la policía para denunciar que me habían raptado a mi hija, cuando, en eso, ahí, en la recepción del hotel, veo llegar a Aline, por supuesto, acompañada de Gloria y Mary, las tres muy serias.

Otra vez, no pude ocultar mi rabia cuando tuve a Aline frente a mí.

—¿Qué pasó? —le pregunté—. Ahí estoy, esperándote en el cuarto hace más de tres horas, y tú... ¿De dónde vienes? ¿De qué se trata todo esto?

—Quiero hablar contigo, mamá...

Cuando me dijo eso, pensé que nuevamente, se había ido todo al demonio, que una vez más la habían convencido. Noté que, desafortunadamente, no era la misma del día anterior. Sí, su cara, su semblante, ya no eran los de la niña temerosa que se había refugiado en mí. Era una Aline extraña, muy extraña, como ida, distante...

—Ya lo pensé bien y, como ya nada más me falta una canción por grabar —me explicó—, creo que sería una tontería que me vaya así.

—Pero, Aline —repuse desconcertada, sin dar crédito—. ¿A qué estamos jugando?

—No, a nada —respondió tranquilamente.

—¿Y lo que hablamos anoche? ¿Y todo lo que me dijiste?

—Ya te dije que lo pensé bien y... prefiero quedarme para terminar el disco.

No supe qué hacer. Sentí una mezcla de desesperación, impotencia, coraje. Lo que más deseaba en esos momentos era agarrarla de las greñas y llevármela al aeropuerto, quisiera o no quisiera, con o sin pasaporte, sin importarme que no hubiera terminado el maldito disco que ya me tenía hasta la coronilla.

Sin embargo, en ese momento, preferí actuar inteligentemente y traté de calmarme. No quería armarle otro teatrito ahí, enfrente de Gloria y Mary, poniéndola en ridículo, como ella me lo reprochaba, y que luego se enojara conmigo y discutiéramos. Pude llevármela por la fuerza, sí, pero pensé que la única manera de rescatarla de todo aquello, era en México, en mi casa, en mi territorio, con la ayuda de mi marido, de mi gente, de mi familia.

Aún con la angustia y la zozobra por lo que me había dicho la noche anterior, esas frases sin sentido que eran como un grito desesperado de ayuda, de alerta, la dejé ahí, como me lo pidió y, llegando a México, hablé con mi esposo y me desahogué con él, pidiéndole que me ayudara a solucionar todo aquello.

Juntos, decidimos que, en cuanto Aline regresara en México, en unos días más, lo primero que haríamos sería quitarle el pasaporte y decirle que, definitivamente, se terminaba todo eso de su disco, sus clases, su relación con Sergio. Estuvimos de acuerdo en que íbamos a juntar nuestros ahorros para pagarle la producción de su propio disco, ya sin la ayuda de Sergio, para que se apartara por completo de él y lo mandara al demonio.

Bajé como nueve kilos de peso en esas semanas tan terribles. Era como luchar y luchar contra algo que desconocía, algo que no sabía realmente qué era, en medio de ese mar de confusión. Fue algo horrible, algo que no le desearía ni a mi peor enemigo. Lo que más me volvía loca eran esos cambios de actitud de Aline, ese desdoblamiento de personalidad que me desconcertaba tanto: la Aline que yo conocía y, de repente, la otra, la endemoniada que para mí era como una desconocida.

* * *

Lo de la repentina "muerte" del papá de Sergio, claro, era otra mentira. Una mentira más. Sergio, igual que en la ocasión anterior, estaba ahí escondido, en su departamento. Y cuando supuestamente Aline fue a recoger sus cosas al cuarto de Gloria y Mary, ellas la convencieron para que, mejor, fuera a hablar con Sergio.

Cuando le llamé a mi mamá a México, fue después de lo que me hizo Sergio, cuando me obligó a dormir desnuda en la tina del baño. Esa situación tan denigrante, fue la gota que derramó el vaso, lo que me hizo recapacitar. Sergio jamás se enteró que le había llamado a mi mamá por teléfono. Si lo hubiera sabido, me mata. Le hablé a escondidas, de una caseta que estaba en la calle, cerca del hotel, cuando se presentó la oportunidad, aprovechando que Gloria, Mary y Mariana estaban en su cuarto, y Sergio había salido al estudio. Me arriesgué, pero, gracias a Dios, ninguno se dio cuenta.

En verdad quería que mi mamá fuera por mí, que me llevara con ella. Lo de la tina del baño se me hizo muy grueso, horrible. Ya ni quiero acordarme. Y cuando vi a mi mamá ahí, en el estudio, sentí la gloria. Luego, ya en su cuarto, claro que no pude decirle la verdad. ¿Cómo se lo iba a decir? Yo estaba muy asustada.

Y después, cuando supuestamente fui por mis cosas a la otra habitación, Gloria y Mary, como de costumbre, me metieron ideas y me hicieron el clásico "coco wash" de siempre: eso de que no le podía fallar a Sergio, y menos en esos momentos, cuando había invertido tanto dinero y trabajo en la grabación de mi disco que pronto saldría. No, no le podía fallar de esa manera. Eso mismo me dijo él también cuando lo vi, mientras que mi mamá me esperaba en el hotel.

¿Para qué te repito otra vez lo mismo? Sergio me convenció, me dijo cosas: que me quería, que me necesitaba más que nunca, que si me regresaba con mi mamá, iba a echar a perder todo lo que habíamos conseguido juntos y que eso sería injusto. Que no permitiera que mi mamá se interpusiera entre nosotros, en mi futuro, en lo que me esperaba.

Sí, me convenció y se me olvidó todo, hasta lo de la tina. Es más, en vez de sentirme mal con mi mamá, por haberla hecho viajar en balde, me sentí mal con Sergio, por defraudarlo, por engañarlo, por haberle llamado a mi mamá a escondidas de él.

Y ya después, todo lo que le dije a mi mamá para que no me llevara con ella, fue lo que Sergio, Mary y Gloria me aconsejaron. Siempre terminaba convencida de que ellos eran los que tenían la razón y que, incluso, los castigos de Sergio eran por mi bien, porque me los merecía y porque esa sería la única manera de madurar como persona y crecer como artista.

Pasaron los días y las cosas siguieron igual. La misma rutina: las interminables noches en el estudio, las pocas horas de sueño, los encierros en el cuarto del hotel... Hasta que, un día, Sergio, Gloria y Mariana se marcharon a México, porque él tenía que arreglar allá unos asuntos, precisamente relacionados con el próximo lanzamiento del nuevo disco de Gloria.

Mary y yo nos quedamos solas en Los Ángeles, durmiendo casi todo el día, viendo la televisión, aburridas, sin nada qué hacer. En situaciones así, por ejemplo, cuando Sergio no estaba, cuando sabíamos que andaba lejos, era cuando más podíamos platicar, cuando yo podía ver más a Mary como mi amiga, como otra hermana, aunque nunca me hablaba gran cosa de su vida, de su pasado. Lo poco que sabía era que, junto con Gloria, había estado en Boquitas Pintadas y que también adoraba a Sergio.

Yo había escuchado por ahí que Mary estaba casada con él, que los papás de ella los habían casado varios años atrás, pero no me atrevía a preguntárselo ni a tocar el tema, porque sabía bien que, luego, le podría contar a Sergio. Sí, ya recuerdo. La que me lo dijo fue Gloria: que Sergio y Mary se habían casado cuando ella tenía quince o dieciséis años. Y eso no era todo. Además, Sergio había estado casado también con otra mujer, Nora Miranda, con la que tenía un hijo, Gustavo, más o menos de mi edad.

¿Qué onda? Cada cosa de la que me enteraba y que a mí, no sé por qué, aunque todo eso que iba descubriendo me intrigaba, como que prefería pasarlo por alto para no meterme en problemas. Así como no me daban celos de que Sergio tuviera otras mujeres, tampoco me importaba que estuviera casado, mientras que a mí me tomara en cuenta y que siguiera siendo su consentida.

Aquel día, luego de que Sergio, Mariana y Gloria habían salido por la mañana, de pronto, Mary y yo nos enfrentamos a un grave problema: ya era tarde y no habíamos comido, no teníamos dinero. Bueno, Mary sí. Se trataba de unos dólares que le había dejado Sergio, pero que estaban destinados para otras cosas, no para que comiéramos. Y si tomábamos ese dinero sin su permiso, él se podría enfurecer y eso sería peor que el hambre que ya nos estaba matando.

Mary me dijo que lo mejor sería esperar a que Sergio llamara para preguntarle si podíamos tomar de su dinero para comer algo. Pero nada. Las horas pasaban y pasaban y ahí estábamos las dos, en el cuarto, esperando con impaciencia la llamada que no llegaba.

Se hizo de noche y como ya no soportábamos el hambre, lo que se nos ocurrió fue meternos a una tienda y robar algo. Pero, luego, ¿qué tal si nos descubrían y llamaban a la policía? ¿Y si Sergio llegaba a enterarse?

No nos quedó más remedio que correr el riesgo. Pero, como ya era tarde, el supercito que estaba cerca del hotel, donde comprábamos siempre, estaba cerrado. ¿Qué podíamos hacer? Muy angustiadas, íbamos caminando de regreso al hotel, con la idea de pedirle prestado a alguien o, de plano, meternos a algún restaurante, comer y echarnos a correr. Pero no. Eso tampoco. Si Sergio llegaba a saberlo...

En eso, cuando pasamos por un teléfono público, los ojitos nos brillaron cuando vimos ahí, una bolsita arrugada ¡en la que había un pastelito medio mordisqueado! ¡Sí, un pastelito, parecido a los Gansitos o a los Pingüinos! Las dos nos fuimos sobre la bolsita y nos repartimos ese delicioso manjar que devoramos en un segundo, pero que no sirvió de nada, porque seguíamos con hambre.

Ya en el hotel, aunque traté de convencer a Mary para que le pidiéramos prestado al señor que estaba en la recepción, ella no quiso. Nos fuimos al cuarto y, gracias a Dios, Sergio llamó al rato. Le contamos que llevábamos más de veinticuatro horas sin comer ¡y él nos dio permiso para que tomáramos del dinero que había dejado!, claro, pidiendo nota para comprobarle los gastos. Ya con su autorización, bajamos al restaurante y comimos más o menos, no demasiado para que la cuenta no fuera muy alta y Sergio nos regañara después.

Así, mil cosas durante ese viaje que estaba a punto de concluir. Gloria, Mariana y Sergio regresaron a Los Ángeles. Estuvimos sólo unos días más y, después, regresamos todos a México, ya con mi disco terminado. Al de Gloria aún le faltaba la mezcla y algunos detalles, igual que al de Clase 69 y al de Papaya.

* * *

Sus papás y Yoyo fueron a recibirla al aeropuerto. Y ahí, enfrente de ellos, Aline se despidió muy respetuosamente de sus "hermanas" (Gloria, Mary y Mariana) y de Sergio, su maestro, su mecenas, quedando con él en que al día siguiente lo vería en su oficina, como de costumbre, para continuar con sus "clases" fantasmas y la preparación de su ya cercano debut como baladista, luego de que él, como se lo comentó en ese momento a Jossie y a Benny, ya estaba en tratos con una o dos casas disqueras que estaban interesadas en Aline, en el producto.

La clásica escena de recibimiento en el aeropuerto, una escena por demás familiar y emotiva. Algo así como el regreso de la hija pródiga, luego de tantos dramas y pesadillas. Y ahí, sus dos familias: la verdadera y la falsa.

Jossie, sin poder ocultar su dicha, pensando que, ahora sí había recuperado a su hija y que a partir de entonces las cosas serían como ella quería, porque tenía la sartén por el mango, le dio las gracias a Sergio por todo. Y él, igual, por haberle tenido confianza y permitirle a su hija pasar esas semanas en Los Ángeles, a pesar de los incidentes, contratiempos y retrasos.

Ni Aline ni Sergio sabían que, a partir de ese momento, las cosas serían muy diferentes, porque Jossie ya había tomado una decisión y tenía otros planes para su hija, planes distintos a los de Sergio Andrade, para que el desarrollo de esta historia tomara otro rumbo.

16. Estalla la bomba

La decisión estaba tomada.
Sin embargo, la idea no dejaba
de revolotearme en la cabeza: ¿Yo? ¿Casada con él?
¿Yo? ¿La esposa de Sergio Andrade?

Saliendo del aeropuerto, ya en el auto y rumbo a casa, lo primero que hizo Jossie, sin que Aline se diera cuenta, fue sacarle el pasaporte de un maletín que traía. Ese pasaporte que era como el símbolo de muchas de las cosas que acababan de suceder. Ya con el pasaporte en su poder, representó a la perfección su papel de madre complaciente y comprensiva a la que sólo le interesa el bienestar de su hija, su futuro, su felicidad, respetando en todo momento sus decisiones.

Y Aline se creyó tal representación, incluso durante la cena familiar en la que Jossie le tenía preparado un pastel de cumpleaños, para festejar, aunque un poco tarde, sus quince años. Pensó que la tormenta había pasado y que a partir de entonces, ni su madre ni nadie más se interpondría en su camino a la fama, ni en el romance que estaba viviendo a escondidas, en secreto.

Sorpresa la que se llevó al día siguiente, cuando, dispuesta a salir a la calle para dirigirse a la oficina de Sergio, mientras se arreglaba lo de su regreso a la escuela, Jossie, muy seria, le dijo que quería hablar con ella.

Aline la notó extraña y presintió algo que confirmó en ese preciso momento.

—Se acabó todo, Aline.

—¿De qué me hablas? —le cuestionó ella muy desconcertada.

—Por el momento, no vas a ir a la escuela. No quiero que salgas de esta casa, a menos que sea en mi compañía o en la de Benny.

—Pero... ¡mamá!

—Espérate, porque no he terminado. Déjame hablar... Después de todo lo que sucedió en Los Ángeles, quiero recordarte que eres mi hija, que eres menor de edad y que sigues dependiendo de mí.

—Pero... Es que no entiendo. ¿Por qué me dices todo esto?

—No te hagas tonta, Aline —le reclamó Jossie, ya más alterada—. Sabes perfectamente todo lo que ocurrió en Los Ángeles, y he decidido que ¡ya basta!, que aquí se terminó todo. Te olvidas de tus malditas clases, de tu disco...

—Pero... ¿Por qué? —le cuestionó Aline muy angustiada.

—Porque me han estado engañando, Sergio y tú me han estado viendo la cara. Y ya fue suficiente.

—Pero, si Sergio...

—¡Sergio es un pelado! ¡Y ya te dije que no quiero que vuelvas a verlo!

—Pero, ¿por qué, mamá?

—¡Porque ya lo decidí y punto!

—Pues lo siento mucho —respondió Aline, furiosa, rebelándose y hablando casi a gritos—. Ni creas que me vas a seguir mangoneando, ¡porque ya me tienes harta!

Y en ese momento, tremenda bofetada.

* * *

¿Qué sucedió después, Jossie?

Otra discusión. Aline no se esperaba todo lo que le dije. Pensaba que Sergio y ella me seguirían engañando. Pero, tenía que ponerle un alto y fajarme bien los pantalones. No me quedaba otra solución más que actuar de esa manera. Aunque aún no estaba segura de que anduviera con Sergio, sí estaba plenamente consciente de que él le estaba metiendo ideas y que por eso estaba cambiando tanto.

Luego de la bofetada, se puso peor y hasta me amenazó con irse de la casa. En ese momento, le advertí que ni lo intentara, porque ya había cambiado la chapa de la puerta de entrada de la casa y el candado de la reja que daba a la calle. Para más seguridad, desconecté también las dos extensiones telefónicas que había en la sala y en la parte de arriba y dejé sólo el teléfono que estaba en mi recámara.

Gritó, lloró y pataleó. Todo ese día se quedó encerrada en la casa y yo ahí con ella, vigilándola. Como era de esperarse, no me dirigía la palabra, ni tampoco quiso bajar al comedor a la hora de la comida. Estaba indignadísima. Ya en la noche, fui a su cuarto para hablar con ella, y aunque seguía con su misma actitud, le dije que Benny, sus tíos y yo estábamos de acuerdo en reunir el dinero suficiente para que grabara su propio disco y que, incluso, ya había hablado con un productor, uno que le acababa de hacer su disco a Tatiana.

Pero Aline me ignoró. No hizo el menor comentario. Se quedó callada, tan enojada como al principio. "Ya se le pasará", pensé. "Si lo que más le importa es grabar un disco, estoy dispuesta a sacar dinero de donde sea, con tal de que no vuelva a ver a Sergio".

Era yo la que tenía que verlo para hablar con él y decirle lo que había decidido. Pero, al menos por el momento, como tenía que estar vigilando a Aline para que no se saliera, eso no fue posible. Ya sería después.

Al día siguiente, tal como me lo esperaba cada vez que sonaba el teléfono, contesté y era Gloria, preguntando por Aline, seguramente enviada por Sergio.

—Lo siento, Gloria —le dije—, pero Aline no puede contestarte.

—¿No está? —me preguntó ella.

—Sí, si está, pero tiene prohibido hablar con cualquiera de ustedes: con Sergio, Mary o contigo.

—Ay, señora, ¿y por qué? —me preguntó extrañada.

—Porque Aline no va a regresar a esa oficina. Díselo de una vez a Sergio...

Y por supuesto que se lo debió decir, porque esa misma tarde, Gloria se presentó sorpresivamente en mi casa. Pero le dije a Isabel, la sirvienta, que no la dejara entrar, a pesar de que Aline, cuando se enteró que su gran amiga estaba en la calle, primero me suplicó que la dejara pasar, que le permitiera hablar con ella. Y como no accedí, otra vez se puso como fiera.

—¡Ya estoy harta! ¡Esto es el colmo! —me gritó—. ¡Ya me tienen harta todos!

—Pues lo siento mucho —le respondí—. Pero Gloria no pone un pie en esta casa...

Salí a la calle a hablar con Gloria y le repetí que Aline no regresaría con ellos. Gloria, con su carita de congoja, muy desconcertada, aunque seguramente sabía cuáles eran mis razones, según ella, no entendía el porqué de mi desconfianza, de tanta desconfianza.

De antemano sabía que resultaría inútil explicarle, pero lo hice de nuevo, pidiéndole que se lo comunicara a Sergio y que ya no contaran con Aline, que el disco que le había grabado podía irse al infierno. Que hicieran con él lo que quisieran.

Se marchó muy ofendida y, luego, hasta sentí lástima de ella. Total... Gloria era simplemente una enviada de Sergio, una víctima. Después de todo, me daba pena el papelito que tenía que andar representando y, sobre todo, porque casi siempre era con ella con la que me desquitaba, con ella y con Mary, aunque no tuvieran la culpa.

A menudo, me preguntaba cómo era posible que Gloria Trevi, una artista tan famosa que aparecía en todos lados, la estuviera haciendo de mensajera, de alcahueta... Como que eso no iba de acuerdo con su imagen.

Total que después de tres días de tener a Aline enclaustrada, una tarde me pidió permiso para ir a la tienda que estaba en la esquina, según ella, sólo para comprar unas papitas que se le habían antojado. Como la vi más tranquila y, en apariencia, hasta resignada y convencida de que todo era por su bien, le dije que sí, que estaba bien, pero que tenía que acompañarla Isabel, la sirvienta.

Al día siguiente, muy temprano, después de tres días de encierro, luego de pasar a su recámara y cerciorarme que aún estaba dormida en su cama, salí sólo unos momentos para llevar a Benny a su trabajo, porque ese día no circulaba su coche. No me tardé ni veinte minutos. Cuando regresé, Aline ya no estaba en la casa. Se había escapado.

* * *

¿Y tú, Aline? ¿Cómo le hiciste para escaparte?, si estabas encerrada con llave.

La desesperación. Ya lo había planeado todo muy bien. Sólo estaba esperando la menor oportunidad para salir de mi casa. Mientras estuve ahí enclaustrada, varias veces pensé que ésa era la ocasión ideal para desligarme por completo de Sergio. Pero luego, pensaba en mi disco que ya estaba terminado y en todo lo que me había prometido él. Además, como en esos días vi nuevamente a mi mamá como mi verdugo y creía que en verdad me estaba perjudicando...

Por otro lado, me ponía a pensar qué era lo que iba a hacer Sergio, qué pensaría cuando, al día siguiente de que nos despedimos en el aeropuerto, no me presenté en su oficina. Seguramente estaría muy enojado. Por otro lado, lo extrañaba, en serio. Sentía que me hacía falta y que lo amaba más que nunca, que no podría vivir sin él. Y, luego, me desesperaba porque ni siquiera podía hablarle por teléfono para ponerlo al tanto de la situación.

Una tarde, ahí, encerrada en mi cuarto, se me ocurrió escribirle una carta, una carta en la que le pedía ayuda, para que me rescatara, diciéndole que me tenían encerrada a la fuerza. Le decía también que lo amaba, que lo extrañaba muchísimo y no sé cuántas cosas más. Pensaba pedirle a Isabel, la sirvienta, que llevara esa carta a la oficina de correos que estaba cerca de la casa, que le comprara los timbres que hicieran falta y que la depositara en un buzón. Ésa era la única manera de comunicarme con Sergio.

Después de que me enteré que Gloria me había ido a buscar y que mi mamá ni la dejó entrar, me desesperé todavía más. Por eso, cuando mi mamá me dio permiso para ir a la tienda con Isabel, yo ya tenía mi plan. De un teléfono público, le llamé a Sergio. Como él no estaba en la oficina, hablé con Mary y me puse de acuerdo con ella para que nos encontráramos al día siguiente, a las nueve en punto de la mañana, a dos cuadras de mi casa.

¿Isabel? Era medio mensa. Yo me la mangoneaba a mi antojo. Le advertí que si le contaba a mi mamá que había hablado en un teléfono público, le iba a ir mal. Le hice prometerme que no iba a decir nada.

Sí, estaba decidida a escaparme. Sabía que al otro día, como el coche de Benny no circulaba, mi mamá, a fuerzas, tendría que llevarlo al trabajo, como siempre lo hacía. Y como él entraba a las nueve... Era la hora ideal para encontrarme con Mary. Mi mamá llegaría a la casa como a las nueve y media.

Me vestí rápido, junté algo de ropa, la guardé en un maletín y, antes de salir de mi cuarto, rompí la carta que le había escrito a Sergio y tiré los pedazos en el cesto de basura. Después, aprovechando que Yoyo aún estaba dormida y que Isabel estaba en la cocina, descubrí que, en efecto, la puerta de la entrada estaba cerrada con llave. Subí al cuarto de mi mamá, para ver si entre sus cosas tenía una copia de la llave de esa chapa; como era nueva, seguro que tendría por ahí el duplicado. Pero no. Esculqué sus cajones, le revolví todo... Luego se me prendió el foco y fui a la cocina. Ahí estaba Isabel y, junto a una ventana, ¡un llavero con llaves de la casa! Sin que ella se diera cuenta, tomé el llavero, corrí a la puerta y, luego de dar con la llave indicada, la abrí, en el preciso momento en que Isabel me suplicaba muy angustiada que no me fuera, que le devolviera sus llaves.

Tuve que dejarla encerrada y, después de abrir también el candado de la reja, aventé el llavero y me eché a correr lo más que pude, temerosa de que mi mamá apareciera en cualquier momento y, al darse cuenta de mi escapatoria, segurito iba a salir a buscarme por las calles de la colonia.

Corrí y corrí hasta que me cansé y ya no pude más. Gracias a Dios, cuando llegué a la esquina en la que había citado a Mary, ahí estaba ella en un taxi. Me subí de inmediato y arrancamos.

Mary me explicó que Sergio le había ordenado que me llevara a Pachuca, Hidalgo, y hacia allá nos dirigimos, a casa de Nora Miranda, la ex esposa de Sergio, de la que ya te había contado. Ahí nos encontraríamos con Sergio para poder hablar y buscar una solución. Pero yo, de hecho, ya no quería regresar a mi casa, menos después de haberme escapado. Mi mamá me mataría.

Llegamos a casa de Nora, una mujer a la que ya había visto en alguna ocasión. Una señora un tanto extraña, seria, con cara de pocos amigos, que casi nunca hablaba. Ella, al parecer, no sabía nada de lo que había entre Sergio y yo. Pensé que, a lo mejor, como ella había sido su esposa, podría sentir celos o qué se yo...

Ahí, en su casa, me sentí segura, aunque muy nerviosa, porque no sabía lo que iba a suceder. Lo que más miedo me daba era que Sergio estuviera enojado conmigo, que me fuera a echar la culpa y se desquitara conmigo.

En casa de Nora, estuvimos toda la mañana. Ella casi ni nos peló. Mary trataba de tranquilizarme, de animarme, diciéndome que esa escapatoria era lo mejor que podía haber hecho. Ya sabes... Que esa era una manera de responderle a Sergio, de demostrarle que no le estaba fallando.

Así, hasta que él llegó, acompañado de Carlos Vargas, el compositor de "Chicas feas". Me saludó normalmente, sin decirme nada. Yo creo que se portó tan poco expresivo, porque ahí estaba Nora. Pero yo pensé que era porque estaba molesto conmigo y me preocupé todavía más.

De la manera más extraña, sin saber yo qué era lo que él había decidido ni a dónde íbamos, de ahí, de casa de Nora, salimos rápidamente él, Mary, Carlos, y yo. Parecía una escapatoria de película, Sergio miraba a todos lados, como temiendo que alguien nos sorprendiera, mientras nos subíamos a su camioneta. Él siempre era así, así de misterioso. Tenía delirio de persecución, sentía que todo mundo lo andaba siguiendo, que todo mundo lo vigilaba.

Nadie decía nada. Nadie hablaba. Hasta que, a los pocos minutos de haber tomado la carretera, Sergio se detuvo, bajó de la camioneta y me jaló, mientras que Mary y Carlos se quedaban adentro. "¿Qué me va a hacer ahora", pensé. Y ahí, en plena carretera, me abrazó muy fuerte y me dijo que estaba muy orgulloso de mí, por no haberle fallado, y me plantó un besote en la boca. Yo, no sé por qué, me solté llorando, creo que de los nervios, de la alegría, de que no estuviera enojado conmigo, como tanto me lo temía. Me sentí protegida y segura a su lado, dispuesta a lo que fuera, a lo que él decidiera, con tal de que no volvieran a separarnos.

Nos subimos de nuevo a la camioneta y, más adelante, poco antes de llegar al D.F., nos bajamos a comer algo en un restaurante de la carretera. Ahí, Sergio me dijo que teníamos que actuar con mucha cautela, que estaba bien todo lo que había hecho, pero que no me podía ir con él así nada más, porque podría meterlo en problemas y mi mamá lo acusaría de rapto.

—Hay que actuar con inteligencia —me propuso—. Lo único que nos queda es ir a tu casa y hablar con tus papás de frente. Decirles la verdad...

—¡No, Sergio! ¿Cómo crees? —le respondí asustada—. Mi mamá ya se las huele y, después de haberme escapado, si regreso, ¡me va a matar! Tú no la conoces. Ha de estar que se la lleva el demonio. No, yo no quiero regresar.

Y en ese momento, me propuso algo que me dejó con la boca abierta...

—Entonces, la única solución es que nos casemos.

¿¿Casarnos?? Me quedé fría, sin dar crédito. La idea me aterró, se me hizo de lo más descabellada. Es más, hasta pensé que se trataba de una broma. Pero no. Sergio estaba hablando en serio. Conociéndolo como según yo lo conocía hasta entonces, después de tantas situaciones absurdas y fuera de toda lógica, claro que era capaz de proponerme tal locura. Si como me habían contado, ya antes se había casado con Mary, cuando ella era más chica... ¡Claro que estaba hablando en serio!

—¿Casarnos, Sergio? ¿Casarme contigo?

—Sí. No tiene nada de malo —me contestó muy tranquilo—. Tú me quieres, ¿no? Tú estás enamorada de mí y lo sabes.

Como evidentemente advirtió mi desconcierto, volvió a hacerme el mismo lavado de cerebro de siempre, ya sabes, valiéndose de ese poder tan extraño, pero finalmente efectivo, para convencerme de que lo que él decidía era lo correcto, por mi bien, por el de los dos. Que esa decisión era la más indicada y que, en vista de las circunstancias, se trataba del único remedio para que pudiéramos seguir juntos, para que ni mi mamá ni nadie pudiera separarnos. Con su manera tan especial de plantear las cosas, de manejarme a su antojo, me dijo que no podía fallarle, que no podía darle la espalda. Es más, en ese momento, le llamó por teléfono a su mamá, doña Justina, para que fuera a hablar con mi mamá y le soltara de una vez por todas que su hijo estaba enamorado de mí y que quería casarse conmigo. Sí, que nos preparara el terreno.

A mí, a pesar de sus palabras, de sus razonamientos, de la forma tan bonita y tierna en que me habló, poniendo ante todo nuestro amor, ese amor que teníamos que defender juntos, no me cayó el veinte en ese momento, no tuve tiempo para asimilar la idea, ni siquiera para tomar una decisión. Bueno, ¿cuál decisión? Si él ya lo había decidido todo y, como siempre, tenía que obedecerlo. Lo que yo pensara, era lo de menos.

Si en ese momento yo le decía que no, podría enfurecerse. ¿Para qué empeorar las cosas? Y, además, ¿qué iba a hacer yo sola? Desde el momento en que decidí escaparme de mi casa para correr a su lado, sabía bien que sería él quien tendría que arreglar todo, solucionarlo. Y ésa era su solución. Si me negaba, aparte de hacerme acreedora a un buen castigo, podría quedarme en la calle. ¿A dónde iba a ir? ¿Dónde me iba a esconder para que no me encontraran mis papás? Después de todo, él, mi maestro, mi novio, mi protector, tampoco me estaba dando la espalda, luego del lío en el que me había metido al escaparme. Me estaba respondiendo igual que yo le respondía a él.

La decisión estaba tomada. Sin embargo, la idea no dejaba de revolotearme en la cabeza: ¿Yo? ¿Casada con él? ¿Yo? ¿La esposa de Sergio Andrade?

* * *

¿Y tú, Jossie? ¿Qué hiciste entonces?, cuando llegaste a tu casa y descubriste que Aline ya no estaba ahí?

Pues imagínate. Aunque desde el principio me temía algo así, y por eso la tuve vigilada y encerrada, nunca pensé que llegara al grado de escaparse. Ya no sabía qué hacer ni qué pensar en ese momento. Ya había agotado todos mis planes y posibilidades y nada había resultado. Así que, sin pensarlo dos veces, les llamé por teléfono a mis hermanos y a mis cuñados para pedirles ayuda y, más o menos a las tres de la tarde de ese día, ya estaban ahí en la casa mi hermano Juan y Silvia, su esposa; mi hermana Aurora y Jorge, su marido, así como mis sobrinos Jorge, Nancy, Silvia, Juanito, Luis Enrique... Y también Benny, mi esposo. Sólo faltaba mi hermana Rocío, quien, por teléfono, se mantuvo en contacto. En situaciones así, no sabes lo reconfortante que resulta contar con la familia, con tu gente, saber que están contigo.

Contándoles a grandes rasgos lo que había sucedido, los puse al tanto de la situación, de todo lo que había pasado en los últimos meses. Se quedaron con la boca abierta, sin poderlo creer del todo, muy sorprendidos. Y eso que nadie, incluyéndome a mí, sabíamos la verdad.

Mi hermano Juan propuso que buscáramos a un primo, Luis, que en ese entonces trabajaba como comandante de la Policía Judicial, "para que detenga a Sergio Andrade. Aline es menor de edad y, ya con eso, tú tienes la sartén por el mango", me aseguró.

Y así lo hicimos. Mi primo Luis llegó y, luego de contarle todo, junto con mi cuñado Jorge y varios agentes judiciales, fueron a la oficina de Sergio, la de José María Iglesias, y también a sus departamentos de Copilco, a las casas de las que yo tenía las direcciones o recordaba dónde estaban. Pero nada. Aline y Sergio no aparecían por ningún lado.

Mientras tanto, los demás que nos habíamos quedado en la casa, revisamos todos los papeles que había en la recámara de Aline, para buscar pistas, algún dato. Armamos verdaderos rompecabezas con los papeles que Aline ya había hecho pedazos y que estaban en el cesto de basura, mientras que nos alarmábamos más, al encontrar algunos mensajes dirigidos a Sergio, en los que Aline le decía: "Quiero estar con ustedes, con mi gente, con mi familia". Así como otro en el que escribió: "Amo a mi maestro Sergio... Voy a morir si no regreso al sitio al que pertenezco..." y frases por el estilo que mi hermano Juan, luego de leerlas y analizarlas durante largo rato, opinó que parecían escritas por el miembro de alguna secta.

—Lo que podemos hacer en este momento —me aconsejó—, es ir a levantar un acta con estas pruebas.

Y justo cuando íbamos a salir, para dirigirnos a la delegación, se presentó la mamá de Sergio, la señora Justina, una señora de aspecto un tanto agrio que no paró de llorar mientras estuvo ahí, echándome en cara que yo fuera tan mala. "Si mi hijo lo único que quiere es hablar con usted —me aseguró, hecha un mar de llanto—. Yo no sé por qué piensa mal de él. Hasta parece que estamos en la época de Romeo y Julieta..."

Recuerdo bien que cuando escuché eso, solté la carcajada.

—¡Cómo es posible que se atreva a decirme eso, señora! —le reclamé furiosa—. Después de que su hijo me ha engañado, no sólo a mí, sino también a mi hija que tiene solamente quince años...

—Lo único que le quiero pedir es que, por favor, por lo que más quiera, no le haga daño a mi hijo —me suplicó.

Y eso me dio todavía más coraje, a pesar de la lástima que llegué a sentir en ese momento por ella, igual que los demás, supongo.

—Pues lo siento mucho, señora —le advertí—. Pero en este mismo momento, voy a levantar un acta por rapto de menor y créame que Sergio está metido en graves problemas.

—¡No! ¡Por favor! —me imploró de nuevo—. ¡Él no se ha raptado a Aline! ¡No piense eso, por favor! Él ya no tarda en llegar. Va a venir aquí. ¡Escúchelo! ¡Hable con él! Deje que le explique....

Era evidente que Sergio había enviado a su mamá para hablar conmigo, no sólo para preparar el terreno, sino también, como espía, para estar al tanto de nuestros planes.

—¿Y Aline? ¿Dónde está Aline? —le pregunté desesperada—. Usted lo sabe. ¡Dígamelo, por favor!

—Está con Sergio —me aseguró, confirmando mis sospechas—. Y vienen para acá. ¡Se lo juro!

Más tarde, me enteraría que en ese preciso momento, Aline y Sergio estaban afuera, muy cerca de mi casa, esperando que la señora Justina saliera. Pues sí, porque a los pocos minutos de que ella se fue, llegaron ellos.

Pero antes de que aparecieran, después de que la señora se marchó, mi familia, Benny y yo, seguros de que la mamá de Sergio le comunicaría inmediatamente que yo planeaba levantar un acta y que, en verdad, él estaba metido en un serio aprieto, junto con mi marido y mi familia, empezamos a pensar en los argumentos que nos iba a exponer Sergio y cómo iba a actuar para defenderse, qué era lo que nos iba a decir, cómo lo íbamos a correr de la casa y de la vida de Aline, para separarlo de ella definitivamente. Sí, pensamos en todas las posibilidades, en todo lo que él podría alegar para justificarse. Sin embargo, estuvimos de acuerdo en que, dijera lo que dijera, lo teníamos en nuestras manos, bajo la amenaza de una demanda legal, por abusar de una menor de edad.

Al poco rato, tal como lo supusimos, tal como nos lo había prometido la señora Justina, llegaron Sergio y Aline y los pasamos a la sala, sentándolos en un sillón, como si fueran un par de acusados, rodeados por toda la familia.

Y después de todo lo que habíamos planeado, de todas las acusaciones y reclamos, Sergio nos salió con algo con lo que no habíamos contado, algo que nadie había supuesto.

—Jossie —me dijo muy serio—, yo quiero a Aline y quiero también casarme con ella. Quiero hacer las cosas bien...

Todos nos quedamos fríos y nadie supo qué decir. Se hizo un gran silencio, mientras que unos a otros nos mirábamos. Sentí que se me venía el mundo encima, más aún cuando Aline nos dijo que ella también quería a Sergio, que estaba enamorada y que deseaba casarse con él.

Luego de más reclamos, dramas y demás, ante una situación así, tan inesperada, tan disparatada y fuera de control, mi mente ya no dio para más. No encontré otra salida más que pedirles a Sergio y a Aline una tregua. Sí, tiempo, no sólo para mí, sino también para ellos. Tiempo para pensar las cosas, para analizarlas y ordenar los pensamientos.

Una vez más, Sergio me estaba ganando la batalla. No sabes lo triste, lo infinitamente triste que me sentí en esos momentos y en los días que vinieron después. Vencida, impotente, a pesar del apoyo de mi esposo, de mis hermanos, de mis cuñados...

* * *

Oye, Aline, y ¿qué sucedía contigo en esos momentos? ¿Qué pensabas?

Estaba muerta del miedo. No estaba muy convencida todavía, pero sabía perfectamente que no podía contradecir a Sergio, que tenía que obedecerlo y actuar tal como él me lo había pedido. No me quedaba de otra...

No quiero ni acordarme del alboroto, de la tragedia que se armó en mi casa cuando Sergio dijo que quería casarse conmigo. Gritos, llanto, discusiones... Mientras que yo permanecía callada, atemorizada, sin saber qué decir, hasta que mi mamá me preguntó.

—¿Y tú? ¿Vas a decirme que también estás enamorada de Sergio?

—Sí —le respondí sin pensarlo, mirándola de frente.

Desesperada, mi mamá estalló otra vez en llanto, reclamándole a Sergio que me hubiera embaucado en todo aquello de esa manera, asegurando que eso de que yo también estaba enamorada de él no podía ser verdad, que todo era una mentira, una equivocación, algo sin sentido, sin lógica.

Yo no sabía realmente lo que estaba sucediendo esa noche. Para mí era como una película, un drama ajeno a mí, como si no fuera yo la que lo estaba viviendo. Aún ahora, cuando lo recuerdo, no me lo explico. Si no lo hubiera vivido en carne propia, pensaría que fue una mentira, una alucinación. Siento que no era yo, que esa Aline era otra.

—No te preocupes, Jossie —le propuso Sergio a mi mamá—. Yo voy a cuidar a Aline, la voy a hacer feliz. Le voy a dar todo lo que quiera, todo lo que le haga falta. No la voy a separar de ti... Es más, ¿quieres que compre un departamento del edificio de enfrente para que vivamos ahí y tú puedas tenerla cerca y estar con ella siempre que quieras?

—¡Pero si esa una niña, Sergio! ¿Cómo nos haces esto?

—Es que la quiero. Ya te lo dije.

—Pero si esa una niña... Ni cuerpo de mujer tiene. ¡Y le llevas 20 años! Entiende que esto es una locura. Ella no sabe ni lo que quiere ¡y tú estás loco!

Pero finalmente, mi mamá logró tranquilizarse un poco.

—Está bien, Sergio —le propuso—. Si tanto quieres a Aline, dejen de verse unos meses, para que los dos recapaciten.

—¿Unos meses? —repuso Sergio alarmado y me volteó a ver a mí, como esperando que lo apoyara. Pero yo ya no sabía qué más decir.

Total, que quedamos en dos semanas. Dos semanas en las que no nos íbamos a ver y en las que él no me iba a buscar ni yo a él. Mi mamá estaba segura de que en esas dos semanas me iba a convencer o que sentaría cabeza.

Luego del acuerdo, mientras que mi mamá seguía llorando amargamente, fui a despedir a Sergio a la puerta, ya como mi novio formal, después de haber enfrentado juntos esa situación tan terrible. Me dijo que hiciéramos todo tal como lo había pedido mi mamá, que nos dejáramos de ver, que él se iba a regresar a Los Ángeles para terminar las producciones de Gloria, Clase 69 y Papaya. Que estaría allá esas dos semanas y que, de regreso, iría a buscarme, que no me preocupara, que todo iba a salir bien.

En cuanto se fue, me encontré a mi mamá ya sola en la sala. Me partía el alma verla así, con el rimmel todo embarrado en la cara, temblorosa, mirándome... Esa mirada, mezcla de súplica, de reclamo, de decepción. Se me acercó, me abrazó y me llenó de besos...

—Pero si eres una niña, Aline —me dijo sin dejar de llorar—. ¡Dime que no es verdad todo lo que acaba de suceder! Dime que esto es una pesadilla...

17. Dos semanas de tregua

Pensándolo bien,
sí me voy a casar contigo...
Para vengarme de todas
las que me has hecho...

Sergio en Los Ángeles y Aline en su casa, con su familia, como en los viejos tiempos, como si nada hubiera sucedido. Al menos, eso era lo que pretendía Jossie. Estaba segura de que, finalmente, saldría triunfante. Dos semanas completitas, catorce días, catorce noches, horas, minutos que valían oro, minutos en los que Aline estaría con ella, en su casa, lejos de Sergio, de Gloria, de Mary, sin nadie que pudiera influenciarla.

Si en todo aquello el lavado de cerebro tenía mucho qué ver, tal como Jossie por fin lo había descubierto —luego de leer la carta que Aline le había escrito a Sergio, reiterándole su amor—, se valdría de lo mismo, pero de otra manera: sin amenazas, sin reproches, sin castigos.

El primer paso de la estrategia, era no tocar el tema de Sergio ni de la boda. Hacer como que él no existía, ni siquiera mencionar su nombre. Simular también que la noche anterior, cuando él se había presentado con Aline para decirle a Jossie que estaban enamorados y se querían casar, no había existido. Borrar esa noche, borrar todo, lo más que se pudiera.

El segundo paso: armarse nuevamente de valor y, como se lo había propuesto ya antes, actuar inteligentemente. Luego, distraer a Aline, ponerla a hacer cosas, dejando pendiente lo de su regreso a la escuela. Darle libertad para llevar su vida normal, dejarla salir a la calle, sí, pero custodiada por alguien. Jossie no, Benito tampoco, Isabel, menos. ¿Quién? Tal vez Mossy, la que había sido su mejor amiga...

O Frida. Sí, Frida Reymers, aquella muchacha, tan centrada y madura, que había ayudado a Aline en el concurso de *La chica joven de Menudo*. Claro. Frida, quien seguía trabajando con Menudo, el grupo en el que seguía Sergio Blass, su amor platónico. ¡Por supuesto! Sería como regresar al pasado, a la Aline fanática de Sergio Blass.

Y Frida podría ayudar a Jossie, hablar con Aline, aconsejarla, lograr que se abriera con ella, que le contara lo que le estaba sucediendo, asumir un papel de hermana mayor.

Cuando Jossie le llamó para pedirle ayuda y apoyo, aceptó de inmediato. Al día siguiente se apareció en casa para visitar a Aline, para saber de ella, y se fueron a comer juntas.

Mossy también reapareció en esos días, como caída del cielo. Más bien, Jossie la buscó para pedirle que frecuentara de nuevo a su hija.

Así, una tarde, Mossy llegó a casa de Aline y le pidió que la acompañara de compras a Plaza Coyoacán, un centro comercial. Jossie, encantada, le dio permiso.

Nos dejamos de ver cuando salimos de tercero de secundaria —me platicaría más tarde la propia Mossy—. No supe más de Aline, hasta que su mamá me llamó y reanudamos la amistad. Una vez, cuando yo ya estudiaba la prepa, estando en clases, me llevé una gran sorpresa cuando me dijeron que alguien me buscaba en la puerta de entrada. Era Mary, la que trabajaba con Sergio. Yo ni la conocía. Bueno, sólo por lo poco que Aline me había hablado alguna vez de ella y de Gloria Trevi. Y, bueno, me saqué de onda cuando Mary me dijo que quería hablar conmigo. "¿De qué?", le pregunté. "De Aline", me contestó... Supuse que la propia Aline le había dicho en qué preparatoria estaba yo estudiando. Pero no. Después, por la propia Aline, me enteré que ella no le había dicho nada.

Y Mary, así nada más, sin explicarme concretamente qué quería hablar conmigo, me invitó a desayunar a un Sanborns. Le dije que no podía. Y era verdad. No podía dejar mis clases. Pero luego, no sé cómo le hizo para convencerme. Cuando llegamos al Sanborns, ahí estaba el famoso Sergio Andrade, del que Aline ya me había hablado bastante. Incluso, en esos días, me había contado lo de sus planes de boda, algo que se me hacía de lo más ridículo. Más ridículo me pareció cuando conocí a Sergio en persona...

Mientras desayunábamos, para sorpresa mía, Sergio, quien se portó muy amable, me confesó que en verdad estaba enamorado de Aline, pero que la mamá de ella no quería que anduvieran. A mí también me lavó el coco, hizo que le tuviera lástima, aunque siempre pensé que no era el hombre para Aline, que para nada era guapo y que podría ser su papá. Pero, bueno, como me cayó bien y lo sentí sincero y, aparte, sabía que era el que iba a lanzar a Aline como cantante, acepté ayudarlo.

Me propuso que, por la tarde, fuera a casa de Aline y que convenciera a su mamá para que la dejara ir conmigo a Plaza Coyoacán, de compras. ¡Hasta me dio un millón de pesos! Bueno, un millón de los de antes, o sea, mil pesos de los de ahora, para que nos compráramos cosas y, así, cuando estuviéramos de regreso en casa de Aline, su mamá no sospechara, al vernos llegar con las manos vacías.

Sergio me hizo creer que todo eso era por el bien de Aline y quedamos en que, a las cinco de la tarde, nos veríamos con él en una tienda de ropa para hombre, la de Daniel Hetcher.

Por la tarde, fui por Aline, le conté que Mary y Sergio me habían buscado y que él la quería ver, que nos habíamos puesto de acuerdo para que se vieran en Plaza Coyoacán. Aline se puso muy contenta. Su mamá le dio permiso, claro, sin saber la verdad, y nos dirigimos al lugar de la cita.

Sé que no estuvo bien lo que hice, sobre todo cuando, luego, me enteré más tarde de todos los relajos. Pero entonces, yo no sabía qué onda y, como te dije, Sergio me cayó muy bien y me convenció de que todo era por el bien de Aline.

* * *

No había pasado ni una semana de la tregua. Aline, aunque se sentía tranquila al haber retomado su vida de antes, no dejaba de pensar en Sergio y, menos aún, ya no tanto en su lanzamiento como cantante, sino en su boda.

Eso del matrimonio con Sergio, aunque al principio me dio miedo y se me hizo una locura, ya estando a solas en mi casa y, por supuesto, sin comentárselo a mi mamá, me empezó a ilusionar. Imagínate, para una chava de quince años, eso del vestido de novia, la iglesia, los preparativos... Y además, como Sergio me había dicho que íbamos a vivir en una casa muy grande que había comprado por el rumbo de San Jerónimo... ¡Ándale, Rubén! Yo creo que era esa misma casa en la que él te propondría más tarde lo de la "oficina tipo neoyorkina" en la que ustedes iban a estar como socios. Sí, era esa casa. Una casa muy bonita. ¡Y ahí iba a vivir yo con él! Como señora casada, con mis sirvientes, tal como él me lo había pintado, todo maravilloso.

Así que cuando Mossy fue por mí y me contó que había hablado con Sergio y que él quería verme en Plaza Coyoacán, me dio mucho gusto, porque, además, ya lo extrañaba bastante y, por otro lado, a veces, al no saber nada de él, hasta llegué a pensar que me había olvidado, que ya no volvería a verlo, que lo de mi disco y lo de la boda se habían ido al cuerno. Incluso, yo creía que él estaba en Los Ángeles. Entonces, al saber que quería verme, ¡imagínate!

Nos encontramos en la tienda de Daniel Hetcher, en un probador, tal como él se lo había indicado a Mossy. Me dio un gusto enorme volver a verlo y a él más, no lo pudo ocultar. Me dijo que estaba muy orgulloso de mí por haberlo apoyado frente a mi mamá la noche aquella en que estalló la bomba. Me pidió que siguiera así, que hiciera todo lo que mi mamá me dijera, que le diera por su lado, que no la hiciera enojar. Luego, me dio las gracias por demostrarle mi lealtad y por no haberle dado la espalda, como aquella niña que lo había hecho sufrir tanto...

De regreso a mi casa, me sentí feliz y protegida, con ganas de que se cumplieran ya las dos semanas de tregua para volver a verlo y, entonces sí, poderme casar con él, vivir en la casa de San Jerónimo y, por fin, lanzar mi disco, para empezar a ser tan famosa como Gloria Trevi.

Mi mamá ni se las olía. Me llenaba de actividades para distraerme y estaba feliz cuando iban a visitarme Frida o Mossy, o cuando salía con ellas. Yo estaba segura que finalmente me comprendería o que, de hecho, ya estaba aceptando a Sergio, aunque no habláramos de él. Más bien, yo estaba pensando eso y ella, algo muy distinto.

* * *

Después de ese encuentro a escondidas con Sergio Andrade, Menudo llegó a México. Aline, al igual que años atrás, volvió a sentir la misma emoción, cuando Frida la llevó a la rueda de prensa del grupo en el hotel Camino Real.

La reaparición de Frida en mi vida me cayó de maravilla. Ella era muy significativa para mí, como la chava que me realizó uno de mis primeros grandes sueños: concursar en *La chica Joven de Menudo*. Nos perdimos la pista, hasta que regresó. Yo sabía que mi mamá la había buscado para que hablara conmigo, para que me distrajera. Lo que no podía hablar con mi mamá, lo hablaba con Frida. Bueno, no todo... Sólo lo que ya se sabía en mi casa: que estaba enamorada de Sergio y dispuesta a casarme con él.

Frida me daba consejos y por momentos me hacía dudar. Le tenía mucho respeto, porque era una chava mayor. Yo tenía quince años, y ella como unos veintitrés o veinticuatro. La respetaba y me sentía tranquila a su lado, me daba mucha paz, me ayudaba a pensar las cosas. Cuando hablaba con ella, como que reaccionaba de repente, como que nuevamente me empezaba a gustar más la vida tranquila en mi casa y con mi familia que lo que había vivido con Sergio. Pero luego, volvía a entusiasmarme lo de la boda y hasta creía que, ya casados, Sergio iba a cambiar, que siempre iba a ser bueno conmigo, como lo era a veces, como lo había sido últimamente, después de demostrarle mi amor y mi apoyo.

Cuando Frida me invitó a la rueda de prensa de Menudo, me puse feliz. Pero luego reaccioné: ¿Y si Sergio me tenía vigilada, como antes? ¿Y si se enteraba que había ido a ver a Sergio Blass? Eso lo tenía prohibido. Le daban muchos celos cuando le contaba que mi amor platónico había sido Sergio Blass. Pero, bueno, finalmente me valió y fui con Frida, pensando que, quizás, Sergio estaría en esos momentos en Los Ángeles, tal como él mismo me lo había dicho.

En esa rueda de prensa, se me olvidó todo. Más cuando tuve a Sergio Blass frente a mí y hasta me tomé fotos con él y con sus compañeros. De regreso a mi casa, le conté a mi mamá lo que acababa de vivir, y ella feliz, segura de que, por fin, había vuelto a ser la de antes, tal como lo había planeado con la ayuda de Frida.

* * *

Así, hasta que se cumplieron las dos semanas y, tal como estaba acordado, Sergio Andrade se presentó en casa de Aline, luego de haber cumplido con su parte del pacto. Jossie, aún con sus temores, se encomendó a Dios y quiso creer que las dos semanas que habían transcurrido en forma aparentemente normal, habían surtido efecto, de acuerdo con sus planes y estrategias. Confió en que Aline ya había desistido de sus planes, sobre todo después de su reencuentro con Menudo y de las fotos que se había tomado con Sergio Blass. Sí, todo parecía indicar que había sentado cabeza, que había vuelto a ser la de antes y que ella misma le diría a Sergio Andrade que todo había terminado, que no se casaría con él.

Mi mamá, aunque seria, en esta ocasión no se portó grosera con Sergio. Más bien, fue fría con él, segura de que yo solita lo mandaría al demonio. No intervino, ni dijo nada. Seguramente, pensó que yo me encargaría de todo. Por eso, cuando Sergio, muy amablemente le pidió que me permitiera ir con él a tomar un café para poder hablar, ella aceptó. No me aconsejó nada, no me hizo advertencias, lo reconozco. Confió en mí y me dio permiso para salir con él.

Ya fuera de mi casa, cuando me subí al coche de Sergio, empecé a notar que estaba serio. Me dio miedo. "¿Con qué me irá a salir ahora?", me pregunté. Me dijo que iríamos a su oficina para poder hablar, pero antes, pasamos a una gasolinera. Ahí, mientras le ponían gasolina a su coche, de pronto me dijo algo que me sorprendió:

—Antes de decirte lo que sé, tienes que decirme tú lo que pasó, lo que hiciste en estos días.

Aunque me hice tonta, fingiendo demencia, de inmediato supuse que se estaba refiriendo a lo de mi presencia en la conferencia de prensa de Menudo, a donde me había llevado Frida. Sabía perfectamente que ella le caía mal. Ya me lo había dicho, ya me había advertido que no quería que la viera, que hablara con ella. Me lo tenía prohibido. Y, aparte, luego de que en alguna ocasión le conté que Sergio Blass me fascinaba y que era mi ídolo, no pudo ocultar sus celos, como si en verdad yo tuviera alguna posibilidad de andar con Sergio Blass, como si, más que mi ídolo o mi amor platónico, fuera algo más. Sí, le daban celos de él. O, al menos, eso es lo que me demostró cuando me prohibió una vez que siguiera con "esas tonterías de Menudo".

Sabía perfectamente que se refería a eso, a mi encuentro con Menudo y, a lo mejor, hasta sabía que me había tomado fotos con ellos, con Sergio Blass. Y, por lógica, sabía también que Frida era la que me había llevado. ¿Cómo se había enterado? Nunca lo supe, aunque en ese momento, pensé que, quizás, como antes, durante esas dos semanas en que estuvimos separados, me había tenido vigilada.

Luego de su pregunta, haciéndome la tonta, sólo le conté que había estado en mi casa todo el tiempo, que había salido con mi mamá, con Mossy... A Frida ni se la mencioné, tampoco a Menudo. Pero él insistió y me dijo que no intentara verle la cara. Finalmente le confesé que había ido a ver a Menudo. Se puso furioso y durante el camino, rumbo a su oficina, no me dirigió la palabra. ¡Otra vez, Dios mío! ¡Otra vez! Y todo por haber ido a ver a Menudo, por haberme visto con Frida. Para colmo, íbamos rumbo a su oficina. ¡Otro castigo! Seguro.

Cuando llegamos a la casa de José María Iglesias, no había nadie ahí. Ya era de noche. Nos fuimos a su oficina y, ahí, me pidió que me sentara frente a su escritorio. Todavía serio, molesto, me dijo que eso que había hecho, lo de verme con Frida e ir a ver a Menudo, era una falta de respeto hacia él y ameritaba un castigo.

—Ya no nos vamos a casar —me amenazó—. Ya no me quiero casar contigo, por eso que hiciste.

Me quedé callada, sin entender. A pesar de todo, sus palabras me hicieron sentir que me liberaba de algo, que me quitaba otro gran peso de encima. A lo mejor, él esperaba que le preguntara el porqué de esa decisión, o que me soltara llorando, luego de haber escuchado algo tan grave. Pero no. No le dije nada, no reaccioné, hasta que, después de unos segundos, me ordenó que saliera inmediatamente de su oficina.

Lo obedecí, di unos cuantos pasos y, cuando estaba en la puerta, me gritó:

—¡Regrésate!

Como robot, volví a acercarme a él. No dejaba de mirarme, con esa mirada rencorosa, dura, esa mirada tan característica en él. Me pidió que me sentara de nuevo.

—Pensándolo bien —agregó—, sí me voy a casar contigo... Para vengarme de todas las que me has hecho...

Y en ese momento, empezó a aventarme a las piernas varios de los muchos cassettes que tenía sobre su escritorio, uno por uno, mientras yo me movía para esquivarlos y que no me fueran a dar en la cara.

—Y de ahora en adelante —me advirtió—, tu vida va a ser así.

18. La boda

¿Qué era lo que en realidad
me había llevado a eso?
¿Mi ambición de ser cantante,
de triunfar, de realizar mis sueños?
¿Mi amor por Sergio?
¿O el miedo que me inspiraba?

En serio, Rubén. No tengo por qué decirte mentiras. Eres el primero al que le cuento esto. Bueno, ya se lo había platicado a Verónica, mi psicóloga. Pero ni a mi mamá se lo había dicho.

Se me vino el mundo encima. Me di cuenta que, ahora sí, me las iba a ver negras. Sergio no dejaba de mirarme a los ojos, mientras seguía aventándome los cassettes. Al mismo tiempo, sentí rabia, coraje, y me le quise enfrentar, sosteniéndole la mirada con odio, como poniéndomele al brinco, como retándolo. Pero una vez más, fue inútil. Su fuerza me venció. Sentí más miedo que nunca, mientras lloraba, no sólo porque me estaba lastimando con los cassettes, sino porque me estaba humillando otra vez.

Después de ese nuevo castigo, me dijo que al día siguiente iría a mi casa para hablar con mi mamá para que nos casáramos en un mes, más o menos. Y que yo tendría que seguir firme en mi decisión.

Si en ese momento le decía que no, que mejor nos olvidáramos de la boda, me iba a torturar de nuevo, como de costumbre, para tomarme por la nuca y jalarme del cabello, acorralándome contra la puerta, como ya lo había hecho antes, y ponerme su cara pegadita a la mía, hasta decirle que sí lo quería, que él tenía la razón... ¿Para qué tratar de enfrentarlo, de negarme?

Me llevó de regreso a mi casa. Ahí estaba mi mamá, esperándome, ansiosa, para que le contara, para que le dijera lo que ella quería escuchar, que todo se había terminado entre Sergio y yo. Pero tuve que decepcionarla de nuevo, hablándole como si yo estuviera programada, repitiendo todo lo que Sergio me había pedido.

—Sí, mamá. Ya hablé con Sergio y quiere que nos casemos en un mes.

—Pero, ¿estás segura, Aline? —me preguntó aterrada—. Yo pensé que en estas semanas habías recapacitado...

—Cuando lo volví a ver, me di cuenta que lo extrañaba, que en verdad lo quiero, que me hace falta.

—¿Estás consciente de lo que significa casarte con un hombre que te dobla la edad? ¡Apenas tienes quince años!

—Sí, mamá. Estoy consciente. Ya te lo dije.

—Pero, Aline, ¡por favor!

—Entiéndeme, mamá. Estoy enamorada de Sergio...

* * *

Tal como Jossie me lo comentó en alguna ocasión, por supuesto que esa boda le pareció siempre una locura:

Ya sé que muchos me van a juzgar mal por haber aceptado, después de todo lo que había pasado, y dirán que soy una tonta, una estúpida por haber cedido, por haber consentido esa boda. No es que quiera justificarme, pero en una situación así, después de tantas y tantas cosas que jamás imaginé vivir, la ofuscación no me permitió razonar o actuar como, quizás, lo haría ahora, después de todo lo que pasó.

Me sentí impotente, vencida. ¿Qué podría hacer si la propia Aline me decía que estaba enamorada, que quería a Sergio? ¿Llevármela lejos por la fuerza? ¿Volverla a encerrar?

¿Tenerla vigilada? ¿Para que se escapara de nuevo? Eso es lo que más miedo me daba, que se fuera otra vez y, entonces sí, no volver a saber de ella y perderla para siempre.

En ese tiempo, por supuesto que no estaba al tanto de toda la serie de barbaridades de las que luego me enteré, todas las atrocidades que Sergio cometió con ella. Sabía sólo lo que ella me había contado: que estaba enamorada, que Sergio era muy bueno, que la protegía, que la cuidaba. Y, bueno, finalmente, tuve que aceptar esa boda. De alguna manera, pensé que tendría a mi hija cerca, a lo mejor, como me lo había ofrecido Sergio, hasta viviendo en el edificio de enfrente, para poder verla todos los días. Me costó mucho y, aunque jamás estuve de acuerdo, les di mi bendición.

* * *

Al día siguiente, Sergio, ya en su papel de novio formal y futuro esposo de Aline, fue a hablar con Jossie y se pusieron de acuerdo en la fecha de la boda. Originalmente, Sergio sólo quería casarse por el civil. Pero Jossie insistió en que, en todo caso, tendrían que casarse "como Dios manda", también por la Iglesia. Y Sergio estuvo de acuerdo.

Una semana más tarde, durante una cena familiar en casa de Aline, en presencia de sus tíos, primos y su amiga Mossy, Sergio llegó en compañía de su mamá, doña Justina, para pedir formalmente la mano de Aline, quien ya hasta tenía en uno de sus dedos el anillo de compromiso, con un diamante, que Sergio le había entregado un día antes.

No quiso dármelo en la cena de la pedida de mano —recuerda Aline—, porque decía que le daba pena hacerlo enfrente de los demás, de mi familia. Todos esos numeritos, se le hacían cursis. De hecho, ya bastante era para él representar el teatrito de la pedida de mano. Decía que se sentía ridículo pero que, bueno, no le quedaba más remedio.

Y como, luego del bombardeo de los cassettes y de las amenazas, volvió a ser tierno y lindo conmigo, yo feliz con mi anillo de compromiso, como en las telenovelas, sintiéndome la novia más feliz y afortunada en esa cena familiar, muy orgullosa, porque, en mi inconciencia y en medio de mis temores, se me hacía lo máximo que mi maestro, mi genio y protector, finalmente se hubiera decidido por mí, que me hubiera elegido para ser su esposa.

Con todo eso, con la forma en que él se estaba portando conmigo, con mi mamá y con mi familia, sentí que estaba conociendo a otro Sergio, a un Sergio diferente, ilusionado con la boda. Eso me hizo creer nuevamente en él y justificarlo en muchas cosas. Pensé que todo iba a ser diferente a partir de entonces y que en verdad sería feliz a su lado, sobre todo cuando, en esa cena de la pedida de mano, todavía, se aventó un breve discurso y dijo enfrente de todos que me quería mucho y que se sentía muy contento y orgulloso, porque pronto me convertiría en su esposa.

Y a partir del día siguiente, los preparativos para la boda... Sergio estuvo de acuerdo en que mi mamá y yo nos encargáramos de todo. Él no se metió, dejó que todo lo hiciéramos nosotras.

Mary y Gloria ya estaban enteradas. Días antes, cuando Sergio y yo les dimos la noticia a ellas y a las demás chavas, se mostraron aparentemente felices, aunque yo me di cuenta que no lo estaban realmente, sobre todo Mary y Gloria, quien, en una ocasión, mientras me ayudaba a elegir mi vestido de novia en las páginas de una revista, hasta lanzó un suspiro, cuando me dijo: "Qué padre que tú sí hayas conseguido esto..." Y a mí me dio lástima ese comentario. No sé, a lo mejor, al menos a Gloria, le habría gustado casarse así, de esa manera, vivir todo eso tan bonito de los preparativos, el vestido de novia, la iglesia...

Sergio, por su parte, como te decía, estaba muy cambiado, representando a la perfección su papel de mi prometido, visitándome por las tardes en mi casa, para que mi mamá y yo le contáramos como iban los preparativos. Hasta tuvo que acompañarme a las pláticas prematrimoniales que te exigen en la iglesia. Y, después, cuando me llevaba a mi casa, me seguía aleccionando, indicándome todo lo que tenía que decirle a mi mamá y, recordándome, especialmente, que nunca le fuera a contar la verdad, todo lo que había vivido a su lado, dándome a entender que eso se había terminado, que era parte del pasado.

Me pintaba todo muy bonito, diciéndome que seríamos felices y que nos iríamos a vivir a la casa de San Jerónimo, los dos solos, como marido y mujer.

En ese lapso de los preparativos para la boda, una vez, mi mamá, él y yo fuimos a Los Ángeles a comprar ahí las invitaciones y otras cosas para la boda. Originalmente, el viaje era para buscar ahí el vestido de novia, pero, finalmente, me lo confeccionaron en México, todo bordado a mano, muy bonito. Recuerdo bien que costó cuatro mil pesos y que Sergio fue quien, a final de cuentas, eligió el modelo.

Pero bueno, te decía que ahí en Los Ángeles, una tarde, mientras comíamos en un restaurante los tres, mi mamá comentó algo que yo le había contado. No recuerdo bien qué era, pero se trataba de algo que yo le había ocultado a Sergio, algo que no le había platicado, algo sin importancia. Él me tenía tomada la mano por debajo de la mesa y, cuando descubrió, según él, esa nueva "mentira" de mi parte, por lo que comentó mi mamá, en ese preciso momento, me soltó la mano. Después, cuando mi mamá se levantó al baño, me advirtió que, después de casarnos, tendría que escribir un millón de veces: "No debo decirle mentiras a Sergio Andrade". Ése sería mi castigo.

¡Exacto, Rubén! Precisamente, cuando fuiste en aquella ocasión a la oficina de Sergio y él me tenía castigada, debajo de su escritorio, eso era lo que estaba escribiendo. O sea, que fue al poco tiempo de nuestra boda.

Ahí, en Los Ángeles, cuando me amenazó con ese nuevo castigo, la verdad no me asusté, porque pensé que finalmente se le iba a olvidar. Sin embargo, no dejé de pensar... ¡Un millón de veces "No debo decirle mentiras a Sergio Andrade"! ¡Un millón de veces! ¿Sabes lo que es eso?

* * *

El 19 de noviembre de 1990, en el restaurante El Mesón Nayarita, propiedad de Benito, el esposo de Jossie y padrastro de Aline, se llevó a cabo el matrimonio civil de Aline y Sergio, con muy pocos invitados. Sólo unos cuantos familiares por parte de ella y, por parte de él, su mamá, su administrador (el licenciado Luis López) y otros que ya no recuerda Aline.

De lo que sí me acuerdo es de mi nerviosismo. Había llegado el momento y, después de firmar el acta de matrimonio, ya no podía echarme hacia atrás. Quedaría ya como la esposa de Sergio. Yo, entonces, ni firma tenía. Pero en ese momento, me inventé una con mi nuevo nombre: Aline Andrade.

El numerito de todas las bodas por el civil. Ya sabes, el juez, los testigos, la Epístola de Melchor Ocampo, las felicitaciones, los abrazos, las lágrimas. Y yo, muy emocionada como la flamante esposa de Sergio, como la señora de Andrade. Sin embargo, no fue una boda como las demás. Como que se percibía mucha tensión y, al menos de parte de mi familia, mis tíos no pudieron disimular. Sobre todo mi mamá y Benito, para nada se veían contentos. Todo el tiempo estuvieron serios, tensos, disimulando. Era evidente que no estaban de acuerdo con la boda. Pero ya no les quedaba de otra.

Ahí, claro, también estuvieron Gloria y Mary, pero sólo unos quince minutos, para acompañarnos en esa ocasión tan especial. Luego se fueron, porque Gloria tenía una presentación.

Todo en apariencia normal, hasta que, ya al final, hubo bronca y discusión, porque Sergio, como yo ya era su esposa, quería que me fuera ya a vivir con él y que pasáramos la noche juntos. Pero mi mamá se opuso, asegurándole que eso sería hasta que nos casáramos por la Iglesia.

* * *

Y, por fin, el primero de diciembre de ese mismo año, 1990, la boda religiosa. A sus quince años, Aline, en medio de su nerviosismo y segura de que, ahora sí, iba a ser feliz, a las once de la mañana llegó a la iglesia de Nuestra Señora del Rayo, con su vestido blanco, bordado a mano, sintiéndose la protagonista de una película, de una historia de amor con feliz desenlace. Su historia, su propia historia. Ahí, bajándose del coche negro, adornado con moños blancos, acompañada de Benito, el mismo que la entregó en el altar, el mismo que la puso en manos de Sergio Andrade para que la hiciera feliz.

Aparentemente, de nuevo. Simples apariencias, también en esta boda. Como si nadie estuviera al tanto de la verdadera situación, aunque muchos la conocían, especialmente la familia de Aline, los tíos, los primos. Ahí, frente a Dios, había que simular que las cosas eran normales, que todo marchaba perfectamente, que Aline y Sergio eran una pareja de enamorados, como tantas, a pesar de la notoria diferencia de edades, jurándose amor eterno y fidelidad (en las buenas y en las malas), ante Dios, ante sus leyes.

Cuando estuve ahí, ya frente al altar, con Sergio a mi lado, mientras el sacerdote oficiaba la misa y se dirigía a nosotros, hablándonos de la importancia del matrimonio, de nuestras obligaciones, del significado de esa unión ante Dios, creo que por primera vez en todas esas semanas de ajetreo y preparativos, empecé a darme cuenta de lo que estaba haciendo, del compromiso que me echaba a cuestas, de la locura que estaba cometiendo y que ahora, menos que nunca, podía retractarme. No sé. Como que Dios me iluminó la mente en ese momento, como que desperté. ¿Hasta dónde había llegado? ¿Hasta dónde me había dejado llevar?

Se me empezaron a salir las lágrimas, no precisamente de la emoción, como a lo mejor pensaron los invitados, sino del miedo. El sacerdote seguía hable y hable, mientras que yo me preguntaba ¿qué era en realidad lo que me había llevado a ese matrimonio? ¿Mi ambición de ser cantante, de triunfar, de realizar mis sueños? ¿Mi amor por Sergio? ¿El miedo que me inspiraba?

Demasiado tarde para arrepentirme, porque mientras me encontraba sumida en mis pensamientos, como en las nubes, ajena por unos minutos a lo que ahí estaba sucediendo, de pronto, el sacerdote me hizo la misma pregunta que les hacen a todos los novios el día de su boda: "Érika Aline Hernández Ponce de León, ¿aceptas a Sergio Andrade como tu esposo y prometes serle fiel...?"

Respondí que sí, que sí lo aceptaba. Y él hizo lo mismo. La ceremonia continuó, pero yo no dejé de llorar, menos aún cuando, luego de la misa, en un salón que está a un lado de la iglesia, mi mamá me abrazó y me dijo algo que se me quedó clavado en el corazón y que jamás se me va a olvidar: "Nunca olvides que soy tu madre y que siempre voy a estar contigo, pase lo que pase, hagas lo que hagas..."

* * *

Durante ese mes de noviembre y todo diciembre, Gloria Trevi vivía una de sus mejores etapas, luego de haberse consolidado definitivamente con su segundo disco. Era la sensación en aquel entonces, después de haber desbancado a las demás cantantes y, prácticamente, no tener competencia ni nadie que le pisara los talones o le hiciera sombra. Según me enteré, todo ese diciembre tuvo presentaciones, hasta dos en el mismo día y en diferentes lugares. Por eso, ni ella ni Mary estuvieron presentes en la boda ni en la gran fiesta, en una casa que Sergio tenía en Cuernavaca, en el fraccionamiento Burgos.

La recuerdo perfectamente. Esa casa un tanto descuidada, con piscina y un enorme jardín.

Ahí, en el que siguió el festejo.

Después de la ceremonia religiosa, hacia allá partieron los recién casados, seguidos por los invitados en sus coches. Y Aline, aún sumergida en aquello que todavía no sabía si era un sueño o el inicio de una pesadilla. Ahí, en la gran fiesta, amenizada por un mariachi y más tarde por un trío, del brazo de su flamante esposo, sin poder ocultar su rostro de niña asustada. Sí, esa apariencia todavía infantil que, ni siquiera con su vestido de novia bordado a mano, pudo disimular. Más que novia, parecía una mocosa que acababa de hacer la Primera Comunión.

Aquello me resultaba tan ajeno a mí, a pesar de que yo era la protagonista de la película, compartiendo créditos con Sergio. Íbamos de una mesa a otra, para brindar con los invitados. Bueno, yo con Coca Cola, porque aunque ya había probado en alguna ocasión el licor, estaba muy chiquita. Apenas si bebí unos cuanto traguitos de champaña durante el recorrido por las mesas, a la hora de los clásicos brindis.

De un lado a otro, de mesa en mesa, con ganas de que esa fiesta fuera eterna, que los invitados nunca se fueran, porque así, de alguna manera, me sentía protegida, sobre todo por tener a mis papás ahí, conmigo. No quería que llegara la noche y que ellos se fueran. No quería quedarme sola con Sergio, ahora sí como su esposa, porque no sabía qué iba a pasar después ni cómo sería mi noche de bodas.

En algún momento, pensé en tomarme mis copas y hasta emborracharme, no para evadirme, sino para tener el valor de confesarle a mi mamá que estaba muerta de miedo, que me sentía arrepentida por haber llegado tan lejos y, en ese momento, no saber qué hacer. Que ella me llevara a mi casa, con Benito, con Yoyo.

¿Te imaginas? ¿Salir en ese momento con eso?

Pero no, ya era muy tarde como para rectificar. Estaba bien metida en el hoyo y lo único que me quedaba era pedirle a Dios que esa angustia y ese miedo se desaparecieran, que Sergio no cambiara ya, que no volviera a ser el de antes, que continuara como hasta entonces: comprensivo, tierno, romántico, amable.

Ya noche, como a las diez, los invitados empezaron a irse. Mis papás fueron los últimos en marcharse, como a las doce. Mi mamá me dio su bendición, se soltó llorando y le pidió a Sergio que me hiciera feliz. Él se lo prometió. Cuando la vi subirse al coche, con Benito y con Yoyo, me dieron ganas de correr para irme con ellos. Pero me contuve.

En cuanto se fueron, en ese preciso instante, Sergio cambió automáticamente su semblante. Nos fuimos a la recámara, la recámara principal de la casa que estaba en la parte de abajo y que daba al jardín, una habitación más o menos grande con su propio baño y una cama king size.

Ahí, a solas con Sergio, pensé que me iba a agarrar a besos y que sucedería lo que sucede siempre en una noche de bodas. Tenía ganas de que me abrazara, que fuera dulce y comprensivo conmigo para sentirme un poco mejor y se disiparan mis miedos. Él podía hacerlo, ya lo había hecho en otras ocasiones.

Pero no. Ni dulce, ni tierno, ni comprensivo. Estaba serio y, una vez más, no me dirigía la palabra. Pensé que a lo mejor estaba cansado, pero a pesar de todo me desconcertaba su actitud. En eso, sentada en la cama, en espera de que él me dijera algo o que se acercara a darme un beso, lo que hizo fue darme una fuerte bofetada y, así, sin decirme nada, se salió de la recámara.

¡Qué onda! La mensa de mí, ni siquiera debí haberme sorprendido, después de todo lo que había vivido a su lado. Después de tantas y tantas actitudes tan extrañas e inesperadas, como que ya debía haberme acostumbrado.

Ahí, sola en la recámara, me puse mi camisón y me metí a la cama, pensando que, seguramente, Sergio estaba furioso por haber tenido que representar todo ese numerito de la boda, la fiesta y los brindis con los invitados. Sí, a lo mejor era eso y, claro, tenía que desquitarse conmigo, porque, de alguna manera, por mí había tenido que representar toda esa farsa.

Supuse que regresaría al poco rato a la recámara, quizás, ya en otro plan y con otra cara. Por un lado, quería que así fuera, al menos, para comprobar que ya se le había pasado el enojo. Pero, por el otro, prefería que no. En esos momentos quería estar sola para pensar lo que había sucedido y, también, para no tener qué cumplirle como esposa, aunque sabía bien que no podría escaparme de eso, igual que tampoco me había escapado antes. Era una de mis obligaciones, una de tantas, las que ya conocía y las que iba a conocer después.

Pasaron las horas y yo ahí, sola en la cama. Al otro día me enteré que Sergio había dormido en otro de los cuartos. Para mi tranquilidad, ya se le había pasado el enojo. Volvió a estar de buenas, sobre todo cuando, como al mediodía, llegaron Gloria y Mary a la casa, felices, para que les contáramos qué tal había estado la boda. Les platicamos con lujo de detalles los pormenores y, al menos en ese día, Sergio volvió a ser cariñoso conmigo, aunque yo sabía muy bien, que eso no iba a ser así siempre y que lo mejor sería que estuviera preparada para todo lo que iba a venir.

¿Y qué más podría venir, después de todo lo que ya había sucedido? Ojalá lo hubiera sabido.

19. Las reglas del juego

No te estoy mintiendo.
En verdad.
Todavía siento rabia, coraje,
por todas esas humillaciones.
Pero en ese tiempo,
tenía que someterme a todo.

La Luna de Miel que Sergio le había prometido a Aline, o más bien a su mamá, nunca se llevó a cabo. Cuestiones de trabajo. En ese mes de diciembre de 1990, Gloria Trevi seguía trabajando todos los días y Sergio, por lo general, tenía que acompañarla. Aline, por supuesto, como la flamante esposa, tenía que seguirlo a él a todos lados.

Todo volvió a ser como antes, como hacía tiempo: Aline se integró nuevamente como corista de Gloria, junto con Mary, y ahora sí, sin una mamá a la que le tuviera que rendir cuentas, podía viajar tranquilamente de un lado a otro, por cierto, cumpliendo con el castigo que tenía pendiente y que a Sergio no se le olvidó...

Tal como él me lo había advertido antes de la boda, tuve que comenzar a escribir, en hojas y hojas y donde se pudiera: "No debo decirle mentiras a Sergio Andrade". Tenía que completar el millón de veces. Y ahí me tienes, escribe y escribe la misma frase en todos lados, mientras volábamos en un avión, en un restaurante, en la habitación de un hotel, en un camerino, antes del show de Gloria y, también, cuando a Sergio le daba la gana, hasta debajo de su escritorio, como cuando me conociste, Rubén... Bueno, cuando te conocí yo, porque, como ya te lo conté, esa vez sólo escuché tu voz y vi tus zapatos.

A Sergio no le gustaba que yo estuviera tranquila, siempre que me sorprendía sin hacer nada, me ponía a escribir mi castigo, donde fuera. Por ejemplo, si íbamos en un avión, tenía que pedirle a la sobrecargo que me regalara unas servilletas; o si nos encontrábamos en un restaurante, lo hacía en los mantelitos de papel que te ponen en la mesa. Mi obligación era cargar siempre con una pluma para poder cumplir con mi castigo, para que se me grabara bien que por ningún motivo podía mentirle de nuevo. Gracias a Dios, finalmente, luego de haber escrito la misma frase como cinco mil veces, me perdonó.

Así, transcurrió aquel diciembre en el que, con el pretexto de los viajes, me distancié de mi familia y apenas si pude hablar una o dos veces con mi mamá, siempre con autorización de Sergio y vigilada por una de las chavas.

Los viajes de un lado a otro, cada día en un lugar diferente, y sobre todo la tortura de escribir y escribir lo de "no debo decirle mentiras a Sergio Andrade", me sirvieron para distraer mi miedo. Finalmente, me di cuenta que ser o no la esposa de Sergio, daba lo mismo. Mi papel seguía siendo el mismo, igual que mis obligaciones: estar siempre con él, acompañarlo a donde fuera y obedecerlo en todo, absolutamente en todo, igual que las demás.

Después de lo que había vivido, ya no me resultó tan descabellado lo demás que fui descubriendo poco a poco, especialmente con respecto a mis obligaciones, a las normas que tenía que cumplir, igual que las otras, siempre para complacer a Sergio y tenerlo contento.

Por ejemplo, eso de decirle siempre "Sí, Sergio, gracias, por favor", era de vital importancia. Igual que pedirle permiso para todo, hasta para ir al baño. En serio. También, entregarle notas de todo lo que gastaba con el dinero que me daba. No se trataba precisamente de que me diera para mis gastos o para mi quincena, sino que, al igual que a las demás, me daba algo para encargos suyos o para alguna emergencia, siempre y cuando le llevara las notas para comprobar los gastos. Durante todo ese tiempo, aunque trabajaba como corista de Gloria y asistente y secretaria de él, no me pagaba ni un quinto. De hecho, nunca lo hizo.

Si mi mamá me regalaba algo cuando la veía, se lo tenía que dar a él y, pobre de mí si se enteraba que le pedía cualquier cosa a mi mamá. Las pocas veces en que iba a visitarla, sin que ella se diera cuenta, le robaba de su bolsa algún barniz de uñas, un lápiz labial o un rimmel, porque yo no tenía para comprarme nada. Con decirte que ni para toallas sanitarias tenía... Me las hacía yo misma con algodón o con Kleenex que me robaba de los hoteles, igual que las botellitas de shampoo y cremitas que te ponen en el baño, o los costureritos esos que traen hilos de colores y una aguja.

Otra de mis obligaciones, cuando salíamos de viaje, era lavarle su ropa interior, por las noches, en el lavabo del baño del cuarto del hotel. Y, como ya también te lo conté, si me tocaba quedarme a dormir con él y resulta que estaba enojado por algo malo que según él yo había hecho, me dormía en el suelo y él en la cama. Por eso, no es que sea una ratera, pero, cuando podía, en los aviones me robaba también la cobija que te dan ahí o la almohadita para, en caso de que me tocara dormir en el suelo, tener al menos con qué taparme si hacía frío.

No te estoy mintiendo. En verdad. Ahora que te lo cuento, todavía siento rabia, coraje, por todas esas humillaciones. Pero en ese tiempo, tenía que someterme a todo, con tal de que no me impusiera castigos más gruesos.

¿Qué más? Cuando andábamos de viaje, ninguna podía comer hasta que él no lo hiciera. En mi caso específico, yo no podía elegir qué era lo que se me antojaba en ese momento; él siempre decidía por mí y, por lo general, ordenaba platillos que sabía perfectamente no me gustaban. Y eso sí, me lo tenía que comer todo.

Recuerdo que a una cuadra de la XEW, a donde íbamos a veces, había una taquería en la calle de Ayuntamiento, y ahí preparaban unos tacos riquísimos que me encantaban. Pero cuando Sergio se dio cuenta de ello, me llevaba más bien a otra taquería horrible que también estaba por ahí, y ordenaba unos tacos de cochinita pibil que me chocaban y que me tenía qué comer. Ah, y además, con mucho chile, para que me picaran y sufriera, ¡y sin refresco o agua! Varias veces, hasta lloré del ardor que sentía en la lengua, le desesperación de no poder quitarme aquella picazón tan espantosa. Y él, como si nada.

Pero, por lo general, casi siempre andaba muerta de hambre, igualito que Gloria cuando la conocí y le llevaba papitas y tortas. La historia se estaba repitiendo; ahora yo también ya andaba igual que ella, siempre hambrienta y sin un quinto para comprarme una hamburguesa o un hot dog de los que venden en los carritos de la calle. Y aunque tuviera dinero, no podía hacerlo si él no me lo autorizaba.

Por eso, era feliz cuando volábamos en un avión, porque además de que podía comer lo que quisiera, también dormía a mis anchas, luego de las constantes desveladas. Nuestra obligación era estar siempre a su lado, aunque nos estuviéramos cayendo de sueño, igual que sucedió en Los Ángeles, cuando grabamos mi disco y el de Gloria.

Ya en ese tiempo, aunque él seguía diciéndome que todos esos castigos eran por mi bien, para que madurara y me hiciera mujer, yo no me lo creía. Más que nunca, lo vi como un ser perverso que gozaba con todo eso que me hacía, no sólo a mí, sino también a las demás.

Ah, pero aparte, todos los días me daba un tónico que se llamaba o se llama Kal-C-Tose, con dos huevos, según él, para que creciera y dejara de estar tan flacucha, porque todavía ahí, no había empezado a embarnecer y mi cuerpo era el de una niña de doce años. Sí, una chamaquita que, entonces sí, te lo juro, ya se estaba convirtiendo en mujer, con tantas responsabilidades y exigencias que tuve que asumir por la fuerza. No me quedaba de otra.

Así era Sergio. Así fue siempre. Sus ideas absurdas y descabelladas dejaron de sorprenderme. Por ejemplo, cuando, como otra de nuestras obligaciones, teníamos que abrirle la portezuela del coche, en vez de que él nos la abriera a nosotras, como lo hace un caballero. O, también, cuando me castigaba en su oficina o en el cuarto de un hotel y él tenía que salir, mi obligación era esperarlo en la misma posición hasta que regresara. Parada, sentada en una silla o en el piso, pero en la misma posición.

Y así, muchas cosas más, muchas más obligaciones y prohibiciones, como la de no ser amigas entre nosotras. Nuestra relación tenía que ser de lo más impersonal y distante. Al menos así fue al principio, cuando, especialmente durante mis primeras semanas de casada, poco a poco me fue poniendo al tanto de todo lo que tenía qué hacer para complacerlo y no despertar su ira.

Mi primera Navidad con él, mi primera Navidad sin mi familia... Fue de lo más deprimente y triste, como una noche cualquiera, una noche más. La pasamos en el departamento de su mamá, doña Justina, quien jamás me trató como su nuera. No era ni buena ni mala conmigo, simplemente indiferente, igual que con las demás.

No hubo arbolito, ni nacimiento, ni cena especial con pavo, ni regalos, ni nada. La muy ingenua de mí, pensé que Sergio me iba a comprar algo. Pero no. Fue una Navidad horrible en la que, más que nunca, extrañé a mis papás y a mi hermana, a mis tíos, a mis primos, pensando que en esos momentos, todos ellos estarían juntos y felices, cenando, repartiendo regalos. Y yo, en cambio, todavía en ese entonces, escribiendo un millón de veces: "No debo decirle mentiras a Sergio Andrade".

Y después, Año Nuevo en La Paz, Baja California, trabajando, porque esa noche, había presentación de Gloria. Esa vez fue todavía más triste, cuando dieron las doce de la noche y la gente que estaba en ese lugar, se daba sus abrazos y se felicitaban todos. Otra vez me acordé de mi familia, de los viejos tiempos. Todo eso ya era cosa del pasado. A mis quince años, pensé que jamás volvería a vivir aquello que se había quedado atrás, en mi infancia, esa infancia feliz a pesar de todo, a pesar de la muerte de mi papá, a quien extrañaba más que nunca.

Más que nunca, seguía con la costumbre de rezarle a Dios y, al mismo tiempo, hablar con mi papá, pedirle que me ayudara a encontrar la salida. Siempre que estaba sola, sin Sergio ni nadie que me vigilara, eso era lo que hacía. Y, aunque las cosas no se arreglaban, al menos me sentía un poco mejor.

Un diciembre de muchos viajes, por carretera y avión. Quizás, la etapa más agotadora y desgastante. Días y noches enteras sin dormir, siempre de un lado a otro. Por eso, cuando nos subíamos a un avión y podía dormir unas horas, ¡era la gloria!

Porque ni siquiera en el cuarto de hotel podía estar tranquila ni descansar. Ahí todo era peor, porque me quedaba sola con Sergio. Una vez, no recuerdo bien por qué motivo fue, él se enojó otra vez conmigo por algo que hice. Tan furioso estaba que, luego de darme una buena zarandeada, me empujó y me pegué en la espalda, contra la orilla de la cama. Sentí un dolor espantoso. Y aparte de llorar por ese dolor tan fuerte, no me podía mover. Me asusté muchísimo, porque pensé que me había roto algún hueso o que me había fracturado la columna vertebral. Y mientras yo lloraba sin poderme mover, Sergio me ordenaba que me levantara, que no fuera tan teatrera. Pero yo no podía, en verdad que no podía.

Entonces, yo creo que se asustó él también y me ayudó a ponerme en pie, pidiéndome que me calmara, asegurándome que no tenía nada.

Unos minutos más tarde, cuando ya se me había pasado un poco el dolor y podía moverme y caminar, luego de ese susto, me metí al baño del cuarto y cerré la puerta con seguro. Me miré al espejo, con los ojos hinchados, después de haber llorado tanto. Eso que me acababa de hacer Sergio ya era el colmo. No sé bien qué estaba pensando en esos momentos, pero recuerdo que llené el lavabo con agua y sumergí la cabeza en él para ahogarme. En ese momento pensé que era lo mejor, para acabar con todo, con mi vida, y ya no tener qué enfrentarme a él.

Pero no, finalmente no lo hice. Me solté llorando más aún, ahí encerrada en el baño, pidiéndole a Dios y a mi papá que me ayudaran...

* * *

En ese tiempo, luego del tormentoso y agotador diciembre, ya a principios de 1991, su papel como consentida, como favorita, también pasó a un segundo plano. Volvió a ser una más.

Aparte de Gloria, Mary, Mariana y Aline, según recuerda ella misma, ya se había unido al grupo otra muchacha, Andrea, amiga de la infancia de Gloria, a quien Sergio mandó traer desde Monterrey.

Acompañé a Sergio al aeropuerto para recogerla. Pero él se quedó en el coche. Me pidió que me bajara yo por ella, advirtiéndome que, cuando la llevara a la camioneta, dejara que Andrea se sentara junto a él, en el asiento de adelante, y que yo me pasara al de atrás. Sin conocer realmente a Andrea, apenas por los pocos datos que Gloria me había dado ("es morena, de cabello largo, buen cuerpo..."), no sé cómo le hice, pero ahí, en la sala de la Llegada Nacional del aeropuerto, logré identificarla entre tanta gente. Salimos al estacionamiento y, como Sergio me lo había pedido, ella se sentó junto a él, quien se portó de lo más amable con la muchacha, indicándole que trabajaría como ayudante de Gloria, acompañándola a sus viajes. Mientras, en el camino, no me quedó la menor duda de que, a partir de entonces, Andrea sería la nueva consentida.

Pero a mí, tampoco entonces, ni celos me daban. Mi cabeza andaba con otros rollos. Es más, hasta empecé a llevarme bien con Andrea, a pesar de que una de las normas con Sergio era que no podíamos ser amigas entre nosotras. Pero es que, viviendo lo que estaba viviendo, sin poder intimar con Mary, Gloria o Mariana, a fuerzas tenía que buscar a alguien con quien hablar por lo menos, claro, a escondidas de Sergio y de las demás.

Luego del mes de diciembre, después de mi boda, como nos la pasamos viajando y viajando, estuvimos viviendo en diferentes hoteles. Ya en enero, en el Distrito Federal, nos fuimos todas con Sergio a vivir al hotel Del Bosque, en la avenida Melchor Ocampo, como de costumbre, en dos cuartos, uno para él y para su favorita en turno, y otro para las demás.

Sí, a veces nos quedábamos ahí. Pero no siempre. En otras ocasiones, nos tocaba en la oficina de Sergio, en la casa de José María Iglesias. Arriba, en la azotea, había un cuarto común y corriente, un tanto sucio, descuidado, feo, con una sala vieja y dos sillones, igual de viejos, en los que dormíamos las cinco, cuando nos quedábamos ahí, en ese cuarto donde teníamos nuestra ropa, colgada donde fuera, en los mismos muebles o en maletas y cajas. Ese era nuestro hogar.

Ya después, en Tijuana, Sergio compró un motor home, o sea, un coche casa, una camper, en que había tres camas y una salita. Recuerdo que yo lo acompañé por esa camper y nos la trajimos desde allá hasta el D.F., por carretera. Salimos de Tijuana a las diez de la noche y llegamos al D.F. hasta el día siguiente. Sergio manejando todo el tiempo y yo junto a él, claro, sin poderme dormir durante todo ese trayecto que se me hizo eterno. Tenía que platicarle para que no le fuera a dar sueño. Fueron horas y horas y, sobre todo de noche, por las oscuras carreteras, sentía que se me cerraban los ojos, del sueño y del cansancio, pero como no me podía dormir, hasta empecé a delirar, a decir incoherencias. Fue algo espantoso, jamás había experimentado eso de delirar, ¡de dormir con los ojos abiertos!, sí, ¡con los ojos abiertos!, aunque no me lo creas.

Sí, de repente, le preguntaba a Sergio: "¿Ya vamos a llegar al Ajusco?", o "¡Cuidado! ¡Porque ahí vienen unos policías que nos van a matar!..." Es que ya no podía más. Llevaba no sé cuántas horas sin dormir. Pero gracias a Dios, por fin llegamos.

Y esa camper, se convirtió también en nuestro segundo hogar. Aparte del cuartucho de azotea de la casa de José María Iglesias, a veces también pasábamos la noche en la camper que Sergio tenía guardada en un estacionamiento, a dos cuadras de la oficina, mientras que todo mundo pensaba que, al menos la famosa Gloria Trevi, viviría en una mansión o en un elegante penthouse.

Supuestamente, Sergio y yo estábamos viviendo en la casa de San Jerónimo, tal como él se lo había prometido a mi mamá. Y ella pensaba que así era. Entonces, tampoco supo la verdad ni se dio cuenta de nada. Con el pretexto de que yo me la pasaba viajando con Sergio, como corista de Gloria, ella pensaba que siempre estaba fuera de la ciudad. Así que dejé de verla por un buen tiempo, igual que al resto de mi familia, perdiendo todo contacto.

Aparte, en esa casa de San Jerónimo, Sergio puso cortinas en las ventanas para que nadie pudiera ver desde afuera que estaba deshabitada. Así, mi familia pensaba que todo marchaba normalmente y que si no iba a visitarlos, era porque me encontraba siempre de viaje. Por lo mismo, ellos no podían ir a visitarme a mi casa, como hubiera sido normal. Yo nunca estaba ahí.

* * *

Por otro lado, empezaron a suceder cosas muy extrañas. Por ejemplo, una vez, íbamos Sergio, Andrea y yo en la camioneta de él, por una carretera, para alcanzar a Gloria en Ciudad Victoria, donde se iba a presentar con su show. Sergio iba manejando.

En esa carretera, pasando San Luis Potosí, en un lugar que se llama El Valle de los Fantasmas, ya noche, en una curva, la camioneta se patinó y fuimos a estrellarnos contra una roca gigante, gracias a la cual, no caímos a un precipicio, porque en esa zona hay muchos voladeros. El impacto fue terrible. Andrea se fracturó un brazo y yo rompí el parabrisas con la cabeza. Pero gracias a Dios, sólo me desmayé y únicamente me quedó un chipote enorme en la cabeza. Y a pesar de que el impacto fue del lado en el que iba Sergio, a él no le pasó absolutamente nada. Fue el único que resultó ileso. Unos señores que pasaron por ahí en un coche, nos llevaron a un hospital de San Luis, donde nos atendieron.

Al día siguiente, don César, el chofer de Sergio, nos alcanzó ahí con otro coche, el Shadow. La camioneta ya no servía. Quedó destrozada. De San Luis, Sergio, Andrea y yo, seguimos el viaje en el Shadow, y ya en Ciudad Victoria, nos regresamos al D.F. en avión. Nicolás, un chavo que, si mal no recuerdo, había sido boxeador y en ese entonces ya también estaba trabajando con Sergio como guarura de Gloria, fue el que se trajo el Shadow a México y, aunque no me lo creas, precisamente cuando iba pasando por El Valle de los Fantasmas, más o menos por el mismo lugar donde tuvimos el accidente, él también se estrelló. Afortunadamente, tampoco le pasó nada.

Y así, fueron surgiendo otras cosas extrañas que me hicieron pensar que Sergio estaba metido en rollos raros, sobre todo una vez, cuando subía yo por una escalera, en la casa de José María Iglesias, de pronto, me saqué de onda pues vi a Sergio en un baño, frente al espejo del lavabo, persignándose varias veces de una manera por demás extraña, claro, sin que él se percatara de mi presencia, de que lo estaba observando. Eso jamás se me va a olvidar, porque la escena me impactó mucho.

En otra ocasión, en el baño del cuartucho de azotea en el que vivíamos, me encontré debajo del lavabo una toalla sanitaria, toda manchada de sangre y, además, junto a esa toalla, un frasco con orines y un muñequito, de esos de tela, con alfileres clavados. Les avisé a las demás lo que había visto y más tarde se lo comentamos a Sergio. Él sólo nos dijo que no fuéramos a tocar nada de eso, que lo dejáramos ahí. Y al día siguiente, cuando entré al baño, ya no había nada.

Fueron experiencias muy impresionantes que me hicieron sentir todavía más miedo y ganas de huir de todo aquello. Aparte, como en ese tiempo yo ya no era la favorita y mi relación con Sergio, fuera de los castigos, era de lo más fría y me había convertido más bien en su ayudante, otra vez, pensé en la manera de salirme de ahí y regresar a mi casa.

Más que nada, después de otro castigo, uno de los más horribles y humillantes.

Resulta que, un día, Sergio nos ordenó a Andrea y a mí que lo esperáramos en su coche, estacionado afuera de la oficina, hasta que él bajara. No sé por qué nos pidió eso, si hubiera sido más fácil que lo esperáramos adentro. Pero, bueno... La espera dio inicio más o menos a las doce del día y comenzaron a transcurrir las horas, los minutos. Y ahí, Andrea y yo, muriéndonos del calor y del aburrimiento, sin poder salir, sin ni siquiera poder abrir las ventanillas para que entrara algo de aire. Era orden de Sergio, según él, porque le daba miedo que alguien que pasara por ahí nos hiciera algo. En cualquier momento podría salir él y, si se daba cuenta que lo habíamos desobedecido, ¡pa' qué te cuento! Además, teníamos que estar pendientes para que, cuando él apareciera, le abriéramos la portezuela. Como ya te comenté, era otra de nuestras obligaciones.

Pasaron más y más horas, hasta que se hizo de noche. Para no hacértela larga, ¡tardó nueve horas en salir! Sí, ¡bajó hasta las nueve de la noche!

Pero eso no fue todo. Durante tan larga espera, luego de platicar algunas bobadas con Andrea, las dos nos aburrimos. ¿Dormirnos un rato y que Sergio nos encontrara así, dormidas? ¡Ni de broma! Lo que hice, fue ponerme a escribir en una hoja, una canción de mi propia inspiración, una canción que, en una de sus frases decía: "Ya no hay magia entre los dos, ya no hay amor".

Por descuido, dejé esa hoja tirada en el coche y Sergio se la encontró. Al día siguiente, me mandó llamar y, mostrándome la maldita hoja, me preguntó por qué había escrito eso de "ya no hay magia entre los dos, ya no hay amor". Era la verdad. Aunque cuando escribí esa letra no estaba pensando precisamente en él, de alguna manera estaba manifestando lo que sentía. Me había convencido de que lo que llegué a sentir por él, ya no existía. Ya se había acabado, después de tantas cosas. Pero no se lo había dicho en su cara, me lo había guardado. Además, ¿para qué se lo iba a confesar? Ya antes, cuando se lo había dicho, él me torturaba para que le dijera finalmente que no era cierto, que lo seguía amando.

Pero cuando leyó aquella hoja, aunque no estalló en furia, como yo me lo esperaba, sí me puso un nuevo castigo, un castigo que jamás me hubiera imaginado. "Pues ahora te comes la hoja", me ordenó. Y me la tuve que comer, masticarla, pasármela. Literalmente, tuve que tragarme mis palabras.

Ya jamás volvió a ser tierno ni cariñoso conmigo. Ejerció más que nunca su actitud de tirano. A ti te consta, Rubén. La vez que me conociste, escondida debajo de su escritorio, no fue la única. Lo hacía siempre que le daba la gana. Y no sólo ahí, debajo de su escritorio, sino también en el baño, debajo del lavabo. Ahí me dejaba horas y horas, escribiendo no sólo castigos como el de "no debo decirle mentiras a Sergio Andrade", sino también otras frases o, también, composiciones mías.

Jamás me acostumbré a todo aquello. Nunca. Yo creo que por eso, una vez, después de que hice algo malo y que sabía que me iba a ir como en feria, como un automecanismo de defensa, mientras él me zangoloteaba, me vino un ataque de nervios y por primera vez en mi vida, yo también empecé a pegarle a él, respondiendo a sus golpes. Yo creo que cuando me di cuenta de lo grave que era eso, me desmayé, como para evadirme y no asumir las consecuencias. Me pasó en esa ocasión y en otra más. No podía contenerme. Pero luego, cuando regresaba del desmayo, todo era peor. La situación ya era insostenible.

Y cuando pensaba precisamente en la manera de decirle a Sergio que quería regresar con mi familia, un buen día, como si él hubiera adivinado mis intenciones, me informó que ya tenía una casa disquera interesada en sacar mi disco y que, ahora sí, en cuestión de semanas me iba a lanzar como cantante.

20. La chica fea

Sentir que valía como artista,
como ser humano,
luego de toda esa porquería
que estaba viviendo fuera de los escenarios.

Una vez más, Aline se dejó llevar. Una vez más, en un momento justo y clave. Después de todo lo que había padecido, después de que en varias ocasiones había pensado que la promesa de ese lanzamiento era un vil cuento y que jamás se llevaría a cabo, parecía ser que, ahora sí, su gran sueño estaba por cumplirse, paradójicamente, en medio de la pesadilla que estaba viviendo, claro, sin que el público se enterara.

Deslumbrada más que nunca, se olvidó del martirio, de las humillaciones, de los castigos, cuando acompañó a Sergio a Discos América, donde luego de audicionar, casi de inmediato se firmó el contrato, ante la presencia del director de esa compañía, Luis Moyano, un señor que la trataba bien, igual que los ejecutivos y personal de la disquera.

Y no era sólo la firma del contrato, sino también, el dinero que recibió como adelanto de regalías, como si en Discos América estuvieran plenamente seguros de que Aline resultaría todo un éxito. No en vano ese primer disco estaba producido por Sergio Andrade, el mismo que había convertido en suceso a Gloria Trevi, la cantante de moda.

Todo empezaba a cristalizarse, por fin, y Aline estaba viviendo lo que tanto había esperado. Según ella, bien había valido la pena el sacrificio, lo vivido, lo padecido, a cambio de encontrarse, en la antesala del estrellato.

Y a partir de entonces, el proceso paso a paso: junto con Alejandra Tamargo, ejecutiva de Discos América, quien la acompañó a comprar parte del vestuario, el que se requería para la sesión de fotos para la portada del disco. Su primer estudio fotográfico, con maquillista, peinador, luces...

Sin embargo, no podía sumergirme del todo en ese gran sueño que estaba empezando a vivir. Sergio no me lo permitía. No podía apartarme de la realidad ni despegar los pies de la tierra. Así que ninguna posibilidad existía de que pudiera desubicarme o que se me fueran a subir los humos, antes de ser realmente famosa.

A las juntas con la casa disquera casi nunca iba él. Me mandaba sola, acompañada por Andrea, para enterarme de todo lo que iban a hacer conmigo, claro, con el consentimiento de él como mi representante, como mi creador. Invariablemente, siempre que había junta, me obligaba a llegar tarde, no sé por qué. Todavía no lo entiendo. Y a mí me daba pena con los ejecutivos de la disquera, pero ni modo que les contara la verdad.

Ya después, llegaba con Sergio y le platicaba todo lo que se había acordado, mientras que él me aleccionaba, indicándome, por ejemplo, no sólo lo que yo tenía que decirle a la gente de la disquera, sino también, de lo que debería decir cuando me hicieran entrevistas los periodistas, lo que tenía qué responder... Lo más importante: jamás contar la verdad, nada de lo que me había sucedido con Sergio y, mucho menos, revelar que estaba casada con él. Eso era un secreto que tenía que mantener oculto, porque no iba de acuerdo con la imagen juvenil y casi infantil que me iban a manejar. ¿Te imaginas? ¿Que la gente supiera que una mocosa de quince años estaba casada con su representante, un señor que le doblaba la edad?

Y también, claro, siempre que podía, me metía en la cabeza que todo eso que estaba consiguiendo se lo debía a él, que sin su ayuda, jamás lo habría logrado. Si algún día se me ocurría separarme de él, yo no iba a hacer nada, ni con mi vida ni con mi carrera. Eso tenía que tenerlo bien presente, en todo momento: yo, sin Sergio Andrade, no valía nada. Era una basura.

Aparte, según Sergio, a partir de mi lanzamiento yo sería "la chica fea". No sólo porque mi disco se llamaría así, *Chicas Feas,* ni tampoco porque ese tema sería el primero que promoverían en la radio. No, aparte de eso, yo era en realidad una chica fea y nadie me hacía caso, nadie se fijaba ni se fijaría en mí.

Sergio me lo repetía a cada rato, para que me lo creyera, dándome a entender que, prácticamente, él me había hecho un gran favor al fijarse en mí y, más aún, al casarse conmigo. Sin embargo, ahí sí tuve que fallarle. Le hice creer que reconocía que era fea, aunque, en realidad, yo me sentía bonita, sobre todo cuando iba a las juntas con los señores de la disquera. Ellos me trataban con ternura, con cariño, y me decían cosas halagadoras, sobre todo Alejandra Tamargo, una chava joven, aunque mayor que yo, la misma que me acompañó a comprar mi ropa para el estudio de fotos que tanto me ilusionaba.

Un día antes de ese estudio fotográfico, pasé la noche con Sergio en su casa de Villa Alpina, la misma a la que lo había acompañado antes, cuando éramos novios, cuando apenas la estaban construyendo. Y como seguramente él me vio muy entusiasmada, cuando le enseñé la ropa que me había comprado para las fotos, como que le dio coraje, y esa noche, como en otras ocasiones, me obligó a dormir en el suelo y, además, sin poderme tapar con una cobija, a pesar del frío que hacía y que, lógicamente, no me dejó conciliar el sueño.

Así, al día siguiente, además de que llegué una hora tarde al estudio de la fotógrafa, lo hice toda ojerosa, cansada y con sueño. Así que ni siquiera pude disfrutar de esos momentos, de la sesión de maquillaje, la primera vez que me paré frente a una cámara fotográfica, rodeada de luces, de reflectores, con el maquillista y el peinador pendientes de mí. La primera vez que fui el centro de atracción, el centro de las miradas entre la gente que se encontraba esa vez en el estudio. Ya no era simplemente la corista de Gloria Trevi. Ahora era "Aline, la chica fea".

* * *

Llegó el gran momento. "Chicas feas" comenzó a sonar en la radio y el disco salió a la venta, respaldado por una gran campaña publicitaria.

Un disco con diez temas (dos de ellos de la autoría de la propia Aline), con una dedicatoria especial que, según me enteré después, no fue escrita por Aline, como todos creyeron, sino por Sergio Andrade...

> Desde muy chiquita, sentí la necesidad de escribir pequeñas historias y de cantar, cantar y cantar...
> Quizás por ese sentimiento de soledad tan profundo que me dejó la pérdida de aquél a quien quise con toda mi alma y que murió cuando todavía tenía yo dentro de mí mucho cariño para darle y había todavía tantas cosas para compartir juntos:
> Mi padre.
> A él dedico este disco, esperando que en algún lugar lo pueda escuchar y de alguna forma le guste y sonría.
> Como hace tanto tiempo...
>
> Aline

Sesiones de entrevistas, fotos y más fotos y hasta un debut en *Siempre en Domingo*, para continuar más tarde con una extensa gira de promoción por diferentes ciudades del interior de la República Mexicana.

Entonces, me distancié más aún de mi familia y no pude compartir con ellos, en especial con mi mamá, la realización de ese gran sueño, a pesar de todo lo que vivía fuera de los escenarios, de las cámaras. La primera vez que me presenté en *Siempre en Domingo*, no podía creerlo todavía, menos aún cuando logré desenvolverme frente a las cámaras, sintiendo un poquito de nervios, sí, pero no miedo. Aquello era lo mío, lo que tanto había anhelado, el lugar en el que mejor me sentía, frente al público, casi llorando de la emoción, cuando al final de cada canción me aplaudían.

Eso era mucho más de lo que había soñado. Lo otro, lo feo, ya no me importaba entonces. Todo tiene un precio en esta vida y yo ya lo había pagado, lo seguía pagando con creces, a cambio de todo eso tan maravilloso que estaba viviendo... Las entrevistas, los primeros fans, cuando escuchaba "Chicas feas" en la radio, cuando la canción comenzó a colocarse en los primeros lugares en estaciones de diferentes ciudades.

Pero luego, tenía que volver a la cruda realidad, a los enojos de Sergio, a sus regaños, a sus castigos, a dormir en el suelo, a veces en el cuartucho de la azotea, a veces en la camper. Afortunadamente, comenzó la gira de promoción por toda la República Mexicana y Sergio no iría conmigo, me acompañaría sólo Andrea, convertida en mi asistente, y algún promotor de la disquera, todos siempre amables y lindos conmigo. Aquella gira me sirvió de rélax, fue como alcanzar la gloria, vivir a mis anchas todo lo que quería vivir, lejos de Sergio.

Andrea, aunque tenía que cumplir con su misión de vigilar cada uno de mis actos, yo creo que también, al estar lejos de Sergio, se hizo todavía más mi amiga y hasta nos divertíamos juntas siempre que se podía, aunque no había mucho tiempo para ello. Al igual que en las giras con Gloria, aquí también era un constante trajín: llegar a algún lugar, visitar estaciones de radio, de televisión, entrevistas y más entrevistas, atender a los fans. Días enteros de un lado a otro y, ya por la noche, en el cuarto de hotel, caía como tronco, eso sí, durmiendo en una cama y no en el suelo, sin el temor constante de que Sergio se apareciera.

Así, durante esa gira, cumplí mis dieciséis años, en la ciudad de Aguascalientes, durante un concierto masivo en el que estuve con otros cantantes, incluyendo a Ricky Martin, que me encantaba. Yo creo que ése fue uno de los momentos más bonitos que viví, sobre todo cuando el público que estaba ahí me cantó "Las Mañanitas".

Pero esa gira de promoción, como todo en esta vida, llegó a su fin y tuve que regresar a México, nuevamente al lado de Sergio, para volver a lo mismo de siempre. Entonces, mi idea de huir de él, tuve que desecharla por completo. Sabía que si lo hacía, mi prometedora carrera podría derrumbarse de un momento a otro, porque, en efecto, sin él, yo no era nadie. Lo que más deseaba entonces, era que surgieran más oportunidades para salir fuera del D.F. y alejarme de Sergio lo más posible.

* * *

Y mientras "Chicas feas" se escuchaba por todos lados, fuera de los escenarios, Aline, cuando no tenía que cumplir con algún compromiso profesional, tenía que asumir su mismo papel de antes, aún distanciada de su familia, de su mamá. Buscarla o, por lo menos, llamarle por teléfono, significaría una traición.

Por eso, cuando mi mamá me llamaba a mí, Sergio me negaba y le decía que andaba de viaje, aunque estuviera en el D.F. Como te decía, ni siquiera pude compartir con ella y con mi hermanita Yoyo todo lo que me estaba sucediendo.

A Gloria, ya casi ni la veía. Casi nunca coincidíamos en México. Ella era cada vez más famosa y se la pasaba viajando. Y cuando se encontraba en el D.F., era yo la que andaba fuera. Ya desde antes, nuestra relación de supuestas amigas, se había desvanecido por completo. A mí me daba gusto saber que le estaba yendo bien y, a veces, hasta la extrañaba, pero ella cambió conmigo y ya casi ni me dirigía la palabra cuando nos veíamos.

En ese entonces, me di cuenta de algo que antes no había advertido del todo: Así como Gloria me había llevado a mí años atrás ante Sergio, con la promesa de lanzarme como cantante y hacerme famosa, eso mismo seguía sucediendo con las demás chavas que llegaban, entusiasmadas con la misma promesa. Algo similar sucedió con Andrea y, más tarde, con Katia, una muchacha más o menos de mi edad, que Gloria conoció en Puebla y que, luego, le llevó a Sergio.

En ese tiempo también, aprovechando la gran popularidad que había conseguido Gloria, Sergio publicó una revista que se llamaba precisamente *Gloria Trevi*, en la que, por cierto, yo llegué a aparecer en la portada, cuando me acababan de lanzar. En esa revista, había una sección especial que se llamaba "Los Coros de Gloria", un concurso en el que podían participar muchachas con los siguientes requisitos: buena voz, buena presencia, aptitudes para trabajar, disponibilidad para viajar. Tenían que mandar dos fotografías (una de cara y otra de cuerpo entero), junto con un cassette con su voz o, de preferencia, un videocasete. Las ganadoras se convertirían en coristas de Gloria y, según se decía en la convocatoria de la revista, obtendrían un buen sueldo, magnífico ambiente de trabajo y, sobre todo, la posibilidad de iniciar más tarde una carrera como solistas.

¿Buen sueldo? ¿Magnífico ambiente de trabajo? ¿Y la posibilidad de iniciar una carrera como solistas? Si hubieran sabido lo que yo sabía... Llegaban muchas fotos, muchos cassettes y solicitudes de chavas que no se imaginaban en lo que se iban a meter en caso de resultar elegidas.

Sin embargo, ese concurso ni falta hacía. Las niñas iban llegando solitas o, más bien, las llevaban Gloria o Mary. Yo me di cuenta, pero jamás pensé que ésa fuera también una de mis obligaciones, como un día me lo dijo Sergio: "Tú no has hecho ninguna aportación. Ya te estás tardando..."

Me hice mensa un buen tiempo, pero luego, con tal de complacerlo y tenerlo contento, una vez que viajé a Los Mochis, Sinaloa, me presenté en un teatro, donde también se presentaron otros cantantes y grupos de ahí, de Los Mochis. Entre esos cantantes, estaba una chavita muy bonita, de unos doce años, que estaba haciendo sus pininos. Se llamaba Marlene y resultó que era mi admiradora. Luego de la presentación, se me acercó para pedirme mi autógrafo y me habló de sus sueños de ser famosa, según ella, como yo. Me cayó bien, se me hizo muy tierna y, en ese momento, pensé: "Esta niña le puede gustar a Sergio".

Lo pensé mucho y, a mi regreso a México, con tal de quedar bien con Sergio y hacer mi "aportación", le hablé de Marlene, pintándosela como lo que era: una niña muy bonita, de doce años, que cantaba precioso. Sergio se entusiasmó. "Pues mándala traer", me ordenó. Y yo, muy obediente, lo hice. Le pagamos el boleto de avión a ella y a su mamá. Cuando Sergio la vio, le gustó y le hizo la famosa audición, supongo que igual que la que me hizo a mí cuando lo conocí, sin que la mamá estuviera presente. Después, habló con la señora y le dijo casi lo mismo que años atrás le había dicho a mi mamá. La misma historia.

Marlene se regresó a Los Mochis y, una semana después, Andrea y yo fuimos por ella y la trajimos a México, ya sin la mamá, quien, por cierto, nos la encargó, suplicándonos que se la cuidáramos... Si esa pobre mujer hubiera sabido en ese momento que todo era una trampa y todo lo que le esperaba a su hija... Y yo era la culpable. Me dieron ganas de contarle la verdad, pero ya era demasiado tarde.

Ya instalada Marlene como nueva integrante del grupito, sucedió lo mismo: Gloria fue nuevamente la encargada de prepararla, de lavarle el cerebro, porque era la que tenía más experiencia en esas cuestiones. Y como tenía que suceder, Marlene se convirtió al poco tiempo en la nueva favorita y, aparte, en corista de Gloria para que se fuera fogueando, ante la promesa de lanzarla más tarde también como solista. Algo que jamás sucedió, al menos hasta ahora. Se quedó como simple corista de Gloria.

Luego llegó también Nelly, una chamaquita muy humilde, de Hermosillo, Sonora. Pero a Sergio, como que no le gustó y prácticamente la ignoró durante el tiempo que ella estuvo con nosotros. Luego, otra más, Gaby, ya más grandecita, de unos 20 años. Mary la había traído de Tamaulipas. Pero también, Sergio era muy indiferente con ella, casi no le hacía caso, pero ahí la tenía, haciendo diferentes cosas.

Más bien, en ese entonces, sus ojos estaban puestos en Marlene, quien se convirtió en la sensación, en la consentida. Me hacía recordar lo mismo que yo había pasado. Todo era igualito, sólo que ella cayó más rápido y, en un mes, ya estaba sometida al sistema, al tanto de todo lo que sucedía en esa oficina, de quién era quién, cuáles eran sus obligaciones, cuál era su papel en ese juego. Empezó a andar con Sergio. Eso era evidente. La tenía con él en su oficina todo el día y lo acompañaba a todos lados. Y también, empezó a castigarla, como a mí...

Yo, claro, me sentía arrepentida de haberla llevado ahí, sobre todo porque Marlene me empezó a buscar mucho y, a veces, cuando yo tenía que salir fuera para alguna presentación, me acompañaba. Era una niñita, una chava igual de confundida que yo, igual de manipulada, convencida de que Sergio era lo máximo, el genio que era para todas, y que su situación como consentida, era un verdadero privilegio, a pesar de lo que ya estaba padeciendo y que, al igual que yo, al menos hasta unos meses atrás, pensaba que era por su bien.

Y no podías revelarte. Ya no. Estando ahí, sumergida en ese pozo sin fondo, si lo hacías, podía irte peor. Era como una cárcel, una cárcel en la que no había salida, al menos, hasta que Sergio lo decidiera.

Caí en lo mismo de todas, en lo mismo de Gloria, luego de haberle llevado a Marlene. Aunque yo fui el contacto, y lo reconozco, fue Gloria la que al igual que conmigo, se encargó de meterla en el juego... Nunca más volví a hacerlo, a pesar de las presiones de Sergio, de su manipuleo mental que, sin embargo, ya no le funcionaba tanto conmigo, a pesar de que se lo hacía creer para no contradecirlo y que fuera a enojarse. Pero él se dio cuenta perfectamente. No era tonto.

Claro que se dio cuenta que le estaba fingiendo sumisión y lealtad y que en el fondo, yo estaba pensando otra cosa. Quizás por eso, al sentirme indiferente y darse cuenta que cuando andaba de viaje me alejaba más de él y que eso me gustaba, empezó a ser más cruel conmigo, como para desquitarse, como para cumplirme la amenaza que me había hecho antes de casarnos, cuando me aventó los cassettes a las rodillas y me dijo aquello de "ahora en adelante, tu vida va a ser así".

Aunque a mí ya tampoco me hacía mucho caso, no perdió oportunidad para humillarme, siempre que pudo. Por ejemplo...

Yo alguna vez le había contado de mi fobia por las mariposas negras que me daban tanto asco y por las que sentía verdadero pánico, porque me hacían recordar aquella escena que viví de niña, cuando mi papá mató una de esas mariposas y, a los pocos días, tuvo el accidente que finalmente lo llevó a la muerte. Desde entonces, yo relacionaba esas mariposas con la muerte, con algo feo. Y Sergio lo sabía.

Como la casa de José María Iglesias estaba junto a un hospital y ahí cremaban cadáveres, no sé si por eso, siempre andaban por ahí esas horribles mariposas negras que, en ocasiones, se metían por las ventanas, sobre todo a la oficina de Sergio. Yo le pedía a Dios que él no las viera, porque sabía que algo se le iba a ocurrir... Y pues sí, en cierta ocasión, me llamó a su oficina y me enseñó tres mariposas negras que estaban ahí: una junto a la ventana, otra en el techo y una más en la pared. Muy tranquilamente, me ordenó que las matara.

—¿Qué? —exclamé aterrorizada.

—Sí. Mátalas. Para que se te quite el miedo.

Sabía que si no lo obedecía, podía irme peor. Así que, llorando del asco, con una escoba, aplasté dos de las mariposas y, la tercera, la que estaba junto a la ventana, la apachurré con un cuaderno. Pero eso no fue todo. Ya que estaban muertas en el piso, me obligó a tomarlas con la mano, una por una, para después tirarlas en el cesto de basura. No sabes lo que sufrí. Casi me vomito a la hora de agarrarlas. ¡Sentía que me iba a desmayar! Era algo que iba totalmente en contra de mí, un terror que no era capaz de dominar, el peor castigo, más que las golpizas. Pero era más mi miedo a él que mi pánico por las mariposas.

Y no fue sólo esa vez. Luego, siempre que aparecía por ahí una mariposa negra, yo era la encargada de matarla en presencia de él.

Esa primera vez, cuando maté las tres mariposas, volví a tener pesadillas muy parecidas a las que tenía de niña. Cuando me quedaba dormida, sentía nuevamente que esos animales me revoloteaban por la cara. Y lo peor de todo es que ya no tenía a quién gritarle para pedirle ayuda. Ya no estaba mi papá conmigo para tranquilizarme, para defenderme de esas alucinaciones que a partir de entonces, aunque luego ya no fueron tan frecuentes, se siguieron repitiendo.

Muchas veces, cuando salía de la ciudad para alguna presentación o promoción, y me separaba de Sergio, me cruzaba por la mente la idea de escapar, de ya no regresar con él. Pero luego, me daba cuenta que eso era imposible, porque, en efecto, estaba plenamente convencida de que sin él no sería nadie y que la carrera que apenas estaba comenzando, se iría abajo. Sí, a él se lo debía todo.

Y yo quería seguir disfrutando, sin embargo, de todo lo que estaba viviendo como artista, miedos, mis fobias, los tormentos interminables. Todo aquello era el precio que tenía que pagar por realizar mis sueños, por ser a final de cuentas la chica fea que, aunque en forma más lenta, según yo, algún día llegaría a convertirse en una nueva Gloria Trevi, que seguía siendo mi ejemplo a seguir.

* * *

Planes, proyectos, sueños todavía por realizar. Aquella prometedora carrera musical que estaba apenas en sus inicios, se quedaría simplemente en eso, en un intento. Aline comenzaba a ser reconocida, popular, como siempre lo había anhelado. Ni el público ni nadie sospechaba la verdad, lo que se escondía detrás de "la chica fea", con la que muchas adolescentes se identificaban, "la chica fea" amadrinada por Gloria Trevi, respaldada por ella, por su fama desbordante, cada vez más y más...

Y Sergio Andrade tenía que cuidar su creación, aprovechar el momento, entregarse casi por completo a tan redituable suceso, descuidando, por otro lado, sus otros proyectos ya en marcha: Clase 69, Papaya... y también Aline. Ah, y además, el próximo lanzamiento de Mary como cantante, con el nombre artístico de Mary Boquitas, con un disco producido por Sergio en el que, por cierto, se incluía un tema de la inspiración de Aline.

Ella solita, acompañada a veces por Marlene o Andrea, se entendía con los ejecutivos de Discos América, dejándose llevar, cumpliendo al pie de la letra con los planes de promoción, con todas las indicaciones, para luego comentarlas con Sergio cuando era posible, cuando no estaba ocupado en asuntos relacionados con la carrera de Gloria, cuando le quedaba tiempo para Aline.

Así, hasta que vino el inevitable estancamiento. Después de *Chicas Feas*, ya no sucedió gran cosa. Vino la interrupción, una nueva etapa de inactividad. Después del precio que ya había pagado (y que seguía pagando) con creces, después de todos los sacrificios, después de todo aquel infierno, el sueño empezó a esfumarse.

Se acabaron las giras de promoción, las presentaciones, los momentos de dicha en el escenario, lejos de Sergio. Ya no sucedía gran cosa. Muy de vez en cuando, un programa de televisión, alguna entrevista... pero nada más.

Su ascenso a la fama se había truncado. Las perspectivas para nada eran parecidas a las de la estrepitosa carrera de Gloria Trevi. Las promesas no se habían cumplido, y eso le daba tristeza a Aline.

"Pero no era mi culpa, en serio. Yo le estaba echando todas las ganas a mi carrera. Sin embargo, Sergio, ya después, como que no quería que me fuera bien. No sé. A lo mejor, pensaba que me le estaba saliendo del huacal, que estaba viajando demasiado, que perdía el control sobre mí. Quería que siguiera bajo su dominio. Seguramente, presentía que tarde o temprano lo iba a dejar. Y, aparte, como veía que todo eso me encantaba... Por eso, quizás, llegó al grado de prohibirme que fuera a las promociones de la disquera. Les inventaba mil pretextos a los ejecutivos. Y así, sin promoción, ¿cómo iba a salir adelante?

Y aunque no perdía las esperanzas, un día, me encontré con la noticia de que Sergio, como mi representante, había tenido problemas con Discos América y terminó por pedir mi carta de retiro. Para que me entiendas mejor, me quedé sin casa disquera. Por otro lado, al poco tiempo, Discos América dejó de existir.

De nuevo a la vida de antes: los días enteros de encierro en la casa de José María Iglesias, siempre pendiente de las disposiciones de Sergio; las noches donde fuera, ahí, en el cuartucho de azotea, en el hotel Del Bosque, en la camper, en el departamento de Copilco... De nuevo el anonimato, el desconcierto y la incertidumbre, porque, además, ya no era la favorita ni la consentida.

* * *

¿Y entonces? ¿Para qué continuar ahí, padeciendo todo aquello? Si ya no había proyectos, si el sueño de la fama había durado bien poco y se le había escapado de las manos, ¿qué demonios seguía haciendo ahí? La indiferencia de Sergio, ignorándola casi por completo durante esos días, le dio la pauta y pensó una vez más en huir de ahí.

Sin embargo, en ese momento, una nueva luz de esperanza. Sergio le prometió que buscaría una nueva disquera, para continuar con el desarrollo de su carrera como cantante.

Según supe por él mismo, fue a hablar con los ejecutivos de otra casa disquera, la Polygram, y se interesaron en mí. Eso me puso feliz, porque después de que pensé que todo se había ido al cuerno y que ya nada sucedería con mi carrera, todo parecía indicar que no sería así. Cuando estábamos a punto de firmar el nuevo contrato con esa compañía, finalmente no fue posible, porque en una de las cláusulas se especificaba que mi siguiente disco, o sea, el segundo, me lo produciría Sergio, pero que para los que siguieran, la disquera elegiría a otro productor. Imagínate lo que eso significaba para él, prácticamente querían hacerlo a un lado, y como yo era su artista y él mi representante y creador, como yo era de su propiedad y todo se lo debía a él, mandó por un tubo a los de Polygram y no se firmó ningún contrato.

* * *

Pero Polygram no era la única perspectiva. Estaban otras casas disqueras y cualquiera de ellas podría interesarse en Aline. Otra vez la larga espera, las promesas. Lo que fuera con tal de que se realizaran los sueños y de que todo lo vivido no hubiera sido en vano. Paciencia, fuerza.

Volvió a trabajar como corista de Gloria Trevi, junto con Mary, como en los viejos tiempos, pero sólo en el extranjero, porque en México ya la conocían como solista. Todo parecía indicar que en vez de avanzar, estaba retrocediendo.

En la espera, una vez más en la espera. Sin perder las ilusiones. En ese tiempo, ocurrió algo que sirvió, al menos, para cambiar el escenario de la historia. Dejaron la casa de José María Iglesias y se fueron a vivir a otra, en el sur, pegada al Periférico. Una casa común y corriente, sin el mayor atractivo, incluso, con los mismos muebles de la anterior. Ésa sería la nueva oficina y, también, el nuevo hogar para Aline al lado de Sergio y, por supuesto, de Gloria, Mary, Marlene, Gaby, Katia y Andrea. Mariana ya había desaparecido de escena, igual que otras del grupo que tomaron otro rumbo.

Bueno, también permanecía Sonia, pero ella, según Aline:

Siempre estaba castigada en el departamento de Copilco. Ahí la tenía Sergio casi siempre. Era como si Sonia ya no existiera para él. La ignoraba por completo. Y a mí también, en ocasiones, me tocó irme castigada a ese departamento horrible en el que tenía que quedarme encerrada, por lo general con Sonia, hasta que él lo decidiera.

¿Te imaginas? Después de haber sido popular como "la chica fea", después de haber probado un poquito de lo que es la fama y la popularidad, de pronto estaba ahí, escondida. Apenas si teníamos para comer, porque Sergio nos daba solamente 150 pesos a la semana para comida, para nuestros gastos, claro, comprobándole siempre todo con notas y haciéndole bien las cuentas.

Una vez, a Katia y a mí nos faltaron quince pesos a la hora de las cuentas. No recuerdo en qué los habíamos gastado, pero el hecho es que no se los pudimos comprobar a Sergio. Y eso era una falta grave, un dinero que le teníamos que regresar a como diera lugar.

Tal descuido, no podía quedarse así. ¿Qué te imaginas que nos hizo Sergio? De seguro, ya ni te sorprenderás si te digo que nos mandó a Plaza San Jerónimo, cerca de la nueva casa, sí, un centro comercial... Y a pedir limosna, hasta reunir los quince pesos que no le habíamos comprobado y que, a lo mejor, pensaba que nos habíamos robado. Pero, dentro de todo, la verdad, como ya estábamos acostumbradas a cosas así, no me sorprendí tanto como Katia.

Sin embargo, claro que tomé eso como una humillación más, de las peores. Si mis papás o alguien de mi familia me hubieran visto ahí, pidiéndole limosna a la gente que pasaba... Yo, la cantante, "la chica fea" que salía en la tele. ¿Y si me reconocían? ¿Qué iban a pensar de mí? Y, pues sí. Yo traía en ese tiempo una plaquita de oro con mi nombre, colgada en una cadena. Y una muchacha a la que le pedimos limosna, me reconoció, luego de descubrirme la plaquita. "Tú eres Aline, ¿verdad?, la de 'Chicas feas'." Y yo, ¡trágame tierra! Le dije que no, pero claro que se dio cuenta. Sentí tan feo. Es que me lastimaron en mi vanidad, en mi ego. Después de tantas cosas, de ambicionar la fama y el reconocimiento, mira a dónde había llegado: a pedir limosna. La experiencia, después de todo, sirvió para que luego, siempre que nos hacía falta dinero para comer o para cualquier urgencia, ni modo, a pedir limosna.

Por eso, a partir de entonces me di cuenta que Gloria, siempre que declaraba en alguna de sus entrevistas que en cierta etapa de su vida, ya en México, se había visto en la necesidad de pedir limosna por las calles, no estaba mintiendo. Quizás llegó a verse en la misma situación.

No sé... Tampoco supe entonces, ni lo sé ahora, porque caí tan bajo. Te juro que ya en ese tiempo, lo que menos me importaba era retomar mi carrera y volver a vivir la experiencia de ser reconocida, admirada. Hoy sé que no era tanto eso, sino, más bien, sentir que a los demás podía importarles. Sentir que valía como artista, como ser humano, luego de toda esa porquería que estaba viviendo fuera de los escenarios. No sé si me entiendas...

Ya no era el simple hecho de realizar mis sueños. En parte, ya los había realizado. Ya sabía lo que se sentía, ya estaba segura de que yo valía, que no era cualquier cosa. Estaba consciente de que podía, que iba a conseguirlo, pero también, que necesitaba a Sergio o, más bien, que si él se lo proponía, en cualquier momento podía destruir todo lo que había conseguido.

Quería demostrarle a mi mamá, a Benito, a mi familia, que no había cometido un error al haberme casado con él, al haberme empeñado en ello. Quería demostrar, sobre todo a mí misma, que podía continuar y crecer, llegar a ser, a lo mejor, como Gloria.

Por eso, quise esperarme, a pesar de que pasaban los días y me daba cuenta que Sergio era cada vez más indiferente conmigo.

Y en eso, comenzó una nueva etapa. La historia dio un giro. Ni te lo imaginas...

21. Tres deseos

Pasar Navidad con mi familia,
también Año Nuevo.
Y el último, salir de ahí
para encontrar a un novio guapo
que me quisiera mucho...

Un giro inesperado: Sergio compró una nueva casa en la calle de Cantil, en la colonia residencial Pedregal de San Ángel. La del Periférico se quedaría sólo como oficina. Y el nuevo "hogar" estaría ahí, en esa casa confortable: tres recámaras, cada una con sala, vestidor y baño; biblioteca, sala de juegos, un jardín enorme con piscina... Y eso no era todo, también Sergio decidió invertir mucho dinero en una nueva decoración, muebles y hasta esculturas de Sergio Bustamante, carísimas, por cierto.

Jamás imaginé que llegara a gastarse tanta lana en arreglar esa casa. Sí, una nueva sorpresa que tanto a mí como a las demás, supongo, nos dejó con la boca abierta. Más aún cuando Sergio nos empezó a soltar dinero y más dinero, permitiendo que fuéramos nosotras mismas las que eligiéramos los muebles, las que compráramos todo. Bueno, más bien, era Gloria la que tomaba la última decisión. ¡No lo podíamos creer! Al menos yo, no conocía a ese Sergio tan generoso y despilfarrador y, menos aún, a un Sergio que se preocupara por nosotras, por darnos comodidades. No, en serio que no lo creía.

Aprovechamos el momento, antes de que se fuera a arrepentir y que, de pronto, nos cancelara nuestras compras al darse cuenta de lo mucho que estábamos gastando.

Según él, ahí nos íbamos a instalar ya para siempre y, claro, quería que viviéramos bien, como Dios manda. ¿Tú crees? Con detalles como ese, nuevamente volvía a tener mis dudas y, a pesar de la frialdad e indiferencia con la que me estaba tratando ya, pensaba otra vez que a lo mejor no era tan malo, que en el fondo, tenía su corazoncito.

Como Mary y yo éramos la que estábamos llevando el control de los gastos, recuerdo perfectamente que el comedor costó 70 mil pesos, 60 mil la sala, 50 mil la recámara de Sergio... Una recámara preciosa, con cabecera de latón y un espejo enorme, también con marco de latón. Con decirte que unos saleritos, así, chiquitos, de plata, nos costaron 500 pesos cada uno. Y luego, las lámparas para cada habitación, unos 30 mil pesos cada una. Imagínate el tipo de lámparas. Lujos y más lujos, adornos y hasta una mesa de ping pong.

De las tres recámaras, una era para Sergio y para quien él quisiera que lo acompañara. Las otras dos, nos las repartíamos. Pero, por lo general, a mí me tocaba siempre quedarme en una donde sólo había una cama king size, en la que dormía con Andrea y Katia, como los tres cochinitos de la canción de Cri Cri.

Una casa como la que él nos había prometido a mi mamá y a mí antes de casarme con él. Había cumplido su promesa finalmente, aunque jamás me dijo que viviríamos acompañados de las demás y no él y yo solos.

Como que entonces pretendió que ahí tuviéramos todo, que disfrutáramos de comodidades, para tenernos a todas juntas, viviendo aparentemente felices: Gloria, Mary, Marlene, Gaby, Katia, Andrea y yo. Sonia seguía en el departamento de Copilco, como arrumbada, sin gozar de los nuevos lujos. Y ahí estaba también Nelly —quien finalmente se regresó a Hermosillo— y otras chavitas que iban llegando, las que a lo mejor no le gustaban tanto y, por lo mismo, no tenían acceso a ese paraíso.

¡Nos sentíamos felices en esa casa nueva! Aunque seguíamos encerradas y sometidas, por lo menos teníamos más libertad y podíamos divertirnos: nadábamos en la piscina, jugábamos futbolito, ping pong, leíamos, veíamos películas en la videocasetera.

Ya entonces, estaban bien definidos los rangos entre nosotras. Esos rangos dependían de la antigüedad de cada una, del tiempo que llevábamos con Sergio y, también, de nuestro comportamiento. Cada una tenía su lugar en esa casa y, especialmente, ante Sergio: Mary ocupaba el primer sitio, por ser la más leal, sumisa y obediente de todas, la incondicional, a pesar de que tiempo atrás, por una falta que cometió, bajó al último lugar y fue desterrada, enviada varias semanas al departamento de Copilco, con Sonia.

Bueno, continuando con los rangos, después de Mary, seguía Gloria, la triunfadora, la que también era su incondicional. Y luego, en el tercero, yo, como su esposa, seguida por Andrea, Gaby, Marlene y Katia, en ese orden, si mal no recuerdo. Todas, siempre conscientes de nuestra posición, de nuestro rango. Y si hacías méritos y te portabas bien, tenías la posibilidad de ascender. Por el contrario, si te portabas mal y no cumplías con las normas, podías bajar de categoría o ser enviada al departamento de Copilco.

Viviendo así, en esa especie de comuna, de harem, también cada una tenía sus obligaciones, sus tareas. Nosotras mismas nos encargábamos del aseo de la casa, de preparar la comida, de lavar los trastos, lavar, planchar nuestra ropa y la de él. Nos íbamos turnando y era siempre Sergio quien decidía qué era lo que tenía qué hacer cada una. Por ejemplo, si a Marlene y a mí nos tocaba preparar la comida, Mary y Katia eran las encargadas de recoger la mesa y, luego, lavar y secar los trastos. Todas teníamos que cooperar y vigilarnos mutuamente, porque si alguna flojeaba o no cumplía con lo suyo, Sergio se enteraría...

Recuerdo que una vez me dijo que estaba plenamente consciente de que todas lo abandonaríamos algún día, que sólo dos de nosotras nos quedaríamos con él y que yo no era una de ellas. Obviamente, se refería a Gloria y a Mary...

eso, en vez de preocuparme, me produjo un cierto alivio al pensar que no estaría con él eternamente, que algún día, a lo mejor, él mismo me iba a correr y, entonces, ya no sentiría ningún remordimiento, ningún miedo. Esa también sería su decisión. Sin embargo, fingí tristeza al escuchar sus palabras y le juré que nunca lo dejaría.

* * *

Se acercaba el cumpleaños de Sergio, en noviembre de ese 1990, y había que celebrarlo, de acuerdo con el nuevo status de vida. Gloria fue la de la ocurrencia de organizar un gran festejo, una cena especial. Pero, ¿y los regalos? ¿Qué le iban a comprar si ninguna tenía dinero? Al parecer, Gloria tampoco, a pesar de ser tan famosa y cotizada.

La solución: recurrieron al propio Sergio y él les dio ese dinero a cada una, para que le compraran su regalo. Las cantidades, iban de acuerdo con el rango: como Mary en ese tiempo se encontraba en el último lugar, luego de la falta cometida, Gloria estaba en el primero. Así que, a ella le correspondieron diez mil pesos, a Aline ocho mil, a Andrea seis mil...

Gloria le compró una pareja de perros boxer, un macho y una hembra, ¡finísimos y hasta con pedegree! A mí, me alcanzó para un equipo estéreo y, las demás, ya ni me acuerdo qué le compraron. Pero cada una trató de lucirse y quedar bien con él.

Y llegó el gran día de la celebración. Sergio estuvo todo el día fuera y, mientras, entre todas le preparamos la cena especial, luego de ir al supermercado a comprar todo lo necesario. Ya en ese entonces, sí había dinero para comprar la despensa y gastar lo que consideráramos necesario, claro, llevándole siempre bien las cuentas y los tickets para comprobar los gastos.

En esa ocasión, también nos quisimos lucir y nos la pasamos casi todo el día metidas en la cocina, preparando la cena. Luego, nos fuimos a arreglar, unas a otras nos peinamos, nos ayudamos con el maquillaje y, cuando Sergio llegó, como a las diez de la noche, nos encontró a todas guapísimas, luciendo nuestros mejores trapos. Yo, por ejemplo, me puse el mismo vestido que había usado el día de mi boda por el civil. Más elegante no podía estar.

—Así me gustaría verlas todos los días —nos dijo Sergio muy complacido.

—Pues si nos dieras dinero... —le respondió Gloria en son de broma y así lo tomó él.

Ya en la mesa, también quedó encantado con la suculenta cena, con todos los platillos que le preparamos, platillos de los más variados, con lo que sabíamos que le gustaba. Todo lo que su mamá, doña Justina, nos había enseñado a cocinar, cuando pasamos Navidad en su departamento. Y a la hora del pastel, le cantamos "Las Mañanitas" y el "Happy Birthday". Y ya después, una a una le entregó su regalo.

Estaba feliz, mientras que yo lo observaba desconcertada. ¡Qué Sergio tan distinto al verdugo que yo había conocido! Pero mi desconcierto no era tanto por él, sino por ellas, por las demás, que se mostraban igual de felices, como si nada hubiera sucedido antes. ¿En verdad lo querían? ¿En verdad se sentían felices por complacerlo? ¿O estaban fingiendo igual que yo?

Sergio seguramente se dio cuenta que, aunque yo también tomaba parte en ese festejo, en cierta forma me mantenía distante, mientras los observaba, mientras pensaba todo esto que te acabo de contar. Él lo sabía. Claro que lo sabía.

Algo se había roto ya desde hacía mucho tiempo. Y él debió estar perfectamente consciente de ello, del desencanto, de que para mí ya no era lo máximo, de que si permanecía a su lado era por miedo y, también, porque no sabía cómo huir de él, cómo regresar a mi casa con la cola entre las patas. ¿Qué les iba a decir? ¿Cómo les iba a explicar mi regreso?

Además, ya estaba demasiado alejada de mi familia, de mi mamá. Sergio no me permitía seguir con ese contacto. Las pocas veces en que llegué a ir a mi casa para visitar a mis papás y a Yoyo, fue siempre acompañada por una de las chavas, para que me vigilaran, para que constataran que no iba a contarle nada a mi mamá.

Con decirte que, una de las pocas veces que fui a visitarla, platicando con ella en la sala de la casa, con Mary como mi guarura, de pronto me desesperé porque, precisamente, me habían dado ganas de contarle no la verdad de todo lo que había pasado, pero sí que mi matrimonio con Sergio había sido un fracaso y que quería separarme de él. Ella se lo imaginaba, bien que lo sospechaba. ¡Pero no podía decirle nada, porque ahí estaba Mary, escuchando todo! Lo que se me ocurrió fue hacerle una seña a mi mamá para que me siguiera hasta el baño.

Pero, ¿qué crees? Ya en el baño, estando las dos solas, en eso llegó también Mary, según ella, para lavarse las manos, lanzándome una miradita de advertencia. Y no pudimos hablar de nada. Mi mamá se dio cuenta y supongo que empezó a preocuparse más de lo que ya estaba. Sabía que algo quería decirle, que algo me estaba pasando.

En ese entonces, ya también me había caído el veinte de que mi carrera como cantante se había terminado, que lo de la nueva casa disquera jamás se llevaría a cabo. Además, como Sergio ya ni me dirigía la palabra y me ignoraba, pensé que lo hacía para que yo solita tomara la decisión de largarme. Sí, como que quería deshacerse de mí.

Pensando eso, un día, llegué a la oficina de Periférico, me armé de valor y, aunque nerviosa y con miedo, le solté todo:

—Ya no quiero seguir con esto, Sergio —le dije—. Ya lo pensé bien y creo que lo mejor es que me regrese a mi casa.

Se quedó callado, mirándome a los ojos, tranquilamente, sin exaltarse, sin molestarse como en otras ocasiones, cuando le había dicho lo mismo. Lo tomó de otra manera y eso me desconcertó todavía más, aunque reiteré que, en efecto, esa aparente tranquilidad era sinónimo de que en realidad yo ya no le importaba y que prefería que me fuera.

Pero su silencio duró poco.

—Lo único que puedo decirte es que lo medites bien —me respondió—. ¿Ya pensaste lo que le vas a decir a tu mamá?

—No, no sé todavía —le respondí.

Y para sorpresa mía, en vez de tomarme la palabra y dejarme en libertad, tal como yo lo esperaba, luego de que me había demostrado ya varias veces que no le interesaba como antes, me pidió que lo pensara bien y que después habláramos. Más que desear que continuara a su lado, yo creo que le daba miedo que, finalmente, tarde o temprano, fuera a contarle toda la verdad a mis papás.

Unos días después, le volví a insistir. Y su respuesta fue simplemente: "Mañana hablamos". Pero siguieron pasando los días y nada. Ese mañana nunca llegó. Así transcurrió todo el mes de noviembre. Sergio siguió sin hablarme, sin ni siquiera mirarme.

No les comenté nada a las demás, pero era evidente que ya estaban al tanto de mi decisión y, aunque ninguna me lo preguntaba ni se tocaba el tema, me veían como objeto raro, especialmente Gloria.

Pensé en irme así nada más, escaparme de algún modo. Total, ya le había avisado a Sergio, él ya estaba al tanto de mis intenciones. Sin embargo, me di cuenta que, ahora más que antes, me tenían vigilada y eso me hizo pensar que si intentaba irme así nada más, Sergio podría hacerme algo, castigarme, encerrarme, no sé...

Una noche, a escondidas, aprovechando que sólo Marlene y yo estábamos en la casa y que ella se encontraba enferma y en cama, le llamé por teléfono a mi mamá, según yo, para ahora sí pedirle ayuda. Pero a la hora de la hora, no me atreví a hacerlo. Nuevamente el miedo.

Era el mes de noviembre y se acercaba la Navidad. Mi mamá me platicó que en esa noche del 24 de diciembre, se reuniría toda la familia en mi casa: mis primos, mis tíos... Que iba a preparar un pavo con una receta especial, los romeritos, bacalao, puré de manzana... Y los regalos...

—¿Y tú dónde vas a pasar la Navidad? —me preguntó.

—No sé todavía, mamá —le contesté—. Yo creo que trabajando.

—Pues ya sabes, si quieres, ésta sigue siendo tu casa...

* * *

Jossie, aunque todavía no estaba al tanto de la verdad, sabía perfectamente que Aline no era feliz. Sin necesidad de que ella se lo confesara, a lo mejor, su instinto de madre le hizo darse cuenta, no sólo de la tristeza de su hija, sino de que algo grave le estaba sucediendo.

Después de la vez aquella en que Aline fue a visitarme a la casa, en compañía de Mary, y que me hizo una seña para que la siguiera al baño, supe que algo le estaba sucediendo. Supuse primero que traería broncas con Sergio, problemas. Y cuando Mary se metió con nosotras al baño y ya no nos fue posible hablar, me preocupé todavía más.

Algo malo estaba sucediendo. Yo ya me había dado cuenta de ciertas cosas, por detallitos. Por ejemplo, las pocas veces en que Aline me iba a ver a la casa, curiosamente, de mi bolso se me desaparecían cosas: un barniz de uñas, un lápiz labial, una cajita con sombras... Sabía que ella tomaba esas cosas, sabía que Sergio no le daba dinero. Y luego, eso tan extraño de que nunca me hubiera llevado a su casa, esa casa en San Jerónimo que yo sólo conocía por fuera.

Todo ocurrió tan rápido. Pensé en diferentes estrategias para ayudarla, aunque ella siempre me asegurara que todo estaba marchando bien en su matrimonio y que era feliz con Sergio. Me esperé lo más que pude, hasta que llegó el momento en que tenía que tomar una determinación, aún en contra de Aline, del propio Sergio.

Cuando hablé por teléfono con ella y le conté de la cena de Navidad, lo hice adrede, para entusiasmarla, para ver si ella aceptaba pasar esa noche con nosotros. Sí, quitarle la máscara de una vez por todas, que me tuviera confianza y me contara la verdad que me estaba sospechando. Sintiéndose en familia, protegida por todos nosotros, podría abrirse.

Yo aún no quería aceptar esa realidad que me estaba imaginando. Pensé que, a lo mejor, Sergio la trataba mal, que no le daba una buena vida. Nunca supuse lo que estaba ocurriendo realmente. Pero después de esa llamada de Aline que se me hizo tan extraña, porque ella muy pocas veces se comunicaba conmigo, me puse a pensar y pensar qué era lo que podría hacer, no para salvarla, sino para que se abriera conmigo y, entonces sí, ayudarla...

* * *

En la casa del Pedregal, ya noche, Marlene dormía en la parte de arriba. Y Aline sola en aquella enorme casa, llorando en la biblioteca, tan confundida como de costumbre, triste, nostálgica. Al igual que cuando era niña, al igual que en los últimos tiempos, quiso refugiarse una vez más en el recuerdo de su papá, ese papá que, a pesar de todo, nunca la había dejado sola. Ese papá al que sí le revelaba toda la verdad.

Mientras seguía llorando, me puse a rezar y a platicar con mi papá, pidiéndole perdón, una vez más, por todo lo que había hecho, suplicándole que me ayudara. Yo sabía que él me escuchaba. Siempre lo he sentido así, cerca de mí, y a menudo me lo ha demostrado con cosas que me han sucedido. En esa ocasión le pedí que me concediera tres deseos: el primero, poder pasar Navidad con mi familia; el segundo, también la noche del 31 de diciembre; y el último, que me ayudara a salir de ahí para encontrar a un novio guapo que me quisiera mucho...

Y ¿sabes qué, Rubén? Me escuchó...

22. Un mensaje del cielo

Las lágrimas que he llorado por ti,
nadie puede detenerlas.
Solamente tú.
No olvides que estoy contigo.

Finales de noviembre de 1990. El espíritu navideño, ese del que tanto se habla y que muchos creen que es simple invención, ya se estaba sintiendo. Se respiraba por todos lados. Para Aline existía realmente. Lo supo desde niña, cuando todo era maravilloso en su vida y esperaba con impaciencia esa época de fiestas, posadas, juguetes, regalos...

Esa época navideña que en los últimos años había pasado de largo, sin hacerse notar, sentir, como si no existiera, como si fuera parte del pasado, de un pasado que nunca más regresaría, que se había convertido en simples recuerdos que con el correr del tiempo se iban borrando cada vez más y más, porque ya no tenían cabida en su vida.

Sin embargo, de repente, esos recuerdos comenzaron a hacerse presentes de nuevo, luego de mantenerlos tanto tiempo rezagados, escondidos.

Ante la ya total indiferencia de Sergio Andrade, ya sin una Gloria Trevi como amiga y consejera, sin nadie que le siguiera metiendo ideas y que la empujara a cometer actos con los que no estaba de acuerdo y de los que luego se arrepentía, "la chica fea" había pasado de moda, ya no era ni la favorita ni la consentida. Ávida de afecto, de cariño, de comprensión y con la imperiosa necesidad de sacar todo aquello que la atormentaba, todo aquello de lo que, quizás, ahora, en sus tan frecuentes momentos de soledad, empezaba a tener conciencia.

"¿Qué es lo que he hecho? ¿Cómo han sucedido las cosas?", se preguntaba a menudo, encerrada en la biblioteca, sola, en silencio, rezándole a Dios, pidiéndole ayuda a su papá. O ya más noche, en aquel enorme jardín de la casa, sentada a la orilla de la piscina, piense y piense, reflexionando.Todo había ocurrido tan aprisa que pocas veces había tenido tiempo para esos momentos de reflexión que ahora eran tan frecuentes, igual que sus ganas de huir, de recuperar lo que creía haber perdido. Pero, ¿cómo?

A finales de ese mes de noviembre, pocos días después de que Aline había hablado con su papá, pidiéndole con todas sus fuerzas no sólo que le concediera sus tres deseos, sino también que la protegiera y le ayudara a salir de ahí, un día, a escondidas recibió una llamada de su mamá. Afortunadamente, Sergio no estaba en casa y pudo hablar con ella, aunque vigilada de cerca por Andrea y Marlene.

Jossie, metida de lleno en el negocio de la cerámica, iba a participar en una exposición anual de adornos y objetos navideños. Un evento importante para ella en el que quería que estuviera toda su familia, incluyendo a Aline. Una cena en el hotel Fiesta Americana.

—Ándale, Aline. ¿Por qué no vas? —le suplicó.

—Es que no sé, mamá. No sé si ese día haya show de Gloria. No sé si me encuentre en México.

—Si quieres, yo hablo con Sergio, para explicarle, para que te dé permiso.

—Te prometo que haré todo lo posible.

Una exposición de cerámica, y su mamá como una de las expositoras. Sergio al principio dijo que no, pero luego, ante la insistencia de Jossie, quien llegó a hablar con él, finalmente Aline obtuvo el permiso, claro, con la condición de que Mary la acompañara para vigilarla de cerca.

Yo creo que entonces, más que nunca, luego de que ya en dos ocasiones le había confesado a Sergio que me quería regresar a mi casa, como él no me dejaba, por miedo a que le contara la verdad a mi mamá, esos contados y breves encuentros con ella, tenían que ser con mucho cuidado, con alguien que me vigilara. Y Mary era la más indicada. La advertencia era siempre la misma y Mary estaba ahí, pegada a mí, para que no fuera a decir algo indebido. Ésa era la condición.

Cuando Sergio me daba esos permisos para visitar a mi familia, siempre me ordenaba que fuera bien arreglada, bien vestida, para que mis papás me vieran radiante y no sospecharan nada. Y en esa ocasión, como ya hacía frío por las noches y el evento sería en el salón de un hotel elegante, me ordenó que me pusiera un abrigo de mink que era de Gloria, un abrigo que le había regalado su mamá.

Fui a la exposición con Mary y estuvimos ahí sólo un rato, poco menos de una hora. Mi mamá andaba muy atareada y casi ni pude hablar con ella. Después de todo, no era mi intención. Con Mary a mi lado, sabía que eso sería imposible, que lo poco que pudiera hablar con ella sería lo mismo de siempre: que me encontraba bien, que era feliz, que Sergio me estaba buscando otra casa disquera, que estaba trabajando mucho...

Sin embargo, esa vez noté un poco extraña a mi mamá. Como que me quería decir algo. Y eso me inquietó mucho. Sin embargo, no hubo oportunidad, porque, al poco rato de haber llegado, Mary me recordó que ya nos teníamos que ir.

Al llegar al salón, sentí que me estorbaba el abrigo de mink que traía puesto y, además, como que no iba al caso. Me lo quité y lo dejé en una silla. Cuando Mary me dijo que ya era el momento de marcharnos, me puse de nuevo el abrigo y cuando me fui a despedir de mi mamá, ella me abrazó y me dijo algo al oído, en voz baja, para que no escuchara Mary: "Cuando puedas, lee una carta que te dejé en la bolsa del abrigo. Es una carta de tu papá. Él te la manda... Se me apareció en sueños y me la dictó para que te la diera..."

Un escalofrío me recorrió todo el cuerpo. Cuando mi mamá y yo nos separamos, la miré asustada. ¿Una carta de mi papá? Pero no dije nada. Ella sólo me sonrió y volvió a darme un beso en la mejilla. Luego, me topé con la mirada amenazante de Mary, quien, ya fuera del salón, mientras esperábamos el elevador, empezó a hacerme preguntas.

—¿Qué te dijo tu mamá?

—¿Mi mamá?

—Sí, cuando te estaba abrazando.

—Ay, pues... Ya sabes... Que feliz Navidad, que me cuide... Lo que dicen siempre las mamás...

Pero Mary como que no se quedó muy convencida. Lo que me tranquilizó fue saber que no había escuchado nada sobre la carta, esa carta que palpé, cuando metí la mano a la bolsa del abrigo. Ahí estaba. ¿Una carta de mi papá?

* * *

Jossie, desde hacía tiempo atrás, cuando se dio cuenta que Aline no la estaba pasando bien y que eso de que era feliz en su matrimonio era un vil cuento, segura de que su hija le estaba ocultando algo grave, pensó mil maneras de ayudarla y, finalmente, se le ocurrió algo...

Plenamente consciente de la adoración que Aline seguía sintiendo por su papá, una noche, se puso a escribir una carta para Aline que pensaba entregarle cuando fuera posible.

Una carta que finalmente rompí, porque sentí que no serviría para nada. En ella, le decía a Aline lo mismo que ya le había dicho en otras ocasiones: que me tuviera confianza, que sabía que algo malo le estaba sucediendo, que contara conmigo, que recordara que era su madre, pero también su amiga, y que siempre la iba a proteger y a ayudar, a pesar de todo, pasara lo que pasara.

Luego de romper esa carta, me puse a pensar cuál sería la mejor forma de hacerla reaccionar, algo que le llegara de verdad... Dios me iluminó en ese momento. ¡Claro! ¡Una carta de su papá! ¡Un mensaje del cielo! Sí, contarle que Heriberto se me había aparecido en sueños y me había dictado esa carta o, más bien, que me había dicho todo eso para que, luego, yo lo escribiera de mi puño y letra, y se lo entregara a Aline, como si él lo hubiera dictado en verdad.

Era una locura. A lo mejor ella no se lo iba a creer. Pero en mi desesperación, fue lo mejor que se me pudo ocurrir. Era un recurso que no estaba de más, para moverle el corazón, para darle seguridad. Y si mis otras estrategias no habían funcionado antes, ni mi decisión de actuar inteligentemente, respetándola y dándole libertad, a lo mejor, esta carta de su padre surtiría mejor efecto.

Y a final de cuentas, esa carta no fue tan falsa. En mi angustia, no sé... Te digo que Dios me iluminó y, mientras escribía la carta, como que todo lo que puse me salió del alma, en forma natural, como si en verdad Heriberto me estuviera diciendo al oído todo, como si me estuviera dirigiendo la mano, mientras que una que otra de mis lágrimas caían sobre el papel, haciendo que se corriera la tinta de la pluma. Es más, aunque no me lo creas, ya que concluí la carta, me impresioné mucho porque la letra era muy parecida a la de él, muy diferente a la mía.

Podrás decir que estoy loca, pero tú me entiendes, Rubén. Yo sé que me entiendes. Fue una experiencia muy especial. Te juro por Dios que en ese momento, sentí que Heriberto estaba conmigo, que él me dictaba la carta.

Y bueno, cuando se presentó la oportunidad, esa noche de la exposición, aunque yo pensaba darle personalmente el sobre a Aline y eso no fue posible, porque Mary no se le despegaba, decidí dejar la carta en la bolsa del abrigo, para que ella la leyera después, segura de que lo que iba a leer, le iba a llegar en lo más hondo y la haría reflexionar. Se lo pedí a Dios con todas mis fuerzas.

* * *

Esa misma noche, luego de la exposición de cerámica, ya en casa y cuidándose de que nadie la viera, Aline colgó el abrigo de mink en el closet del cuarto de Gloria, sacó la carta de la bolsa, se la escondió debajo del vestido que traía puesto y se metió al baño para leerla tranquilamente.

Muerta de la curiosidad, abrí el sobre y comencé a leer. En verdad, sentí que era mi papá quien había escrito todo eso. Me puse a temblar de la impresión, de todo lo que estaba leyendo. ¡Eran sus palabras, Rubén! Yo así lo sentía. ¡Era él! ¡Por mi madre que era él! Me solté chille y chille. ¡No podía ser posible aquello! ¡Era un milagro! Apenas unos días antes le había pedido que me protegiera, que me ayudara. Y casi de inmediato, ahí estaba la prueba de que me había escuchado, de que seguía conmigo...

Esta carta la guardo como uno de mis grandes tesoros. Mira, aquí te la traje para que la leas... Bueno, pero, primero, venía una nota de mi mamá...

> Alincita:
> Hoy recibí una carta. Era un mensaje especial.
> El sello era del cielo y el remitente de tu papá.
> Él se me apareció en sueños y me dictó todo esto...

Y, luego, la carta de mi papá. Aquí está...

> Querida hijita:
> Hace diez años que sólo en tu pensamiento estoy contigo.
> Desafortunadamente, había un destino qué cumplir y me fue imposible despedirme de ti.
> He sufrido tanto con nuestra separación.
> Yo tan joven, tú apenas una niña...
> Dios, a veces, nos manda cosas que uno no puede comprender.
> Tú no podías entender. Sólo sabías que yo ya no iba a volver.
> Pasado el tiempo, la tristeza se volvió nostalgia.
> ¿Recuerdas cuando ibas al panteón y te divertías tanto con los grillos?
> Era más importante el juego que la oración. Eras tan pequeña, mi niña.
> Aún no sabías de tristeza ni de dolor.
> Luché muy duro contra la muerte. Diez días de batalla campal.
> Y la perdí. Algún día vas a comprender que uno no lo es todo, ni tampoco, lo puede todo.

Al final, pasas a ser un buen o mal recuerdo.

Ahora, desde donde estoy, he visto que tu vida ha cambiado mucho y de manera extraña. Y eso me causa descontrol.

No huyas de tu realidad ni de tu vida. Me duele mucho no estar ahí para ayudarte, para darle fuerza a las palabras de tu mamá.

Creo que has desviado el camino que alguna vez soñé para ti.

Si yo hubiera estado ahí, no habría tanto descontrol, ¿verdad?

Sé que hay muchas cosas que ya están hechas.

Pero, en estos momentos en que sé que me necesitas, sólo quiero pedirte que reflexiones, que no tengas miedo, que recurras a tu mamá, a tus tíos.

Recuerda que tienes una familia que te quiere y que te protegerá.

No tengas miedo.

No pierdas el camino, Aline. La insensatez y la rebeldía no nos llevan a ningún lado. Yo también sufrí estos males y sólo me ocasionaron tristezas y soledad.

Despierta, Aline. No te pierdas. Sé lo que quieres ser, pero sigue siendo también la buena hija que yo conocí.

Eres parte de mi mundo y de mi vida.

Eres mi imagen. Eres mi niña.

Definitivamente, no puedo permitir que hayan sucedido cosas tan irregulares. Ya eres una mujer.

Actúa como tal, con la mente, con el corazón.

No dejes que nadie siga influyendo en ti, que no perviertan tu mente terceras personas. Tú sabes a quién me refiero.

Por último, chiquilla, déjame decirte que tu hermana y tú son lo que más amo y no quiero que nadie les haga daño.

Las lágrimas que he llorado por ti, nadie puede detenerlas. Solamente tú.

No olvides que estoy contigo. Recurre a tu mamá y a tus tíos.

Ellos te van a ayudar. No tengas miedo.

Van mi corazón y mi alma que están contigo.

Hoy y siempre.

Tu papá

23. La verdadera gloria

La que tanto había soñado
y que creí que encontraría cuando fuera famosa.
Ahí había estado siempre, en mi casa,
con mi familia, sintiéndome segura, protegida.

Una carta mágica y maravillosa. Un mensaje del cielo, me lo creas o no. Es cuando las palabras que se funden con los sentimientos de desesperación y angustia en este caso pueden obrar milagros. La fuerza del amor, al fin y al cabo, de la fe. Cuando el alma, el corazón o como le quieras llamar ejerce su fuerza, su poder es quien habla.

Aunque el temor seguía presente y no resultaba tan sencillo hacerlo desaparecer de un momento a otro, sí empezó a esfumarse poco a poco. Aline, por un lado, creyó siempre —y lo sigue creyendo— que aquella carta en verdad era obra de su padre.

Pero también, por otro lado, pensó que era un intento más de su mamá, otro de tantos recursos para arrancarla de todo aquello, para salvarla.

¿A qué grado había llegado su desesperación? Sí, mi papá era el autor de esa carta, de ese milagro que, al recordarlo, aún me eriza la piel y hace que se me salgan las lágrimas. Estoy plenamente consciente de que mi mamá la escribió, lo supe también desde el primer momento. Y lo que me conmovió, lo que me sacudió y me hizo reflexionar más aún, fue la ternura que sentí en ese momento, cuando pensé en ella, capaz de todo, para ayudarme, a pesar de todo lo que le había hecho. Su dolor, su pena... Y yo ya no quería eso. Me sentía culpable. Nada más tenía sentido. Lo único real era eso, la angustia de ella, su amor hacia mí, como conducto de mi papá, desde el cielo, desde donde estuviera, desde donde está en este momento.

Me sentí muy mal, pero al mismo tiempo, decidida al fin, enfrentando mis propios miedos, mis temores hacia Sergio, quien, por ningún motivo podía enterarse de esa carta, ni él ni las chavas. La escondí muy bien, en el fondo de un closet, detrás de unas cajas, mientras pensaba otra vez en la forma de decirle nuevamente a Sergio que me quería ir.

El milagro no paró ahí. Lo que tanto le pedí a mi papá, se siguió dando. Apenas unos días después de la exposición de cerámica y de haber leído la carta, buscando el momento oportuno para hablarle a mi mamá a escondidas y decirle al menos que ya había leído la carta, eso no fue posible en los dos días siguientes. La vigilancia constante, ya sabes. No se podía, como tampoco pude hablar con Sergio. Él andaba muy ocupado, muy atareado, sin tiempo para nada, menos aún para mí. Gloria estaba a punto de irse a Chile, a un viaje de promoción, creo, y había que preparar ese viaje.

Afortunadamente, Sergio se fue también a Chile, con Gloria y con Mary, y en la casa nos quedamos solamente Marlene, Katia, Gaby, Andrea y yo, solas, vigilándonos unas a otras y en especial a mí, luego de que, como ya te conté, ellas estaban perfectamente al tanto de mis intenciones de irme, para regresar a mi casa. Yo creo que Sergio se los debió advertir. Así que en ningún momento me dejaban sola, más que cuando entraba al baño. Al salir, ahí estaba siempre una de ellas. Y si iba al salón de juegos, al jardín, a la biblioteca, a la cocina o a donde fuera, ahí estaban también, mientras que yo me hacía la loca y trataba de actuar normalmente, sin dejar de buscar el momento para hablarle a mi mamá o dar con la mejor manera de escaparme.

El 4 de diciembre de ese 1990, creo que un día después de que se habían ido a Chile, Sergio llamó por teléfono.

Contestó alguna de las muchachas y, luego, me lo pasó a mí. Estaba enojado conmigo, no sé por qué, pero estaba muy molesto, como si estuviera al tanto de mis intenciones, de lo que estaba planeando, como si lo hubiera adivinado. Eso sucedía muy a menudo, no sé cómo le hacía, pero adivinaba hasta mis pensamientos.

Y después de esa llamada, como a las siete de la noche, me dije: "Hoy es el día". Si no lo hacía en ese momento, a lo mejor después, ya no sería posible. ¿Qué tal si al día siguiente Sergio regresaba inesperadamente de Chile? Eso nunca se sabía.

Inventé que quería arreglar mi ropa, sacar la que estuviera sucia y lavarla. Así, tuve pretexto para irme a mi recámara y, aprovechando unos cuantos minutos en que me dejaron sola las demás, guardé lo que pude en una pequeña maleta que utilizaba cuando salía fuera: mi pasaporte, dos o tres trapos y mi cuaderno en el que escribía letras de canciones que yo misma componía. Dejé la maletita en el closet, escondida, lista. Y también, a la mano, un abrigo que quería mucho, un abrigo que había sido de mi abuelito y que mi mamá me había regalado cuando él murió.

Luego, le escribí una carta a Sergio en la que, según recuerdo, le puse que, en vista de que no se había dado la oportunidad de hablar con él, había tomado la decisión de irme...

> Porque ya no veo cómo salvar la relación
> y siento que las cosas van de mal en peor.
> Así que te pido que me disculpes por irme así,
> sin despedirme personalmente,
> pero ya no puedo esperar más.
> Te prometo que no diré nada.
> Gracias por todo.

Algo por el estilo... Doblé el papel y me lo guardé en la bolsa del pantalón. Luego, me metí a bañar y, ahí mismo, en el baño, para que nadie me viera, me puse unas mallas y una playera y, encima de eso, mi pijama, tratando de que no se viera la ropa que traía abajo. Cené en la cocina con las muchachas, como si nada, temiendo que advirtieran mi nerviosismo. Pues sí, porque imagínate cómo estaba en ese momento. A pesar de que ya lo tenía todo más o menos planeado, me daba miedo que algo saliera mal.

Como a las once de la noche, nos fuimos a dormir. Me acosté en la cama king size, en la que dormía con Katia y Andrea. Por suerte, yo siempre me quedaba en la orilla. Así, pasaron cerca de tres horas, y yo, fingiendo que ya me había dormido, piense y piense que se estaba acercando el momento. Y más o menos a las dos de la mañana, cuando me percaté que Katia y Andrea ya estaban profundamente dormidas, hice algunos movimientos para estar plenamente segura de ello.

En silencio, tratando de no hacer ruido, me levanté de la cama y caminé hacia el closet que estaba abierto, tal como lo había dejado. Tomé mi maleta y el abrigo, me dirigí a la puerta y ahí estaban mis zapatos, también donde los había puesto. Sigilosamente, bajé hasta la biblioteca, tomé el directorio de la Sección Amarilla y después me fui a la cocina. Ahí estaba, como siempre, el teléfono celular de Sergio, que Gaby había dejado cargando. Abrí el directorio y busqué la página de los radio taxis. Por suerte, vi los datos de un sitio que estaba cerca de la casa. Llamé y pedí el taxi, dando la dirección de una casa de enfrente, por si las dudas. No me fueran a cachar.

Todo esto que te estoy contando, fue en unos minutos apenas, diez, cuando mucho. Y yo, muerta del pánico, temiendo que en cualquier momento se apareciera por ahí una de las muchachas y me estropeara todo. Luego de haber llamado al radio taxi, fui al salón de juegos, me quité la pijama y la dejé ahí, sobre una silla, junto con la carta para Sergio. Pasé de nuevo por la estancia, me asomé hacia las escaleras, para comprobar que no había moros en la costa. Me puse el abrigo y, cargando mi maletita, salí al jardín, lo crucé, sintiendo que me acercaba cada vez más al final de todo aquello, mientras pasaba por encima de las hojas secas que estaban regadas por el pasto y que crujían cada vez que las pisaba.

Llegué por fin a la puerta y la abrí con mucho cuidado. Era de esas puertas que se pueden abrir por dentro, más no por afuera. Tenía un pie adentro y otro afuera, en la calle, cuando respiré hondo y sentí que por fin lo había logrado y que, aunque alguna de las chavas se despertara y corriera para detenerme, ya no lo iba a conseguir. Me echaría a correr. Medio cerré la puerta y me quedé parada ahí, preocupada porque el taxi no llegaba. Ya era muy tarde y me daba miedo andar sola por la calle a esas horas.

Cuando vi el taxi a lo lejos, ¡no lo podía creer! Se detuvo en la casa de enfrente, me acerqué a él y lo abordé... Al cerrar la portezuela, después de darle la dirección de mi casa al chofer, volví a respirar hondo, le di gracias a Dios y les dije adiós a todas.

* * *

Llegó a su casa como a las dos y media de la madrugada y le pagó al chofer del taxi con un billete de cien pesos que había tomado de un cajón, en el que Sergio, antes de irse a Chile, les había dejado dinero para la despensa y otros gastos.

La noche era fría, muy fría. Ya parada frente a la puerta de su casa, Aline no daba crédito. Hacía apenas unos minutos se encontraba todavía allá, temerosa de que la descubrieran. Y ahora, ahí, sin saber todavía qué era lo que le iba a decir a su mamá, qué le iba a inventar, cómo le iba a explicar su inesperada presencia ahí, después de que, desde que se había casado con Sergio, no había vuelto a pasar una sola noche en esa casa.

Tenía bien claro que la verdad nunca se la podría contar. Además de que así se lo había prometido a Sergio en su carta, tenía miedo de que si hablaba de más, él le hiciera algo a ella o a su familia.

Dentro, en la casa, Jossie ya estaba dormida en su cama, cuando, asustada, se despertó al escuchar el timbre. Encendió la luz de su lámpara, miró el despertador que estaba en el buró, a un lado de su cama. ¿Quién podría ser a esa hora? Alarmada, despertó a Benito, corrió hacia la ventana y se asomó a la calle. ¡Era Aline!

¡Sí! ¡Era ella! Me emocioné mucho. Desperté a Benito, feliz de la vida. Todo estaba muy claro: Aline, a esas horas de la madrugada... Presentía que la carta de su papá, la que le había dejado días atrás, había funcionado. Me puse una bata, bajé corriendo las escaleras y abrí la puerta.

—¡Aline! ¡Mi vida! ¿Qué haces aquí a estas horas? ¿Qué te pasó?

—Nada, mamá. No te preocupes.

La pasé adentro, la abracé y la llené de besos. El corazón me palpitaba con fuerza y me decía que, ahora sí, había recuperado a mi hija. La llevé a la cocina y le pregunté si no quería cenar algo. Me respondió que no. Sin embargo, le serví un vaso con leche, canela y un huevo, como a ella le gustaba tanto. La noté asustada, nerviosa, pero no quise hacerle demasiadas preguntas. Más bien, la agarré de nuevo a besos. A pesar de todo lo que había sucedido, siempre supe que algún día iba a tocar nuevamente la puerta de esa casa. ¡Me sentía feliz! ¡Verdaderamente feliz!

Mientras se bebía la leche, la miraba embelesada y ella, al darse cuenta, me sonreía, pero seguía nerviosa. La mano le temblaba cuando tomaba el vaso con leche.

—¿Qué pasó, hija? —tuve que preguntarle finalmente, en forma tranquila, para no asustarla—. ¿Tuviste algún problema con Sergio?

—No, mamá —me aseguró, todavía nerviosa, desviándome la mirada—. Lo que pasa es que se fue de viaje, a Los Ángeles y, para que no me quedara sola, me pidió que viniera contigo, para quedarme aquí mientras regresa.

No le creí nada. ¿Sergio? ¿Pidiéndole que se quedara conmigo? No me lo podía imaginar. Después de que, desde que se habían casado, Aline apenas si me había visitado de vez en cuando para estar conmigo sólo unos minutos. ¿Y Sergio la iba a dejar que anduviera sola en la calle a esas horas? No, eso era imposible. Sabía que me estaba mintiendo, pero no quise pedirle explicaciones. Ya habría tiempo después. Lo importante era tenerla ahí esa noche.

Subimos a su recámara, le preparé su cama, la ayudé a acostarse, me senté junto a ella y volví a abrazarla, para que sintiera mi protección.

—¿De veras estás bien, Aline? —volví a preguntarle.

—Sí, mamá.

—¿Y cuántos días te vas a quedar aquí, con nosotros?

—No sé todavía —me dijo titubeante—. Muchos, yo creo. Sergio va a estar fuera mucho tiempo.

Cuando escuché eso de 'muchos días', sentí un gran alivio. Preferí dejarla en su cama, que se durmiera. No quise hostigarla con más preguntas. Le di el beso de buenas noches y, ya por último, sólo le repetí:

—No olvides que ésta es tu casa, Aline. Recuerda siempre que aquí siempre vas a estar segura y que nada malo te va a pasar. Yo no lo voy a permitir...

Y me fui a dormir tranquila, contándole a Benny que ¡por fin había recuperado a mi hija!

* * *

Ya eran más de las tres de la mañana y Aline, ahí, metida en su cama, no lograba conciliar el sueño. Se sentía en paz, tranquila, aunque temerosa todavía por la reacción de Sergio en cuanto se enterara de su escapatoria, cuando llamara desde Chile y se lo contaran, cuando leyera la carta de despedida que le había dejado. ¿Qué iba a hacer? ¿Y si la obligaba a regresar a su lado? Después de todo, estaban casados y ella era su esposa, por las leyes y por la Iglesia, la que había jurado amarlo y respetarlo siempre, estar con él en las buenas y en las malas.

Angustiada y feliz al mismo tiempo, encendió la luz de la lámpara, para disfrutar lo más plenamente posible de ese momento, de nuevo en casa. Miró a su alrededor. Todo seguía en su sitio, donde lo había dejado antes de marcharse... Sus cosas, sus muñecos de peluche y también Rosa

Bertha, ahí, callada, inmóvil, como esperando que Aline se percatara de su presencia...

Me levanté de la cama, me acerqué a Rosa Bertha y la abracé como lo hacía antes, cuando era niña. Ella era como el símbolo de una etapa, de lo que creía que había perdido y que quería recuperar, aprisionarlo, para que ya nunca se me fuera a escapar de las manos.

Luego, me acerqué de nuevo a mi cama, acaricié la almohada, las sábanas, el cobertor y, como chiquita, con Rosa Bertha en mis brazos, me di unos cuantos sentones sobre el colchón. Hasta empecé a reír como tonta, de puro gusto, de pura emoción. No era un sueño. Ahí estaba yo, luego de haberlo deseado tanto y tanto, lejos de Sergio, de Gloria, de Mary, de las demás chavas que se habían quedado allá, quién sabe hasta cuándo.

A lo mejor, en ese momento, Katia o Andrea ya se habrían dado cuenta de mi escapatoria. Quizás me estarían buscando como locas, desesperadas, temiendo lo que Sergio les iba a decir cuando se enterara de todo. Sentí lástima por ellas, mucha tristeza y, después de todo, hasta empecé a extrañarlas esa misma noche. Si ellas también pudieran abrir los ojos y huir como yo lo había hecho...

Recosté a Rosa Bertha en la cama y la cobijé, para que pasara conmigo esa noche, esa noche maravillosa, como en los viejos tiempos. Apagué la lámpara y me metí entre las sábanas, tapándome bien con los cobertores que mi mamá me había llevado. Hacía mucho frío, pero poco a poco empecé a sentir un calorcito muy rico.

Bien acurrucada, me quedé pensativa y le di gracias a Dios. También a mi papá... Por haberme ayudado, por cuidarme, igual que lo hacía cuando era niña, cuando se me aparecían las mariposas negras que sentía revolotear por mi cara. Esas mariposas que, nuevamente, en los últimos meses habían regresado a mis pesadillas, desde que Sergio me había obligado a matarlas con la mano.

Como si se tratara de una película, llegaron a mi mente esa y otras escenas, tantas cosas absurdas, extrañas, sin explicación. Y la imagen de Sergio, siempre ahí, como un fantasma, acechándome. ¿Por qué había caído en todo eso? ¿Por qué me había dejado llevar? Si la gloria, la verdadera gloria, la que tanto había soñado y que creí que conseguiría siendo famosa y reconocida, ahí había estado siempre, en mi casa, al lado de mi familia sintiéndome segura, protegida, sabiendo que mi mamá y Benito estaban ahí cerca, en el cuarto de junto, igual que Yoyo. Todos bajo el mismo techo, unidos...

Sí, la verdadera gloria estaba ahí y la tonta de mí, hasta ese momento lo comprendí.

24. Frente a frente

Una barrera infranqueable
que me hacía verlo, de pronto,
totalmente ajeno a mí y a mi vida,
como un simple desconocido,
alguien que ya no era mi dueño,
alguien a quien ya no le pertenecía.

Las cosas ya no volverían a ser como antes. No resultaría sencillo borrar de pronto, de un día para otro o de la noche a la mañana, tres años, tres largos años de pesadilla, de castigos, humillaciones, sueños que finalmente no se habían realizado del todo, promesas sin cumplir. Todo aquello que en apariencia se había quedado atrás y que, sin embargo, por momentos, volvía a ser una tortura. Tanto miedo, tanta confusión.

Pero quedaba todavía un dejo de inocencia, de esperanza, de luz, para sanar las heridas y que cicatrizaran poco a poco, para, un buen día, poder echar un vistazo al pasado y enfrentar el miedo para derribarlo de una vez por todas, para que dejara de ser ese fantasma cruel y acechante que perseguía a Aline, que la siguió persiguiendo durante mucho tiempo más.

Un fantasma que había qué vencer y para ello, era necesario buscar la ayuda de alguien. De Verónica Macías, por ejemplo, la amiga de la infancia de Aline, de la que más tarde se había distanciado, cuando Verónica se fue a vivir a Monterrey, donde estudió la carrera de Psicología.

En septiembre del 97, un día, cuando Aline y yo quedamos en vernos para que me aclarara algunas dudas más, llegó precisamente acompañada por Verónica, convertida desde años atrás en su psicóloga de cabecera.

Una muchacha demasiado joven —pensé—, como para asumir el compromiso de ayudar a Aline a superar lo que había vivido. Para nada le vi tipo de psicóloga. No sé... No me la imaginaba en las sesiones de terapia, escuchando a Aline, orientándola, psicoanalizándola, guiándola. Si apenas era tres años mayor que ella, unos 25...

Sin embargo, la imagen que tuve de ella al principio, se fue desvaneciendo poco a poco, cuando, con toda propiedad, empezó a aclarar mis dudas, todas esas dudas y cuestionamientos a los que me enfrenté mientras escribí este libro. Todas esas situaciones tan absurdas, tan incoherentes e inverosímiles que, incluso, por momentos me hicieron pensar que todo lo que Aline me estaba contando eran mentiras, producto de su imaginación.

Le hice un montón de preguntas a Verónica: ¿Puede ser real esta historia de Aline? ¿Se pueden dar casos así? Una niña que se deja envolver, que se deja llevar, que asume castigos, cosas extrañas y que no dice nada, que no recurre a su madre en busca de ayuda. Me respondió Verónica:

Mira, Aline y yo nos conocimos desde niñas, cuando éramos vecinas. Luego me fui a vivir a Monterrey, pero seguimos siendo amigas, muy amigas. Cuando yo venía con mi familia a México, me veía con ella. Y te puedo decir que siempre fue una chavita normal, hasta que empezó a tomar sus clases con Sergio Andrade, cuando se propuso ser cantante. Entonces sí empezó a cambiar. Y yo también, al igual que su mamá y mucha gente, noté ese cambio.

En esa época precisamente, cuando ya andaba metida en todo eso, recuerdo que mi familia y yo estuvimos unos días en su casa, de vacaciones. Y Aline ya era otra. Salía muy temprano y regresaba ya noche, para encerrarse en su cuarto. No hablaba con nadie, ni siquiera conmigo. Y eso me desconcertaba, porque después de haber sido tan amigas, la verdad, me lastimaba que fuera tan indiferente conmigo. Pensé que, a lo mejor, ya se le estaban subiendo los humos. Se vestía muy raro, toda estrambótica... Sin embargo, más que creída, la notaba triste, muy triste.

Tiempo después, ya en Monterrey, me enteré por mi mamá del escándalo aquel que se armó, cuando resultó que se iba a casar con Sergio Andrade. ¡No lo podía cree! Se me hacía tan absurdo... Yo sabía que ahí había algo raro, algo que no checaba. Se me hizo ridículo, como tú dices, fuera de toda lógica.

A mi familia y a mí nos invitaron a la boda, pero yo no quise ir. Además de que Aline ya ni caso me hacía, no quise estar presente en eso que me parecía una locura. Pero, total... "Allá ella", pensé.

No volví a hablar con ella, y menos a verla. En ocasiones, me enteraba que andaba en Monterrey, ya en su etapa de cantante o, luego, como corista de Gloria Trevi, pero, la verdad, ni ganas me daban de buscarla. ¿Para qué?

Pasaron varios años, hasta que me la volví a encontrar en México, precisamente cuando acababa de dejar a Sergio. Ella fue la que me buscó.

La primera vez que hablamos, lo único que me dijo fue: "Ni te imaginas todo lo que me pasó". Pero no me soltaba nada. Eso era todo. Y yo, de acuerdo con su mamá, también preferí no hacerle preguntas, hasta que ella misma decidiera abrirse conmigo.

Fue hasta después que, poco a poco, quizás porque sabía que estaba a punto de terminar mi carrera de Psicología, empezó a contarme parte de lo que le había sucedido. Pero apenas hablaba uno o dos minutos y, luego, se soltaba llorando y ya no podía seguir. Fue entonces cuando, al notar que le costaba tanto trabajo sacar fuera lo que traía, le aconsejé que escribiera todo lo que había vivido, como una forma de terapia, porque eso sería como hablar con ella misma y aclarar sus ideas, sus telarañas, sus confusiones.

Luego, volvimos a separarnos; aunque, periódicamente, nos encontrábamos en México o en Monterrey. Ella me mostraba lo que iba escribiendo y, así, yo me iba enterando de las cosas, de todo lo que había vivido...

Fue más bien una terapia informal la que iniciamos, sesiones en las que ella, aparte de mostrarme lo que escribía, me hablaba de sus recuerdos, y yo la escuchaba. Cuando se conflictuaba y empezaba a llorar, lo que yo hacía era explicarle que no tenía por qué sentirse culpable de todo lo que había sucedido. Lo más importante era, por principio de cuentas, quitarle ese sentimiento de culpa.

Sí, porque ella fue una víctima. Eso lo tuve muy claro desde el principio. Nadie puede culpar a una niña de trece años por soñar con ser artista. Simplemente actuó y se dejó llevar, como cualquier muchacha de su edad con ese tipo de aspiraciones. No se necesita ser psicólogo para darse cuenta que Sergio Andrade se aprovechó de ella.

Desde niña quiso ser artista, y eso me consta. No se le ocurrió de pronto. Por otro lado, una jovencita de trece años, no sabe de malicia. Simplemente, cuando Gloria la llevó con Sergio Andrade, sintió que era su gran oportunidad. Y su mamá también lo vio así. Lo que sucedió más tarde, cuando fue cayendo poco a poco en las redes de Sergio, fue a causa del clásico lavado de cerebro que se da en muchos casos y que es fácilmente aplicable en una adolescente que se encuentra en la etapa de transición y que no sabe todavía hacia dónde dirigir su vida.

Y para ese lavado de cerebro, siempre se requiere de una víctima y de un victimario, dos personas con ciertas características. Aline contaba con esas características como víctima, y Sergio con las suyas como victimario.

Sergio, con una gran inteligencia y con el talento de un genio. Las dos primeras cualidades que Aline descubrió en él y que, claro, la deslumbraron, sin conocer todavía la otra parte, el lado oscuro, por así decirlo, de su personalidad. Y Gloria, por otro lado, desempeñó en este caso el papel de intermediaria, la que fue preparando el terreno, metiéndole ideas a Aline, hasta que ella llegó a estar plenamente convencida de que lo más maravilloso que le podría suceder en la vida era que Sergio se fijara en ella.

Él la ignora al principio, como parte del juego, de su estrategia. Así, hasta que voltea a verla y la toma en cuenta. Y Aline sucumbe ante ello. Más tarde, llega a idealizar a Sergio y lo ve como su máximo.

Otro factor importante: Aline carecía de la figura paterna, desde la muerte de su papá. Benito, el esposo de su mamá, no podía representar esa imagen, asumir ese papel ni llenar ese vacío, porque, prácticamente, cuando se casó con Jossie, era un chavo muy joven que no estaba preparado para echarse a cuestas el compromiso de educar a una adolescente de trece años.

Y Sergio Andrade, advierte que Aline tiene esa necesidad de la figura paterna. Y también se aprovecha por ese lado, representando el papel de protector, de guía. Así que llenaba todas las expectativas de Aline. Y como ella se la pasaba todo el día a su lado, cayó fácil. Empezó a admirarlo como a nadie, evidentemente deslumbrada.

Por otro lado, Gloria le hacía creer que eso que sentía era amor, que estaba enamorada. Cuando en realidad, eso no era amor. Cuando tienes trece años, fácilmente confundes el enamoramiento con la idealización. A esa edad, la mayoría de las niñas se enamoran muy fácilmente de un maestro, de un artista... Pero ese amor es más bien platónico. Es parte de la evolución de un adolescente: el amor platónico que no se realiza finalmente.

Y aunque Aline se daba cuenta en ocasiones que eso no era lo que quería, ahí estaba la gente encargada para animarla, para meterle ideas, para seguirle lavando el cerebro. Tanto Sergio como Gloria y Mary, cuidaban que nadie pudiera influenciarla. Por eso, la constante amenaza de 'no se lo cuentes a nadie, y menos a tu mamá'.

Era un juego muy maquiavélico. La misión de Gloria y Mary era convencerla de que amaba a Sergio y conseguir que se lo creyera, para que él continuara representando su papel del "todopoderoso". Y lo mismo debió suceder y a lo mejor sigue sucediendo con otras muchachitas. Todo es producto de la genialidad de Sergio. Esa genialidad que hay que reconocerle, para bien o para mal.

Algo que hay que dejar muy claro, y Aline lo sabe, es que aún con la terapia que llevamos desde hace más de seis años, aunque ella haya borrado de su mente muchas cosas terribles, como un mecanismo de autodefensa, lo que sucedió, aunque forma parte del pasado, aunque ella haga todo lo posible por superarlo y salir adelante, a pesar de que le sirvió como una experiencia para madurar y crecer como persona, la marcó para siempre. Y eso es inevitable. El daño está hecho.

* * *

Tiempo después de su escapatoria, Aline se enteraría, por una de las muchachas que la custodiaban, que al día siguiente, cuando se levantaron y vieron que no estaba en su cama, de inmediato empezaron a buscarla por toda la casa, hasta que en el salón de juegos, encontraron su pijama y la carta para Sergio Andrade.

Muy alarmadas, al principio, al ver ahí la pijama de Aline, pensaron que, quizás se había suicidado, ahogándose en la piscina. Pero, luego de percatarse de que en esa piscina no se encontraba su cadáver, decidieron que lo mejor era llamarle a Sergio hasta Chile, para ponerlo al tanto de lo sucedido: sí, todo indicaba que Aline había huido.

Mientras, ella permanecía en su casa, aún con sus misterios, sin hablar, sin contarle la verdad a Jossie, esa verdad que mantuvo oculta durante años y que ni siquiera reveló a su madre ni a Verónica, su psicóloga. Esa verdad que ha quedado plasmada aquí, en estas páginas.

Lo único que supo Jossie entonces, fue lo que Aline le confesó dos días después:

No, mamá. Te mentí. No es cierto que Sergio esté en Los Ángeles y tampoco que me haya dado permiso para pasar unos días contigo. Él debe estar en Chile, con Gloria y con Mary. A lo mejor, ya regresó o debe estar a punto de hacerlo.

La verdad es que me escapé. Y ahora sí, te lo juro, ya no quiero regresar con él.

* * *

Se cumplirían los tres deseos al pie de la letra: Navidad con la familia, con los tíos, los primos. La noche del 31 de diciembre en Puerto Vallarta, con Jossie, Benito y Yoyo. ¿Y el muchacho guapo que también le había pedido a su papá? ¿El muchacho que pudiera quererla...? Ese llegaría tiempo después...

¿Sergio Andrade? Es un recuerdo que me sigue atormentando, después de tantos años en que dejé de verlo. Jamás dejaré de reconocer su talento, su creatividad. A su lado viví las más crueles experiencias que, aún ahora, me siguen lastimando, como parte de un pasado que me persigue, que no he podido borrar del todo, a pesar de mis intentos y de que con toda el alma he luchado por salir adelante, después de haber estado sumida en el fango. Pero logré salir. Todavía no sé cómo, pero lo conseguí.

Lo que viví, todavía me duele, todavía me hace llorar. Y el miedo, aunque ya no es tanto, permanece ahí, igual que las mariposas negras que siguen apareciendo en mis pesadillas, igual que el rostro de Sergio, cuando lo sueño a menudo, con sus amenazas, con sus castigos. Y pensar que creí quererlo.

No volví a verlo, luego de la última vez en que nos encontramos. Fue a los tres días de haberme escapado. Después de todo, no podía dejar las cosas así. Además, estábamos casados y había que arreglar lo del divorcio. Platiqué todo eso con mi mamá y, luego de jurarle de nuevo que ya no iba a volver con él, le pedí que confiara en mí.

Sin saber aún si ya había regresado de Chile, llamé a la casa del Pedregal. Me contestó Katia, muy asustada, muy sacada de onda, como si estuviera escuchando a un fantasma. No me preguntó nada. De inmediato, me pasó a Sergio.

Lo escuché serio, tranquilo, sin atreverse a regañarme o pedirme alguna explicación, quizás consciente de que, ahora sí, ya todo se había terminado. Le dije más o menos lo mismo que le había puesto en la carta y él me pidió que nos viéramos por última vez, porque teníamos qué hablar... Le dije que sí. Pero, cuando me pidió que fuera en su oficina, me negué a verlo en sus dominios, proponiéndole que, mejor, nos encontráramos en un sitio público. Era la primera vez que me negaba a obedecerlo...

Quedamos en que nos veríamos en un Vips que está en Avenida Universidad. Mi mamá, claro, me suplicó que no fuera a verlo, que lo mejor sería que fuera ella quien se presentara ante él.

—O deja que yo te acompañe —me propuso.

—No, mamá. Lo que tengo que hablar con él, tiene que ser a solas. No te preocupes.

—¿Estás segura?

—Sí, mamá. Estoy segura.

—Es que te va a convencer de nuevo.

—No, mamá. Te lo juro.

Claro que me daba miedo volver a enfrentarlo y, aunque no se lo dije en ese momento a mi mamá, también que me volviera a convencer, como ella se lo temía. Sin embargo, lo que más quería en esos momentos era acabar con todo, estar segura de ello. Para sentirme tranquila, en paz, ya sin el temor de que pudiera hacerme algo. Lo conocía y sabía perfectamente que en un Vips, en un lugar público, no se atrevería a nada.

Mi mamá me llevó en su coche y me esperó afuera, en el estacionamiento. .

Entré al Vips y él ya estaba ahí, sentado en una mesa.

Aún a lo lejos, sin que se percatara todavía de mi llegada, lo noté nervioso, cabizbajo, pensativo. Las piernas me empezaron a temblar y, por un momento, me dieron ganas de salir corriendo de ahí y regresar al coche con mi mamá, para pedirle que me acompañara, tal como ella misma me lo había propuesto.

Pero no, no lo hice. Tenía que dar ese paso sola, para demostrarme a mí misma que, por fin, sería capaz de mantenerme firme en mi decisión y que él ya no ejercía ningún poder sobre mí. Tenía que superar esa prueba, la última y la más difícil de todas.

Sentí miedo, sí. Pero ya no de que me pudieras castigar o hacerme algo, sino de que lograra convencerme de nuevo y que, tal como había sucedido en otras ocasiones, todo se echara a perder. Respiré hondo y me acerqué a la mesa donde se encontraba.

—Hola, Sergio —fue lo único que le dije, sin saludarlo de beso o de mano.

Él sólo me miró, se puso de pie y, muy caballeroso, como nunca antes lo había sido conmigo, se levantó y me hizo una seña para que me sentara en una silla que estaba frente a la suya.

Ya frente a frente, advertí que hacía todo lo posible por disimular, por hacer de cuenta que nada había pasado entre nosotros, que todo lo que viví a su lado, no tenía la menor importancia, que no había existido, como si quisiera borrarlo de pronto. Me miró como si nada, aparentemente tranquilo y hasta me sonrió.

Pero yo permanecí seria, mirándolo a los ojos, tratando de controlar mis nervios, la temblorina de mis piernas, para que no se diera cuenta, para que me viera segura.

Y en ese momento, cuando lo miré a los ojos y logré sostenerle la mirada, empecé a darme cuenta que mi miedo ya no era tanto. Percibí una barrera infranqueable entre él y yo. Una barrera que me hacía verlo, de pronto, totalmente ajeno a mí y a mi vida, como un simple desconocido, alguien que ya no era mi dueño, alguien a quien ya no le pertenecía.

Y también lo noté triste. En ese momento, cuando pude sostenerle la mirada, adoptó de pronto la apariencia de aquel niño tierno y desprotegido que muchas veces me mostró, ese niño necesitado de cariño.

Sin pedirme explicaciones ni cuestionarme nada sobre mi huida, sin hacer el más mínimo comentario al respecto, como si nada hubiera sucedido, me salió con que muy pronto me grabaría mi segundo disco...

—Es que ya no voy a regresar contigo, Sergio —le dije, aún mirándolo a los ojos—. Ya lo decidí y ahora sí es definitivo.

Y en ese momento, cambió su semblante. Aunque quiso disimular de nuevo, era evidente que mis palabras le habían caído como bomba. Y no sólo mis palabras, sino también mi actitud.

—¿Y cómo me dices eso? —me preguntó—. ¿Ya lo pensaste bien?

—Sí. Ya lo pensé bien. Ya no quiero regresar contigo, ya no quiero vivir contigo.

Cuando le dije eso, me sentí liberada de un gran peso. Él se quedó, callado, pensativo y desvió su mirada a otra parte, como maquinando en ese mismo instante algo para retenerme a su lado, para convencerme, para que diera mi brazo a torcer. Así, aún con la vista en otro lado, sonrió ligeramente.

—Cómo es la vida —me dijo y, entonces sí, me miró a los ojos—. Ahora precisamente, cuando quería que se arreglaran las cosas entre nosotros y que nos fuéramos a vivir a Los Ángeles, donde tanto te gusta, tú ya decidiste otra cosa...

Me quedé callada. No le respondí nada. Entonces, me propuso que olvidáramos todo lo pasado. Borrón y cuenta nueva. Que empezáramos desde cero, que los dos pusiéramos de nuestra parte... Hasta me ofreció irnos a vivir a Los Ángeles, la ciudad que tanto me gustaba.

Pensó seguramente que con todo eso me iba a emocionar de nuevo: Los Ángeles, un nuevo disco, empezar desde cero, arreglar las cosas... ¿Cómo? ¿Por qué hasta ahora? ¿Por qué hasta ese momento? ¿Y todo lo demás? ¿Todo lo que me había hecho? ¿Todo lo que había vivido a su lado? ¿Todo eso podía borrarlo? ¿Así nada más?

Pero ya ni siquiera le hice esas preguntas. Ni ganas me dieron de reclamarle.

—Lo único que quiero es divorciarme —le aseguré, haciendo caso omiso a sus ofrecimientos.

En ese momento, el semblante de su rostro cambió. Ya no pudo fingir más. El niño tierno y desprotegido, pasó a un segundo plano. Sergio estalló y se convirtió en el mismo de siempre. Me miró con coraje, con rabia, aunque tratando de controlarse...

—Eres una cínica, Aline. Y me lo dices así.

—¿Y cómo quieres que te lo diga?

—De seguro, tu mamá ya te metió ideas. De seguro ya te aconsejó que me pidas algo. ¿Qué es lo que quieres?

—Lo único que quiero es divorciarme. Ya te lo dije.

—¿Es tu última palabra? —me preguntó ya muy molesto.

—Sí. Es mi última palabra.

Después, me echó en cara mil cosas. Me tachó de ingrata, de inmadura, después de todo lo que él me había dado. Pero no respondí a sus agresiones. Me entraron por un oído y me salieron por el otro. Me quedé callada, con ganas de que, de una vez por todas, se terminara esa conversación inútil. Total, ya le había dicho lo que le tenía qué decir. Ya estaba enterado.

Ante mi indiferencia y como no me defendí ni intenté justificarme, insistió de nuevo, me prometió más cosas, me juró que todo cambiaría a partir de entonces, que confiara en él, que no le fallara en ese momento, cuando más me necesitaba, que no lo lastimara como lo habían hecho otras, que no acabara con él de esa manera..

Pero me mantuve firme y eso, creo yo, lo desconcertó todavía más y se cansó de insistirme. Se dio cuenta que todo era en vano. Pidió la cuenta y ofreció llevarme a mi casa. Le dije que no, que mi mamá me estaba esperando afuera. Eso, seguramente, lo sacó de onda más todavía. Ya no podía hacerme nada. Se estaba enfrentando por primera vez en su vida a una Aline que en nada se parecía a la que él había creado. Se había jugado todas sus cartas. Ya no le quedaba ni una.

Me levanté de la mesa y al ver que él se quedaba sentado ahí, triste, preocupado, como quizás nunca antes lo había visto, me inspiró tristeza. Simplemente le dije "adiós, Sergio" y, en eso, me pidió que, por favor, me sentara de nuevo, porque quería decirme algo.

Le hice caso, me senté otra vez. Se quedó callado por unos instantes, y después, me miró fijamente a los ojos.

—Está bien —agregó ya por último—. Respeto tu decisión. Si eso es lo que quieres... Okey. Sólo te quiero pedir un último favor... Por lo que más quieras, nunca le cuentes a nadie todo lo que pasó...

Epílogo

Con la ayuda y total respaldo de su familia, Aline se divorció finalmente de Sergio Andrade, en 1992.

Se mantuvo alejada de la farándula, hasta que en 1996 retornó como actriz en la telenovela *Al norte del corazón*.

Actualmente tiene 22 años y es conductora del programa televisivo *Corazón Grupero*; mientras, prepara su retorno discográfico.

Aunque las heridas siguen ahí, poco a poco ha logrado retomar sus sueños, en la eterna búsqueda de la gloria que siempre ha soñado.

Sergio Andrade y Gloria Trevi desaparecieron definitivamente de su vida y, desde hace meses y hasta la fecha, en el momento de publicarse este libro, no se sabe de ellos.

Abril de 1998

ACERCA DE RUBÉN AVIÑA

A Rubén Aviña lo conozco hace más de quince años, tiempo que tenemos de ser amigos, compartiendo las buenas, las malas, las regulares, los éxitos y tropiezos mutuos. La amistad es para eso, es la fusión de dos espíritus coincidentes y coincidiendo en el anhelo por llegar a consolidar un sinfín de sueños.

Los años pasan y los dos seguimos despegando del piso, divagando en nuestros proyectos. Aterrizando a veces suave, cómoda, plácidamente; otras tantas con el tren de aterrizaje a punto de un incendio.

Pero ahí seguimos los dos, juntos o por separado, tratando de esquivar los contratiempos y problemas que esta profesión conlleva. Todavía unidos y yo dispuesta a celebrar una vez más su ingenio, su creatividad, su entrega total, sobre todo vertical, cuando se le ocurre la faena de escribir un nuevo libro.

Como ya es común entre nosotros, me da a leer su texto, una vez concluido... Y yo siempre, de antemano, imagino lo que encontraré en él: verdad, sentimiento, congruencia, magia...

Son las doce de la noche, y la quietud, el silencio en mi recámara, me invitan a la lectura de esa pila de hojas que descansan sobre mi escritorio. Para empezar, me propongo dar lectura a los primeros tres capítulos, y en cuanto pueda, a los demás... Son las seis de la mañana y aún no puedo despegar mi vista de este relato. Ya he pasado por todos los estados de ánimo que puede resistir un ser humano: nostalgia, ternura, estremecimiento, alegría, tristeza, reflexión, rabia, indignación...

Rubén nunca acabará de sorprenderme. La historia que tengo frente a mí, no sólo es digna de un guión cinematográfico. Es una trama que pocos hubiesen podido plasmar con esa sensibilidad... Así es él, con los sentimientos a flor de piel. Pero no es precisamente eso lo que me impacta en su momento. Más bien, me emociona sobremanera la valentía que muestra al presentar este relato verídico en el que se ven involucrados dos conocidos personajes del medio artístico: Gloria Trevi y su representante, Sergio Andrade, quienes llevan a Aline —la protagonista— a vivir la peor de sus tragedias.

Rubén somete a Aline a dar de sí hasta el último aliento... la última lágrima. La juzga, la confronta, la insta a sacar todos sus temores, los demonios que lleva dentro, con el fin de calcar prácticamente en cada párrafo, lo que verdaderamente fue su infierno... Lo que ha sido su gloria al concluir este relato. Un relato crudo, cruel, triste, real, amargo. El de una mujer que a la edad de trece años (siendo todavía una niña) fue capaz de dar todo cuanto era, con tal de llegar a ser una gran figura del canto. Con tal de alcanzar la gloria.

Rubén, como periodista que es, no se concreta simplemente a transcribir lo que su protagonista expone en sus momentos de dolor, de intenso sufrimiento, de confusión. La cuestiona, la exprime. Él mismo llega a dudar de ella, regresa al punto de partida, intenta reconstruir de nuevo los hechos, las acciones, a fin de darle sentido a esa madeja de increíbles situaciones. Involucra al lector, se asesora de una psicóloga... En esta obra literaria, se va a fondo. No hay frases, circunstancias o apreciaciones que deje sin explorar.

Aline, la Gloria por el Infierno no es únicamente el título de su cuarto libro. Es una contundente realidad y testimonio de nuestros tiempos.

Los que conocen la trayectoria periodística de Rubén, sabrán que no miento al decir que es limpia, consistente, comprometida. Cubrir la fuente de espectáculos no siempre es dedicarse a la frivolidad, al entretenimiento. Tiene una función que implica la aceptación del público y del artista, como también el rechazo, la denuncia, la neta. El pasarse unos milímetros de lo establecido, siempre causará controversia, partidismos, inconformidad.

Qué fortuna que haya alguien dando el paso firme hacia adelante. Y que lo asuma... Qué fortuna, también, que esa persona le toque a uno como amigo.

CLAUDIA DE ICAZA

Esta obra se terminó de imprimir
en enero de 2000, en
Litografica Ingramex, S.A. de C.V.
Centeno 162-1
Col. Granjas Esmeralda
México, D.F.